VDWR

Vorbehalte gegenüber Islam und Muslimen bis hin zur massiven Islamfeindlichkeit sind bei uns verbreitet. Man glaubt zu wissen, daß die Probleme der islamischen Welt und ihr konfliktreiches Verhältnis zum Westen durch den Islam bedingt sind. Gegen diese Auffassung gibt es Widerspruch, der aber oft hilflos bleibt, zumal es die Probleme ja tatsächlich gibt und auf anstößige Stellen etwa im Koran durchaus der Finger gelegt werden kann.

Dieses Buch hilft bei der Orientierung. Es zeigt, daß der Islam in vormoderner Zeit menschliche Freiheit, Kreativität und Produktivität wenig eingeengt hat und daß sich auch seine Grundlagentexte entsprechend verstehen ließen. Es zeigt weiter, wie das – weitgehend in Auseinandersetzung mit westlicher Hegemonie – bis zu einem gewissen Grad anders geworden ist. Und es macht plausibel, daß die problematischen Aspekte muslimischen Verhaltens nicht zwingend in der Logik islamischen Denkens und Handelns liegen und daß Muslime ihre Religion auch heute durchaus menschenfreundlich verstehen – wenn man ihnen durch Anerkennung ihrer Stellung in der Welt die Möglichkeit dazu einräumt.

Alexander Flores, geboren 1948, studierte Soziologie, Germanistik, Arabistik und Islamwissenschaft an der Universität Münster. Er forschte und lehrte an den Universitäten Essen, Birzeit (Palästina), Erlangen, Hamburg und Würzburg. 1993 wurde er an der Freien Universität Berlin habilitiert. Seit 1995 ist er Professor für Wirtschaftsarabistik an der Hochschule Bremen.

VERLAG DER
WELTRELIGIONEN
TASCHENBUCH
19

ALEXANDER FLORES

# ZIVILISATION ODER BARBAREI?

## DER ISLAM IM HISTORISCHEN KONTEXT

VERLAG DER WELTRELIGIONEN

Gefördert durch die
Udo Keller Stiftung Forum Humanum

Bibliographische Information der Deutschen Nationalbibliothek
Die Deutsche Nationalbibliothek verzeichnet diese Publikation
in der Deutschen Nationalbibliographie; detaillierte bibliographische
Daten sind im Internet abrufbar.
http://dnb.d-nb.de


Taschenbuch 19
Erste Auflage 2011

Vertrieb durch den Suhrkamp Taschenbuch Verlag
Umschlag: Hermann Michels und Regina Göllner
Satz: Satz-Offizin Hümmer GmbH, Waldbüttelbrunn
Druck: Nomos, Sinzheim
Printed in Germany
ISBN 978-3-458-72019-5

1 2 3 4 5 6 – 16 15 14 13 12 11

# ZIVILISATION ODER BARBAREI?

# INHALT

# 1
# EINLEITUNG

## EINE DEBATTE

Der Islam wird in Deutschland ausgesprochen kontrovers diskutiert. Anfang 2010 gab es eine lebhafte Debatte im Feuilleton deutschsprachiger Zeitungen, in der es um Charakter und Berechtigung von Islamkritik in der Öffentlichkeit ging.[1] Kritik am Islam wurde vielfach als Islamophobie bezeichnet, manche sahen Parallelen zum Antisemitismus – dem des späten 19. Jahrhunderts wohlgemerkt. Die provokant vorgetragenen Thesen von Thilo Sarrazin, der den Islam als Haupthinderungsgrund bei der Integration muslimischer Migranten identifizierte, wurden zwar in Politik und (manchen) Medien scharf kritisiert, stießen aber in breiten Kreisen auf enorme Zustimmung. Vorbehalte gegenüber Islam und Muslimen sind offenbar weit verbreitet; seit einiger Zeit werden sie verstärkt ventiliert, und zwar auf allen Ebenen der Diskussion und Argumentation. Das liegt an der Entstehung aggressiver Gruppen unter Muslimen, die nun auch im Westen spektakulär zuschlagen, und an der Präsenz großer muslimischer Minderheiten in Europa, die zwar schon jahrzehntealt sind, nun aber zum ersten Mal massiv als Problem wahrgenommen werden. Das Thema »Islam« rückt stärker in den Brennpunkt des öffentlichen Interesses.

Zwei Bündel von Wahrnehmungen tauchen in diesem Zusammenhang häufig auf. Das eine ist von der Auffassung beherrscht, der Islam sei eine grundsätzlich problematische Religion. Diese Auffassung findet sich in vielen Facetten, denen gemeinsam ist, daß sie die zweifellos vorhandenen Probleme in islamischen Gesellschaften und mit Muslimen auf den Islam zurückführen. Ein anderes Wahrnehmungsbündel ist apologetisch. Es sieht den Islam als ganz normale, unschuldige Religion, vergleichbar mit den anderen monotheistischen Religionen. Nach dieser Auffassung erwachsen aus dem islamischen Glauben und seiner Praktizierung keinerlei Probleme – weder für die Muslime selbst noch gar für andere. Eine Variante dieser Auffassung behauptet sogar einen besonders heilsamen und friedlichen Charakter dieser Religion und ihrer Praktizierung.

Beide hier angedeuteten Sichtweisen können einiges zu ihrer Begründung anführen. Es gibt in den Äußerungen und im Handeln heutiger Muslime vieles, was für sie selbst oder für andere Muslime, aber auch für ihr Verhältnis zur nichtmuslimischen Welt ausgesprochen bedenklich ist. Und für viele dieser Denk- und Handlungsweisen kann man auch in islamischen Traditionen bis hin zum Koran Begründung oder Rechtfertigung finden. Auf der anderen Seite praktiziert die übergroße Mehrheit der Muslime ihre Religion friedlich und ohne Schädigung für andere. Auch für dieses Verhalten kann man Traditionslinien zeichnen.

Beide hier skizzierten Auffassungen können also in all ihrer Gegensätzlichkeit partielle Wahrheit beanspruchen. Sie haben aber einen Zug gemeinsam, der sie beide entwertet: ihren essentialistischen Charakter. Beide behaupten ein *Wesen* des Islam – schädlich im einen, harmlos oder heilsam im anderen Fall.

Diese essentialistische Sicht auf den Islam ist außerordentlich weit verbreitet, sie wird sehr unterschiedlich begründet, sie kommt auf allen Ebenen der Argumentation vor, sie findet sich bei Muslimen ebenso wie bei Nichtmuslimen, sie gibt dem Islam mal ein negatives, mal ein positives Vorzeichen. Gemeinsam ist den Vertretern dieser Sichtweise die Auffassung, daß der Islam Denken und Verhaltensweisen seiner Anhänger stark beeinflußt und dabei selbst eine weitgehend unabhängige Instanz ist. Darin soll sich der Islam von Christentum und Judentum, zumindest in ihrer modernen Gestalt, grundlegend unterscheiden.

Die wesentlichen, zur Begründung dieser Sicht vorgetragenen Argumente sind folgende: Der Islam hat durch die Autorität des Koran und das darin vertretene betont theozentrische Weltbild einen besonders rigiden Hegemonieanspruch über das gesamte Leben der Muslime. Dieser Hegemonieanspruch ist durch die Scharia, das göttliche Gesetz, institutionell abgesichert; öffentliche Instanzen, in erster Linie der Staat, sind aufgerufen, ihn durchzusetzen; es gibt keinen von der religiösen Hegemonie ausgenommenen weltlichen Bereich. Islamische Gesellschaften haben nach dieser Auffassung den Säkularisierungstendenzen der Moderne wirksam widerstanden, und darum transportiert und stabilisiert der Islam vormoderne Weltsichten.

Daß es in den Weltgegenden mit muslimischer Bevölkerungsmehrheit massive ökonomische, soziale und politische Probleme gibt, daß sie sich im großen und ganzen mit der Demokratie schwertun, daß Frauen dort benachteiligt sind, ist unbestreitbar. Manche der Verhaltensweisen, die dafür verantwortlich sind, gehen mit islamischen Überzeugungen einher. Darum wird oft »der Islam« für diese mißliche Lage verantwortlich gemacht. Dem wird wiederum oft entgegengehalten, daß man den Islam *als Religion* keineswegs für diese Phänomene haftbar machen sollte, denn in seinen Kerntexten finde man keine entsprechenden Anweisungen.

Solche Überlegungen führen direkt zu der Frage, was der Islam eigentlich ist. In welchem Sinn ist es angemessen, von *dem* Islam zu reden, wenn die realen Überzeugungen und Handlungsweisen von Muslimen Ausfluß und Bestandteil einer bestimmten gesellschaftlichen Realität sind und nur im Hinblick darauf stimmig erklärt und beurteilt werden können, also sicherlich nicht *den* Islam konstituieren, und wenn die Glaubensgrundsätze und Verpflichtungen, die unzweifelhaft allen Muslimen gemeinsam sind, so allgemein und unverbindlich sind, daß sie zur Erklärung eines bestimmten Verhaltens kaum herhalten können? Etwas anders formuliert: Im Widerspruch gegen pauschale Islamanwürfe fühlt man sich gelegentlich, wenn unter Hinweis auf verwerfliche Denk- und Verhaltensweisen der Islam als solcher verurteilt wird, genötigt zu entgegnen: »Aber das liegt doch nicht am Islam selbst (oder: am Islam *als Religion*)!« Und in der Tat kann man oft weder in den Grundlagentexten noch im islamischen Recht Begründungen für solche Erscheinungen finden. Das Problem ist aber damit nicht ausgeräumt, denn auch wenn diese Erscheinungen weder im Dogma noch in der Scharia begründet sind, sind sie doch in gewissem Maß verbreitet und im Bewußtsein ihrer Träger originär islamisch. Der einzige Ausweg aus diesem Dilemma scheint mir die genaue Übereinkunft darüber zu sein, was man jeweils unter Islam verstehen will, sowie die genaue Unterscheidung seiner möglichen Erscheinungsformen.

Die heutige islamische Welt, oder um essentialistische Zungenschläge zu vermeiden: die Weltgegend mit muslimischer Bevölkerungsmehrheit, ist groß. Sie ist auch nicht leicht nach außen abzugrenzen; sie verteilt sich auf drei Kontinente, Migrationsströme und ihre Konsequenzen kommen hinzu. Wo es in diesem Buch um Entwicklungen auf ganz bestimmten Territorien geht, beziehe ich mich überwiegend auf den Teil dieser Weltgegend, der Europa benachbart ist: die arabischen Länder, die Türkei und Iran, manchmal Teile des indischen Subkontinents, also die Region, die wir Nahen Osten oder Nahen und Mittleren Osten nennen. Das liegt vordergründig an meinem Kompetenzbereich, läßt sich aber auch mit der Überlegung rechtfertigen, daß die problematischen Sachverhalte, die hier thematisiert werden und die nach meiner Überzeugung viel mit der Nachbarschaft zu Europa zu tun haben, in diesem Teil der »islamischen Welt« am stärksten virulent wurden und werden.

Dieses ist kein Buch über »den« Islam. Kompetente Darstellungen des Islam gibt es zur Genüge. Vielmehr ist es der Versuch, bestimmte in der Kontroverse um den Islam relevante Komplexe sachlich darzustellen und damit eine vernünftige Sicht auf die ganze Problematik zu ermöglichen. Es versteht sich, daß das in einer bestimmten Absicht geschieht: als Einspruch gegen den Versuch, die Muslime durch die Annahme eines stets in einem ganz bestimmten Sinn wirkenden Islam aus dem Zusammenhang universell gültiger Bewegungsgesetze menschlichen Zusammenlebens herauszunehmen, ein Einspruch, der sie in die Verantwortung für ihre eigene Geschichte stellt und damit auch der Kritik aussetzt, wo sie sachlich berechtigt ist.

## ANKLAGE UND VERTEIDIGUNG

Die kritische Darstellung des Islam beginnt meist mit dem Koran und dem Hinweis, daß gläubige Muslime gehalten sind, ihn als unmittelbar offenbartes, wörtlich festgehaltenes und nicht zu hinterfragendes Wort Gottes zu verstehen. Beim Inhalt des Koran konzentriert sich diese Darstellung auf den rigorosen Herrschaftsanspruch Gottes: alleinige Verehrung, Souveränität über den Kosmos und alle Aspekte des menschlichen Lebens; weiter auf die im Koran vorgenommene scharfe Abgrenzung der Muslime von allen »Ungläubigen«, auf die dort vorzufindende Ausmalung gräßlicher Höllenstrafen für Ungläubige und sündige Muslime sowie auf die Anweisung zum Kampf gegen die Ungläubigen und deren Unterwerfung – tendenziell bis zur Weltherrschaft.

Weiter betont die Kritik, daß aus der im Koran und in anderen Grundlagentexten niedergelegten Grundkonzeption des Islam ein großer, seinem Anspruch nach lückenloser Katalog von Vorschriften entwickelt wurde, die Scharia, die alle Aspekte des Lebens der Muslime regeln soll. Auch die gesellschaftliche Organisation soll in erster Linie religiösen Zwekken dienen und dort, wo es nötig ist, die Scharia mit Zwangsmitteln zur Geltung bringen. Dem sollen der islamische Staat und seine Organe dienen, aber auch die Muslime selbst sind in dieser Sicht dazu aufgerufen, in einer Art von Blockwartsystem gegenseitiger Kontrolle über die Einhaltung religiöser Vorschriften zu wachen.

Es wird also hier ein verbindlicher, allpräsenter Glaube konstatiert, der durch die Einhaltung der kultischen Verpflichtungen ständig neu eingeschärft wird, die geistige und praktische

Freiheit der Muslime erheblich einschränkt und oft die Gestalt eines regelrechten Obskurantismus annimmt, in welchem der Verstand gegenüber den heiligen Texten keinen Platz hat. Zur Bekräftigung dieser religiösen Hegemonie dient nach dieser Auffassung nicht nur die Drohung mit grausamen Strafen im Jenseits, sondern auch die mit der drakonischen Sanktion bestimmter Übertretungen im Hier und Jetzt, die, obwohl in der Regel nicht praktisch angewandt, doch offiziell Bestandteil der Scharia ist und die Gläubigen in Angst und Schrecken hält.

Es handelt sich also im Islam – immer nach der Auffassung der Kritiker – um eine sehr anspruchsvolle, radikal theozentrische Konzeption, die, plastisch und eingängig formuliert, durch ständige Erinnerung präsent und damit sehr wirkmächtig bleibt und deren Einhaltung überdies durch einen umfassenden Vorschriftenkatalog und durch staatliche wie gesellschaftliche Erzwingungsinstitutionen garantiert wird.

Die Kritiker stellen fest, daß es im islamischen Bereich keine Aufklärung wie in Europa gegeben habe; sie behaupten weiter, daß der Islam weder in der Theorie noch in der Praxis eine Trennung der geistlichen von der weltlichen Sphäre gekannt habe und kenne. Daher sehen sie den islamischen Bereich als resistent gegen Säkularisierung und konsequente Modernisierung. Bestimmte Aspekte der Moderne akzeptierten die Muslime, andere, vor allem die »kulturelle Moderne«, lehnten sie vehement ab. In der Folge gebe es im Islam keine Religionsfreiheit, würden die Menschenrechte nicht respektiert, würden insbesondere die Rechte der Frauen in vieler Hinsicht mit Füßen getreten. Alles das bedeute einen unaufhebbaren Gegensatz zwischen den im Grundgesetz niedergelegten konstitutiven Werten der »kulturellen Moderne« und dem orthodox verstandenen Islam. Solche Muslime, die ihre Religion ernst nähmen und mit allen Konsequenzen lebten, könnten unsere Verfassungsgrundsätze nicht als für sich verbindlich anerkennen.

Die oft getroffene Unterscheidung zwischen Islam und Islamismus erscheint in dieser Auffassung als irrelevant. Die Islamisten, also diejenigen, die heute auf die Wiedererrichtung islamischer Staaten und die Wiedereinführung der Scharia dringen, seien keine Abweichler vom Islam, sondern setzten vielmehr Kernvorstellungen des orthodoxen Islam unter der Herausforderung der Moderne in die Tat um.

Im Verhältnis zur nichtmuslimischen Umwelt sieht diese Auffassung die Muslime beseelt von einem Überlegenheitsgefühl gegenüber allen anderen und getrieben von dem Drang, die ganze Welt islamischer Herrschaft zu unterwerfen. Zum Beleg wird die traditionell islamische völkerrechtliche Vorstellung von der Einteilung der Welt in ein »Territorium des Islam« und ein »Territorium des Kriegs« angeführt, wobei das erstere, wo immer möglich, auf Kosten des letzteren vergrößert werden soll, im Grenzfall bis zur Eroberung der ganzen Welt. In der islamischen Geschichte sieht diese Auffassung nicht nur Eroberungskriege, sondern sogar besonders grausames Vorgehen, besonders große Aggressivität, »islamischen Imperialismus«.[2] Gern verweist man in diesem Zusammenhang auch auf Terror von Muslimen in der jüngsten Vergangenheit. Die meisten Belege für den problematischen Charakter des Islam sieht die hier dargestellte Konzeption in der heutigen Praxis von Muslimen: islamischer Terror, Unterdrükkung religiöser Minderheiten in islamischen Ländern, andere menschenrechtliche Probleme, vor allem aber die prekäre rechtliche Lage und Unterdrückung von Frauen in vieler Hinsicht.

Die hier skizzierte Auffassung zeichnet also eine Besonderheit von Muslimen und islamischen Gesellschaften, die sie auf *einen* kulturellen Faktor zurückführt, der ausgesprochen prägend sein soll: den Islam selbst. Eine im Koran emphatisch formulierte Grundlage, die in wiederholter Erinnerung an positive und negative Sanktionen stets lebendig und wirkmächtig bleibt, ein daraus abgeleiteter umfassender Vorschriftenkatalog, eine politische und gesellschaftliche Organisation mit Institutionen zur Erzwingung konformen Verhaltens – alles das soll das Leben der Muslime weitgehend geprägt, sie zu aggressivem Verhalten nach außen bewegt, ihnen die Antwort auf die Herausforderungen der Moderne unmöglich gemacht haben und auch die vielen heutigen Probleme der Muslime (und anderer mit den Muslimen!) weitgehend erklären. Ein mögliches, von dem so vorgestellten Modell abweichendes Verhalten bzw. Denken von Muslimen leugnet diese Auffassung im allgemeinen nicht, hält es aber gegenüber dem bestimmenden Muster für irrelevant. In dieser Auffassung ist der Islam *Barbarei*, ist er in unsere Zeit hineinragendes Mittelalter.[3]

Islamkritik mit den hier genannten Argumenten ist in den letzten Jahren sehr verbreitet. Die Entstehung aggressiver muslimischer Gruppen und die Präsenz großer muslimischer Minderheiten in Europa haben die »islamische Gefahr« in den letzten Jahren unterstrichen. Aber die Wahrnehmung selbst und die angeführten Argumente sind alt. In etwas anderer Form gab es sie schon im Mittelalter.[4] Damals war die Polemik in aller Regel christlich inspiriert und formuliert, wie es auf der anderen Seite auch muslimische Polemik gegen das christliche Europa gab – in beiden Fällen als Begleiterscheinung realer Auseinandersetzungen. Moderne, mit aufklärerischen und menschenrechtlichen Argumenten gestützte Islamkritik gibt es seit dem 18. Jahrhundert. Eine besonders plastische Formulierung stammt von dem französischen Religionshistoriker Ernest Renan, der 1883 in einem Vortrag an der Sorbonne sagte:

> Jeder, der ein wenig von den Dingen unserer Zeit weiß, sieht klar die gegenwärtige Minderwertigkeit der islamischen Länder, den desolaten Zustand der Staaten, die der Islam beherrscht, und die intellektuelle Nichtigkeit der Rassen, die ausschließlich aus dieser Religion ihre Kultur und Bildung beziehen. Alle, die im Orient oder in Afrika gewesen sind, sind betroffen davon, wie unausweichlich beschränkt der Geist eines wahren Gläubigen ist, von diesem eisernen Reifen, der seinen Kopf umschließt und ihn absolut unzugänglich macht für die Wissenschaft, unfähig, irgend etwas zu lernen oder sich irgendeiner neuen Idee zu öffnen.

Und Renan glaubte auch zu wissen, woher das kommt. Seiner Meinung nach gibt es im Islam

> nicht die geringste Möglichkeit der Trennung des Spirituellen vom Irdischen; [ist er] ein Zwangsregime mit Körperstrafen für den, der nicht praktiziert; ein System, das in puncto Quälerei nur noch von der spanischen Inquisition übertroffen wurde. Die Freiheit wird niemals tiefer verletzt als von einer sozialen Organisation, bei der das Dogma herrscht und das soziale Leben absolut dominiert.[5]

Dem Islam wird ein äußerst rigider, im Dogma und in der Scharia verkörperter Hegemonieanspruch unterstellt, der besonders wirksam sein soll, weil keine Trennung von religiösem und weltlichem Bereich ihm etwas von seiner Durchschlagskraft nähme.

Diese Auffassung wird auch in neuerer Zeit vielfach vertreten, in unterschiedlicher Weise, mit unterschiedlicher Schwerpunktsetzung, aber doch im wesentlichen mit derselben Stoßrichtung. Sie läuft darauf hinaus, daß es sich beim Islam um ein großes, in sich konsistentes System von Überzeugungen und Vorschriften mit einer Macht über seine Anhänger handelt, die ihn von anderen ideologischen Systemen unterscheidet. In diesen Überzeugungen und Vorschriften ist nach dieser Auffassung so viel In- und Antihumanes, daß sie sowohl für die Muslime selbst wie für ihr Verhältnis zur nichtmuslimischen Umwelt große Probleme mit sich bringen. Ein Muslim, der seine Religion ernst nimmt – und das wird den weitaus meisten Muslimen unterstellt –, ist daher automatisch gefährlich und problematisch. Entsprechend muß er behandelt werden: barsche Aufforderung zur Abkehr von seiner religiösen Konzeption, Eingrenzung, Überwachung, Abwehr, im Grenzfall polizeiliche und militärische Unterdrückung.

Dieser Auffassung widersprechen andere auf zwei Wegen. Der eine ist eine Auseinandersetzung mit der Argumentationsweise der skizzierten Islamkritik. Sie legt den Finger darauf, daß diese schon die bloße Zugehörigkeit zum Islam zum Anklagepunkt erhebt und tendenziell jeden einzelnen Muslim für mißliche Aspekte seiner Religion haftbar macht. Sie sieht das als Rassismus und spricht meist von Islamophobie. Die andere Weise des Widerspruchs ist eine Darstellung des Islam, die ihn als harmlose, unschuldige Religion sieht, aus deren Praktizierung weder für die Muslime selbst noch für andere irgendein Problem erwachse. Diese Art des Widerspruchs erkennt in der Regel die Verbindlichkeit des Koran für die Weltsicht und das Handeln der Muslime an, setzt aber in der Darstellung der koranischen Aussagen ganz andere, positive Schwerpunkte. Sie betont die Menschenliebe und Gnade Gottes, zitiert die Stellen des Koran, in denen von Freiheit in der Religion, von friedlicher Predigt, überhaupt von friedlichem Verhalten die Rede ist. Kriegerische Aktivität von Muslimen in der Geschichte wird hier als von defensiver Notwendigkeit diktierter Ausnahmefall hingestellt. Bestandteil dieses Bildes ist auch die Auffassung von der großen Rationalität der islamischen Lehre. Der Islam stehe auch der Modernisierung keinesfalls im Weg; die Säkularisierung muslimischer Gesellschaften sei entweder in gewissem Maß schon vollzogen oder nicht nötig, da es im Islam die Faktoren, die sie im vorneuzeitlichen Europa erfordert hätten, nicht gebe. Der Islamismus sei nicht mit dem Islam gleichzusetzen, sondern habe mit richtig verstandenem Islam nichts zu tun. Dem Argument von der Diskriminierung und Unterdrükkung der Frauen antwortet diese Auffassung oft mit dem Gedanken, der Islam habe die Stellung der Frau in seiner frühen Zeit verbessert und sorge in seinen Bestimmungen für ihr Wohlergehen – davon abweichende reale Zustände seien nicht genuin islamisch. Auch die Behandlung religiöser Minderheiten und die Stellung zu den Angehörigen anderer Religionen seien von Toleranz und Friedensliebe geprägt. Der Islam ist also nach dieser Auffassung weder ein Problem für die Muslime, ihr Wohlergehen und ihren Fortschritt noch eines in ihrem Verhältnis zur nichtmuslimischen Welt.

So richtig es ist, daß man der pauschalen Islamkritik mit dem Hinweis auf ihre fatalen Konsequenzen widerspricht, so wichtig es erscheint, daß Muslime und andere auf die weithin harmlosen und friedlichen Dimensionen des Islam hinweisen – beide Vorgehensweisen reichen nicht hin, das Problem, um das es hier geht, angemessen zu erfassen. Denn um ein Problem handelt es sich. Es gibt tatsächlich höchst bedenkliche Äußerungen und Verhaltensweisen heutiger Muslime, und sie erhalten zumindest den Anschein islamischer Legitimität durch die Berufung auf Texte und Präzedenzfälle der islamischen Tradition. Die erstgenannte Vorgehensweise beschäftigt sich mit diesem Problemkomplex nicht, die zweite tendiert dazu, ihn zu ignorieren oder zu leugnen, indem sie die ganz andere Seite des Islam hervorhebt. Dieses Buch will sich mit der pauschalen Islamkritik durch die Nachzeichnung der Realität der islamischen Geschichte und Gegenwart auseinandersetzen, ohne deren problematische Aspekte auszublenden.

## 2
## ›CORPUS DELICTI‹: DER KORAN

Die Anklage gegen den Islam beruft sich gern auf dessen wichtigsten Grundlagentext, den Koran (arab. *qur'ān*), und auf die Konstellation der islamischen Frühzeit, die mit der Ungeschiedenheit von religiöser und weltlicher Sphäre (»Muḥammad als Prophet und Staatslenker«) ein Modell für alle späteren Zeiten gesetzt habe.

Im Koran sehen die Kritiker prinzipiell anstößige Inhalte; die wichtigsten sind, knapp angedeutet, der absolute Anspruch Gottes auf alleinige Verehrung und Unterwerfung, die plastisch ausgemalten Höllenstrafen bei Widersetzlichkeit oder Übertretungen, die scharfe Abgrenzung gegen »Ungläubige« und das Gebot zum aggressiven Verhalten zwecks Unterwerfung der »Ungläubigen«, weiter die Frauenfeindlichkeit bestimmter Passagen.

Was steht tatsächlich im Koran? Der uns vorliegende Text ist inhaltlich wenig strukturiert. Grob läßt er sich in Texte zu mehreren Komplexen aufteilen: Ein wichtiger Teil des Koran besteht aus dem eindringlichen Aufruf zum Glauben an Gott und zu einer entsprechenden Lebensführung – gerichtet an die »heidnischen« Araber, deren religiöse Vorstellungen bis dahin wenig Konsequenzen für ihren Lebenswandel impliziert hatten. Dieser Aufruf wird beständig wiederholt, mit immer neuen Variationen in der Form und der Argumentation. Argumente werden unter anderem aus der Wunderbarkeit der Natur bezogen, die nur ein allmächtiger Schöpfer so geschaffen haben könne. Gott wird als gerecht, aber im Grundtenor durchaus gnädig dargestellt. Immer wieder wird auf ein nahe bevorstehendes Jüngstes Gericht hingewiesen, bei dem die Menschen nach ihren Verdiensten und Verfehlungen beurteilt werden, und entsprechend Umkehr eingefordert. Die widrigenfalls eintretenden Höllenstrafen werden plastisch ausgemalt. Hier werden Individuen angesprochen und damit auch in individuelle Verantwortung gestellt. Die eindrücklichsten Texte dieser Art gehören wohl in die frühen Phasen von Muḥammads Wirken als Prophet.

Ein weiterer, großer Teil des Koran besteht aus Erzählungen heilsgeschichtlichen Inhalts, die meisten davon biblische Erzählungen, hier natürlich in anderer Textgestalt und mit – meist leichten – inhaltlichen Veränderungen. Muḥammad war offenbar lange davon überzeugt, daß Juden – in der Tora – und Christen – im Neuen Testament – die Offenbarung Gottes zuteil geworden war und daß es seine eigene Mission war, nun die inhaltlich gleiche Botschaft den heidnischen Arabern der Halbinsel zu bringen, die sie noch nicht erhalten hatten. In der argumentativen Auseinandersetzung mit den »verstockten« Mekkanern werden immer wieder die *ahl al-kitāb*, also die Besitzer von Offenbarungsschriften, als Zeugen für die Wahrheit der koranischen Botschaft angerufen, so z. B. in Koran 17,101: »Frag doch die Kinder Israels!«[1] Wohl im Zuge der realpolitischen und ideologischen Auseinandersetzung mit den Juden Medinas, die sich weigerten, Muḥammad als Propheten anzuerkennen, erfolgte allerdings eine Veränderung der muslimischen Vorstellung von den sukzessiven Offenbarungen. Danach hatten Juden und Christen die Offenbarung Gottes in richtiger Form erhalten, sie aber nicht rein und unverfälscht bewahrt, sondern im eigenen (vermeintlichen) Interesse verändert. Konsequenterweise änderte sich dann auch Muḥammads Bild im muslimischen Selbstverständnis. Von einem Propheten für die Araber wurde er zu einem für die ganze Welt einschließlich von Juden und Christen, deren heilige Schriften ja nach diesem Verständnis auch der Reinigung bzw. Wiederherstellung bedurften. Das implizierte eine Wendung gegen Juden und Christen, soweit sie an ihren Konzeptionen festhielten. Nun ist aber der Text des Koran durchaus nicht im Sinne dieser neuen Vorstellung »durchredigiert« worden, sondern enthält Niederschläge beider Auffassungen. Als Folge davon finden sich dort sowohl positive wie negative

Äußerungen zu Juden und Christen, ja, es gibt ein ganzes Spektrum von Auffassungen zu diesem Thema.

Die oft gestellte Frage, ob denn nun Christen und Juden in muslimischen Augen als gläubig oder ungläubig gelten, läßt sich aufgrund koranischer Aussagen nicht eindeutig beantworten. Es gibt Stellen, die sie zu den Gläubigen zählen; es gibt solche, die sie zumindest in große Nähe zu den Ungläubigen rücken (eindeutig ungläubig sind im koranischen Sprachgebrauch die arabischen Heiden); und es gibt schließlich solche, an denen sich der Koran von solchen *ahl al-kitāb* abgrenzt, die sich nicht an ihre eigenen religiösen Vorgaben halten, den Muslimen übelwollen usw. Solchen Passagen, in denen gegen die Heiden unter positivem Hinweis auf das Zeugnis von Juden argumentiert wird, stehen andere gegenüber, in denen der Koran sich unter Hinweis auf die Überlegenheit des Islam gegenüber allen anderen religiösen Konzepten auch von den *ahl al-kitāb* abgrenzt. Es gibt also im Text des Koran durchaus Spannungen zwischen verschiedenen Auffassungen zu dieser großen Gruppe, die es im Hinblick auf sie nicht gestatten, von einer scharfen und eindeutigen Abgrenzung gegen »Ungläubige« zu sprechen.

Ein weiterer Teil des Korantextes besteht in Anweisungen und Kommentaren zu laufenden Ereignissen der Offenbarungszeit. Nach dem durch die heidnischen Mekkaner erzwungenen Auszug der Muslime aus Mekka, der Hidschra (arab. *hidjra*), war ihre wichtigste praktische Stoßrichtung der Kampf gegen die Mekkaner – wohl ganz unerläßlich, wenn man den Islam auf der ganzen Arabischen Halbinsel verbreiten wollte. Nachdem in den koranischen Texten aus mekkanischer Zeit Zurückhaltung und Resignation in der Auseinandersetzung mit den Heiden anempfohlen worden waren, erfolgte nun zunächst die Erlaubnis, dann der dringende Aufruf zum Kampf, manchmal als Defensive oder Vergeltung für erlittenes Unrecht, an vielen Stellen aber auch ohne eine andere Rechtfertigung als die Notwendigkeit, den Feind niederzukämpfen, »damit keine Zwietracht [oder Versuchung, arab. *fitna*] sei« (Koran 2,193 und viele andere Stellen). In dieser Frage bewegen sich die Aussagen des Koran auf einem Spektrum, das von der Anweisung zur Zurückhaltung über den provozierten Kampf bis hin zum nichtprovozierten Kampf geht. Auch hier also keine ausschließliche Bejahung der Aggression, sondern unterschiedliche Optionen je nach den Umständen.

Weitere Passagen des Koran enthalten Anweisungen für die Lebensführung der Muslime, teilweise durchaus detailliert, besonders auf dem Gebiet des religiösen und des Familienlebens, während weite Bereiche des gesellschaftlichen Lebens kaum berührt werden. In der Frage der Behandlung der Frauen ist wiederum eine merkwürdige Spannung festzustellen. Während unter religiösem Aspekt die Frauen in dasselbe unmittelbare Verhältnis zu Gott gestellt werden wie die Männer und damit als Religionssubjekte den Männern gleichrangig sind, werden sie im praktischen Leben den Männern untergeordnet. Sie haben bestimmte festgelegte Rechte, aber geringere als die Männer; sie erben weniger als diese, haben geringeren Wert als Zeugen, sollen ihren Ehemännern sexuell zur Verfügung stehen, im Fall ihrer »Widersetzlichkeit« ist ein Züchtigungsrecht der Ehemänner stipuliert. Heirat mit bis zu vier Frauen wurde erlaubt, aber nur, wenn der Mann alle seine Ehefrauen gleich behandelte. Im Verhältnis zur Situation der Frauen im vorislamischen Arabien mag das alles eine Besserstellung oder den Versuch dazu bedeutet haben, war aber immer noch eine eklatante Diskriminierung.

Der Koran ist kein in sich widerspruchsfreies Dokument. Es fällt auf, daß er vielfach zum selben Thema unterschiedliche, manchmal gegensätzliche Aussagen enthält. Oft läßt sich ein ganzes Spektrum von Aussagen unterschiedlichen Tenors feststellen; bei der Behandlung des Themenkomplexes »Dschihad« werde ich das weiter unten, im Abschnitt »Welteroberung?«, beispielhaft zeigen. Dieser Umstand kann keinem Leser des Koran verborgen bleiben. Die muslimischen Kommentatoren haben im Hinblick auf die Gewinnung von Handlungsanweisungen aus dem Koran das Prinzip der Abrogation (arab. *naskh*) entwickelt: Wenn eine Textpassage, die einer anderen widersprach, zeitlich eindeutig nach dieser offenbart wurde, setzte sie diese in ihrer rechtlichen Wirkung außer Kraft. Das änderte nichts an der weiteren Existenz all dieser Stellen im Korantext; ob eine Stelle nun tatsächlich abrogiert war, war eine Frage der Interpretation, also durch den Text selbst nicht eindeutig beantwortet. Die Vielfalt der koranischen Aussagen sowie der Interpretationsmöglichkeiten bei den zahlreichen uneindeutigen Textstellen wurde lange Zeit von den Muslimen nicht als störend empfunden, sondern als Gnade Gottes gesehen, der seinen Dienern auf diese Weise Spielraum und Freiheit gab. Manche sehen das auch heute noch so. Viele nehmen aber auch – neuerdings – an der Vieldeutigkeit Anstoß und wollen sie nach Möglichkeit eingrenzen.

Was ist mit den »Stellen«, d. h. mit den Passagen des Koran, die zur Unterstützung der Anklage gegen den Islam gern zitiert werden? Es gibt diese Stellen, an denen ein unvoreingenommener moderner Leser Anstoß nehmen muß. Sie gehören wohl vor allem in vier Kategorien: 1. Die plastische Ausmalung der Höllenstrafen für die Ungläubigen oder Sünder, z. B. Koran 4,55 f.: »Die Hölle wird schlimm genug brennen. Diejenigen, die nicht an unsere Zeichen glauben, werden wir im Feuer schmoren lassen. Sooft ihre Haut gar ist, tauschen wir ihnen eine andere ein, damit sie die Strafe zu spüren bekommen. Gott ist mächtig und weise.« 2. Stellen, die von der Diskriminierung und Unterordnung der Frauen sprechen, so z. B. Koran 4,34 (wird weiter unten im Abschnitt »Frauen« zitiert). 3. Die Ablehnung von Angehörigen anderer Religionen, manchmal auch unter Andeutung von Bestrafungen durch Gott. Eine solche Stelle ist Koran 5,59 f.: »Sag: Ihr Leute der Schrift! Habt ihr denn keinen anderen Grund, uns zu grollen, als daß wir an Gott glauben und an das, was zu uns und was früher herabgesandt worden ist, und daß die meisten von euch Frevler sind? Sag: Soll ich euch von etwas Schlimmerem Kunde geben im Hinblick auf eine Belohnung bei Gott? [Leute] die Gott verflucht hat und auf die er zornig ist und aus denen er Affen und Schweine und Götzendiener gemacht hat.« Oder Koran 5,51: »Ihr Gläubigen! Nehmt euch nicht die Juden und die Christen zu Freunden! Sie sind untereinander Freunde.« 4. Stellen, in denen zum Krieg, auch zum unprovozierten Krieg gegen »Heiden« aufgerufen wird. Koran 9,5: »Und wenn nun die heiligen Monate abgelaufen sind, dann tötet die Heiden, wo ihr sie findet, greift sie, umzingelt sie und lauert ihnen überall auf! Wenn sie sich aber bekehren, das Gebet verrichten und die Almosensteuer geben, dann laßt sie ihres Weges ziehen! Gott ist barmherzig und bereit zu vergeben.« Auch gegen »Schriftbesitzer« *(ahl al-kitāb)*, strenggenommen gegen bestimmte Schriftbesitzer, wird zum Krieg aufgerufen, Koran 9,29: »Kämpft gegen diejenigen, die nicht an Gott und den Jüngsten Tag glauben und nicht verbieten, was Gott und sein Gesandter verboten haben, und nicht der wahren Religion angehören – von denen, die die Schrift erhalten haben –, bis sie kleinlaut aus der Hand Tribut entrichten!«

Man könnte weit mehr entsprechende Stellen zitieren, manchmal wird das auch genüßlich getan. Die Ausmalung der Höllenstrafen ist widerwärtig, nur: Ist unter Würdigung der Umstände irgend etwas anderes von einem religiösen Dokument zu erwarten, das sein Publikum eindringlich zur Umkehr auffordern will? Was steht bei Dante in seiner Beschreibung des Purgatoriums und der Hölle? Was die anderen Passagen betrifft, die sich ja auf irdische Sachverhalte beziehen, muß man sich vor Augen führen, daß die Muslime selbst diese Texte über weiteste Strecken ihrer Geschichte nicht als Handlungsanweisungen genommen, sondern souverän ignoriert haben – Gott sei Dank! Sie bleiben aber als Texte dennoch stehen, und ein moderner Leser empfindet sie als barbarisch. Sie teilen aber diese Qualität mit ähnlichen Passagen in anderen heiligen Texten, nicht zuletzt in der Bibel, wo die Aufforderung zum Massaker stellenweise noch unbedingter formuliert ist, so z. B. Deuteronomium 20,16: »Aus den Städten dieser Völker jedoch, die der Herr, dein Gott, dir als Erbbesitz gibt, darfst du nichts, was Atem hat, am Leben lassen.« Auch in der Bibel ist die Zahl ähnlicher Stellen groß. Wer den Koran aufgrund seiner menschenrechtlich problematischen Passagen verdammen will, kann das tun. Wer ihn verdammt, aber die Bibel nach den strikt gleichen moralischen Maßstäben retten will, ist blind oder unredlich.[2]

Die *Glaubensinhalte* des Islam sind verhältnismäßig einfach. Ihr Kern ist das Bekenntnis zur Einzigkeit und Allmacht Gottes und zur Propheteneigenschaft Muḥammads: *lā ilāha illa-llāh; Muḥammadun rasūlu-llāh* (»es gibt keinen Gott außer Allah, und Muḥammad ist sein Gesandter«). Darüber hinaus ist ein Muslim gehalten, an einen kleinen Grundkanon zu glauben: die Propheten vor Muḥammad, die Engel, das Paradies, die Hölle, das Jüngste Gericht. Die Vorstellung von der absoluten Allmacht Gottes, die in einigen Passagen des Koran vorkommt, ist von manchen Gelehrten zu einer strengen Prädestinationslehre ausgebaut worden, die dem menschlichen Willen und der menschlichen Freiheit keinen Raum läßt. Das dient vielen Nichtmuslimen zum Beleg für die Vorstellung vom islamischen Fatalismus (»Kismet«). Dieser ganze Komplex muß mit einem erheblichen Körnchen Salz genommen werden. Rigorose Prädestinationsvorstellungen gibt es ja auch in anderen großen Religionen. Ähnlich wie dort sind sie auch im Islam relativiert worden. Die Vorstellung vom völligen Fehlen menschlicher Willensfreiheit war wohl vielen Menschen immer unerträglich; und darauf mußte man Rücksicht nehmen. So bildete sich auch im Islam eine Denkschule heraus, die dem menschlichen Willen sehr weiten, und mehrere, die ihm einen gewissen Spielraum zugestehen. Und auch für diese Vorstellungen lassen sich im Koran und in anderen Grundlagentexten durchaus Belegstellen finden. Gern führen z. B. auch noch heutige Muslime einen Muḥammad in den Mund gelegten Ausspruch an: »Binde dein Reittier zweimal fest an, und erst dann vertraue auf Gott!« Das Spannungsverhältnis »göttliche Allmacht/menschliche Willensfreiheit« ist also im Islam ähnlich gelöst worden (bzw., streng gesprochen, unaufgelöst stehengeblieben) wie in anderen Religionen. Hier gibt es keine Besonderheit, die einen speziellen islamischen Fatalismus begründen würde.

Es gibt im Islam bestimmte ethische Prinzipien, im Grundsatz sehr ähnlich wie die der beiden anderen großen nahöstlichen Religionen Judentum und Christentum. Der große islamische Reformer Muḥammad ʿAbduh hat diese Gemeinsamkeit einmal so formuliert: »Der Glaube an Gott allein und die Aufrichtigkeit in seiner Verehrung, die gegenseitige Hilfe der Menschen bei der Erzielung des Guten und der Verzicht auf gegenseitige Schädigung, soweit sie es können.«[3] Ein Beleg für die Ähnlichkeit der ethischen Vorstellungen ist auch der koranische Dekalog (Koran 17,22-39), der dem mosaischen Dekalog ausgesprochen verwandt ist.[4] Von den ethischen Prinzipien und im wesentlichen auch von den Glaubensinhalten her gibt es also nichts, was den Islam in einen scharfen Kontrast (und schon gar nicht in einen Gegensatz!) zu den anderen monotheistischen Religionen brächte.[5]

Diese Ähnlichkeiten sind nicht verwunderlich. Der Islam ist nicht aus dem Nichts entstanden, sondern im Hedschas,[6] an der Peripherie zweier zivilisatorisch hochstehender Reiche, aus dem ideologischen Spiralnebel der Spätantike gleichsam zusammengeschossen. Parallelen und Ähnlichkeiten des Inhalts und der Ausrichtung mit den anderen Religionen bleiben da nicht aus – von der Wahrscheinlichkeit von Übernahmen, wie sie viele Passagen des Koran nahelegen, ganz zu schweigen. Als Fazit der Betrachtung des Koran läßt sich festhalten, daß sein Inhalt die Auffassung eines radikal von anderen Weltreligionen abweichenden Charakters des Islam nicht rechtfertigt.

# 3
# EIN GOTTESSTAAT?

## DER CHARAKTER DES »ISLAMISCHEN STAATS«

Oft werden die problematischen Züge des Islam auf die Umstände seiner Entstehung zurückgeführt. Sein Gründer Muḥammad sei gleichzeitig Prediger und politischer Akteur gewesen und habe so nicht nur eine Religion, einen Glauben gestiftet, sondern auch ein dementsprechendes politisches Gebilde, einen islamischen Staat gegründet, der auf kriegerische Expansion angelegt war. Muḥammads Nachfolger, die Kalifen, hätten diese Konstellation übernommen und entwickelt, und so sei eine Religion entstanden, in der religiöse und politische Organisation zusammengefallen seien, die eine immanente Tendenz zur kriegerischen Ausbreitung habe und in der Gottes Anspruch auf alleinige Verehrung menschliche Entfaltung enorm erschwere. Und das alles sei dann auch noch in die starren Regeln der Scharia, des islamischen Rechts, gegossen und damit unangreifbar gemacht worden – so sehr, daß dieser Charakter des Islam bis heute fortwirke.

Entspricht diese Auffassung den Fakten? Tatsächlich folgte bei der Entstehung des Islam die Gründung eines Staats sehr rasch auf die Stiftung der neuen Religion. Im Leben Muḥammads gehörten Predigt und Aktion, auch politische Aktion, eng zusammen. Mit der Stiftung des Islam war für seine Anhänger eine neue religiöse Verbindlichkeit gegeben. Die Kernaussagen der neuen Lehre: strikter Monotheismus, Ansprache an die Individuen jenseits von Clan- und Stammesbindungen sowie sozialem Status, Aufruf an die Menschen zur Ergebung in Gott mit bestimmten Konsequenzen für die Lebensführung sowie die Vorstellung von einem Jüngsten Gericht – diese Kernaussagen waren offenbar so attraktiv, daß sie bei den

»heidnischen« Arabern letzten Endes auf fruchtbaren Boden fielen. Sie waren aber zunächst auch für die mekkanische Gesellschaft so anstößig gewesen, daß die kleine Gruppe der ersten Muslime verfolgt und aus der Stadt verdrängt wurde. Sie ließ sich in Medina nieder, fand dort Zulauf und gründete eine Gemeinde, die bald zu einem Staat oder Proto-Staat wurde. Dann wandten sich die Muslime kriegerisch gegen Mekka, aus dem sie vertrieben worden waren, überwanden es, gliederten die bis dahin »heidnischen« Mekkaner in ihre Gemeinde ein und setzten von dieser Position aus ihren Siegeszug – der weitgehend Eroberungsfeldzug war – fort. Die an diesem Unternehmen Beteiligten waren zweifellos zuallererst von religiösem Eifer getrieben. Sie wollten der Sache des Islam zum Sieg verhelfen, was nicht ausschloß, daß andere Motive – Machterwerb, Bereicherung durch Beute – ebenfalls eine Rolle spielten. Religiöse Motivation und politisch-kriegerische Aktion gingen hier eng zusammen. Sie gerieten aber auch bald in Konflikt miteinander.

Der Aufruf zum Islam erging grundsätzlich an das Individuum. Seine Befolgung hob die Person aus ihren angestammten sozialen Bindungen (Familie, Clan, Stamm, soziale Schicht) heraus und integrierte sie in eine neue, eben die islamische Gemeinschaft *(umma)*. Diese Negierung der überkommenen Sozialordnung war einer der anstößigsten Aspekte der neuen Lehre gewesen und hatte ihre Anhänger zur Emigration genötigt. Als Ideal von der Brüderlichkeit und Gleichheit aller Muslime blieb sie lebendig. Ein Staat war allerdings mit ihr nicht zu machen. Mit dem Siegeszug des Islam und der Kristallisierung der *umma* zum Staat wurde dieses Ideal kompromittiert. Die Gemeinde brauchte ein Ordnungsprinzip, der neue Staat eine Form. Dafür gaben die religiösen Quellen keine oder nur sehr vage Anhaltspunkte. Es mußten also andere Vorbilder herangezogen werden. Zunächst war das die altgewohnte Organisationsform: der arabische Stamm. Schon zu Muḥammads Lebzeiten war er das Vorbild für die Organisation der Gemeinde – mit bestimmten, islamisch inspirierten Modifikationen. Nach Muḥammads Tod wurden seine Nachfolge und der Aufbau des islamischen Gemeinwesens von seinen Gefährten pragmatisch geregelt. Die so gefundene Organisationsform nannte man Kalifat; die Bezeichnung »Kalif« ist vom arabischen *khalīfat rasūl allāh* abgeleitet, »Stellvertreter des Gesandten Gottes«. Der Kalif sollte gewählt werden; er sollte sich bei seiner Regierungsführung mit autoritativen Vertretern der Gemeinde beraten; er sollte persönlich hohe Qualitäten haben, die ihn sowohl zur praktisch-politischen wie zur religiösen Leitung befähigten; er sollte Gott gehorchen und sich auf die Gemeinde stützen. Diese Bedingungen waren nach dem – jedenfalls bei den Sunniten – verbreiteten muslimischen Geschichtsbild nur bei den beiden ersten Kalifen, Abū Bakr und ʿUmar, gegeben, die, selbst fähig und enge Prophetengefährten, mit anderen Prophetengefährten im Benehmen waren und weltliche sowie religiöse Aspekte ihres Amts noch im wesentlichen zusammenhalten konnten, wobei sie sich an koranische Normen hielten, im übrigen aber nach eigenem Gutdünken in Konsultation mit den Gefährten handelten. Sie verbanden also in ihrem Regierungshandeln altarabische Traditionen mit der Erwägung religiöser Gesichtspunkte. Ihre Regierungszeit gilt als noch weitgehend vom Geist des Islam durchdrungen, und einiges von ihrer Legitimität wird auch noch ihren beiden Nachfolgern zugestanden (diese vier Kalifen werden als »rechtgeleitet« bezeichnet). Es gelang aber nicht, diesen »Geist« des Islam, soweit es die Organisation des Gemeinwesens betraf, in einem konsensfähigen Regelwerk festzuhalten. Unterhalb des offiziellen religiösen Staatsziels oder daneben machte sich die Eigengesetzlichkeit des sozialen Lebens bemerkbar und setzte sich immer stärker durch. Die Faktoren dieses Prozesses waren altarabische Traditionen, die Interessen der Herrscher, die enorm dynamischen und weit ausgreifenden Eroberungen, die dabei einkommenden Reichtümer, die auf die beteiligten Soldaten (und andere Berechtigte) verteilt werden mußten, und die dabei notwendig hervorbrechenden Gegensätze.[1]

Das Dilemma, vor dem die Muslime in der Frage der Verbindung von Religion und Staat standen, wurde wohl nirgendwo so deutlich wie in der Konfrontation zwischen ʿAlī und Muʿāwiya während der *fitna*, des sogenannten ersten Bürgerkriegs im Islam. ʿUthmān, der dritte Kalif (reg. 644-656), hatte durch seine Regierungsführung Anlaß zu Unzufriedenheit gegeben. Zur Rede gestellt, hatte er jedes Eingehen auf seine Kritiker abgelehnt und war daraufhin umgebracht worden. Das führte zu fünf Jahre dauernden blutigen Auseinandersetzungen, in denen sich mehrere Parteien gegenüberstanden: die Partei ʿAlīs, eines Verwandten Muḥammads, der glaubte, ihm habe von Anfang an dessen Nachfolge zugestanden, und der sich eng an religiöse Prinzipien hielt; das Lager der Prophetengefährten, die ʿAlī die Macht streitig machten, von ihm aber niedergeschlagen wurden; weiter die Partei der Umayyaden, die ʿAlī unter der Parole der Blutrache für ʿUthmān bekämpften; und schließlich die Kharidschiten, die ʿAlī die Gefolgschaft aufkündigten, als er sich im Kampf mit den Umayyaden auf die Regelung des Streits durch ein Schiedsgericht einließ.

In diesen Auseinandersetzungen verzichtete keine Partei auf religiöse Argumente zur Stützung ihrer Position, es ist aber sicher kein Zufall, daß letztlich die Partei die Oberhand behielt, die auch unabhängig von der Religion eine starke Basis hatte und am geschicktesten pragmatisch orientierte Machtpolitik betrieb: die Umayyaden unter Muʿāwiyas Führung, der einflußreichste Clan der mekkanischen Aristokratie, der fast bis zur Einnahme Mekkas durch die Muslime derjenige ihrer erbittertsten Feinde gewesen war. Das Kalifat der Umayyaden, das auf diese Weise errichtet wurde, war in den Augen der islamischen Historiker kein *bona-fide*-Kalifat mehr, sondern weitgehend weltliches Königtum. Die Herrscher verzichteten keineswegs auf religiöse Legitimation; sie nannten sich weiterhin Kalifen; dieser Begriff sollte aber nun nicht mehr für *khalīfat rasūl allāh* stehen, »Stellvertreter des Gesandten Gottes«, sondern für *khalīfat allāh*, Stellvertreter Gottes. Damit betonten sie nicht mehr die Kontinuität der Nachfolge Muḥammads, sondern proklamierten sich als Herrscher von Gottes Gnaden. Das hatte auch schon der Umayyade ʿUthmān getan, als er auf die Forderung nach seinem Rücktritt geantwortet hatte: »Ich werde keinen Mantel ablegen, den Gott mir umgelegt hat!«

Die Umayyaden versuchten also ihre Herrschaft religiös zu rechtfertigen. Sie hatten aber nicht, wie noch die beiden ersten Kalifen, ein Monopol auf diese Legitimation. Sie wurde vielmehr von verschiedenen Seiten mit ebenfalls religiösen Argumenten in Frage gestellt: von den Anhängern ʿAlīs, den später so genannten Schiiten, von den Prophetengefährten bzw. ihren Söhnen, die in der sogenannten zweiten *fitna* einen konkurrierenden Kalifen in Mekka auf den Schild hoben, und von anderen Kräften. Auch die schließliche Entmachtung der Umayyaden und ihre Ersetzung durch die Abbasiden wurde von einer heterogenen Koalition religiös argumentierender Oppositionskräfte ins Werk gesetzt.

Der frühe islamische Staat war also an seiner selbstgesetzten Aufgabe als zentraler Garant für den islamischen Charakter des Gemeinwesens gescheitert. Ein solches Scheitern ist der normale Gang der Dinge, wenn Menschen versuchen, ein politisches Gebilde im engen Anschluß an religiöse Prinzipien zu errichten. Entweder geht das politische Gebilde unter, oder die religiösen Prinzipien werden kompromittiert. Fritz Steppat hat das für den Islam so formuliert: »Dem muslimischen Gläubigen ist von der Religion eine politische Aufgabe gestellt, die seine Kräfte übersteigt.«[2] Und Maxime Rodinson so: »Man kehrt schnell zu der Resignation gegenüber den blinden Gesetzen der menschlichen Gesellschaft und der menschlichen Natur zurück.«[3] Das Problem, wer im islamischen Staat Herrscher werden sollte, wurde nur bei den unmittelbaren Nachfolgern Muḥammads durch Erörterungen gelöst, in denen religiöse Gesichtspunkte eine Rolle spielten, danach ganz überwiegend durch Machtkämpfe und Verwandtschaftsbeziehungen.[4] Wirkliche Legitimität, die von vielen Muslimen anerkannt wurde, besaßen demnach nur die »rechtgeleiteten«, also die ersten vier Kalifen. Danach wurde das Kalifenamt für 90 Jahre in einem Clan, dem der Umayyaden, weitergegeben. Sie handelten weitgehend nach eigenem Gutdünken und gemäß eigenen Interessen.

Wenn die islamische Legitimität der umayyadischen Herrschaft also fragwürdig ist, gibt es sie doch bis zu einem bestimmten Grad. Eine gewisse Legitimität ergibt sich daraus, daß die Prophetengefährten (bzw. die ihnen folgende Generation), die den ersten Kalifen zugestimmt hatten, auch den Umayyaden huldigten, daß diese generell die Zustimmung der Gemeinschaft hatten und daß sie die Sicherung und Ausweitung des islamischen Territoriums nach außen, den Dschihad (arab. *djihād*), weiterbetrieben. Die gegenseitige Zerfleischung in der *fitna* brachte die meisten Muslime dazu, den rechten Glauben von ihrer Haltung in der Kalifatsfrage als einer politischen Frage zu trennen. Politik und Glaube waren fortan nicht mehr eins. Als Folge der skizzierten Entwicklung unterlag die politische Autorität nicht mehr religiöser Dominanz, sondern war weitgehend autonom, griff aber auf religiöse Legitimation zurück. Sie war damit, anders als ursprünglich wohl beabsichtigt, nicht die entscheidende Instanz des religiösen Zugriffs auf die Gesellschaft.

Wenn wir zu der Frage zurückkommen, ob es im islamischen Bereich einen vom Christentum radikal unterschiedenen Bedingungskranz gibt, der auch die folgenden Entwicklungen bis heute nachhaltig geprägt hat, kommen wir zu folgendem Ergebnis: In der Tat waren religiöse und politische Sphäre am Beginn der islamischen Geschichte, soweit wir erkennen können, eins; die frühe geistliche Organisation fiel mit dem im Entstehen begriffenen islamischen Gemeinwesen zusammen. Die konsequente Orientierung des Regierungshandelns an religiösen Prinzipien ließ sich aber nicht durchhalten; aus den Bürgerkriegen der islamischen Frühzeit zogen die Muslime die Konsequenz, politisches und religiöses Handeln funktionell zu trennen. Die Politik war fortan (bis auf gewisse Episoden, in denen religiöse Eiferer versuchten, die enge Verbindung der Frühzeit zu restaurieren) autonom gegenüber dem religiösen Dominanzanspruch. Der Staat verzichtete aber nicht auf die Legitimierung durch die Religion, und die Organisation des religiösen Lebens wurde in aller Regel vom Staat unternommen und kontrolliert. Eine geistliche Organisation mit eigener Hierarchie und gewisser Autonomie gegenüber dem Staat, wie es im vormodernen christlichen Europa die Kirche war, gab es im islamischen Bereich nicht.

## SCHARIA UND ›FIQH‹

In gewisser Distanz, ja gelegentlich sogar in Opposition zu den politisch herrschenden Kräften entwickelte sich die Instanz, die wenigstens theoretisch die Dominanz der Religion über die Gesellschaft sichern sollte: das islamische Recht, oft Scharia (arab. *sharīʿa*) genannt. Als Scharia gilt gemeinhin die Gesamtheit der Regeln und Vorschriften für Muslime, die nach islamischer Auffassung dem göttlichen Willen entsprechen. Im engeren Sinn ist »Scharia« die Bezeichnung für die nach dieser Auffassung gottgegebenen Grundlagen dieser Regeln, die in der Offenbarung vorliegen, aber meist keine praktizierbaren Handlungsanweisungen sind. Diese werden erst durch Herleitung aus den gottgegebenen Grundlagen gewonnen. Das ist die Tätigkeit der Rechtsgelehrten *(fuqahāʾ)*; die Bezeichnung für diese Tätigkeit, die islamische Rechtsgelehrsamkeit, sowie für das Ergebnis dieser Tätigkeit ist *fiqh*.

Mit der Herausbildung und Verfestigung eines islamischen Staats ergab sich die Notwendigkeit rechtlicher Regelungen. Wie die politische Organisation wurde auch diese Aufgabe zunächst fallweise gelöst. Die ersten Kalifen und die sie umgebenden anderen Prophetengefährten entschieden Rechtsfälle nach ihrem Gutdünken, wobei sie sich an altarabische Vorbilder und in den neu eroberten Gebieten an deren Rechtstraditionen hielten, soweit sie nicht koranischen Texten oder der Praxis Muḥammads widersprachen. Da der Koran wenig unmittelbar Rechtsrelevantes enthält, seine diesbezüglichen Regelungen sich vielmehr auf bestimmte Gebiete (Kult, Familie, Erbrecht) beschränken, war das Recht zu jener Zeit noch weitgehend religiös indifferent.[5]

Mit der Ernennung von Richtern und den Versuchen zur Etablierung eines zentralisierten Gerichtswesens unter den

Umayyaden und frühen Abbasiden ergab sich das Bedürfnis nach einem »nicht auf lokale Fallsammlungen beschränkten normativen Bezugsrahmen«;[6] es entstand eine Literatur, die sich bemühte, religiöse Prinzipien systematisch und umfassend auf das Recht anzuwenden. Dies war der Beginn des *fiqh* als einer Domäne von Spezialisten. Die *fuqahāʾ* organisierten sich von Anfang an in bestimmten städtischen Zentren (Kufa, Medina) in Rechtsschulen. Diese Schulen beriefen sich auf ihre jeweilige »lebendige Tradition«, Präzedenzen aus der früheren Zeit, deren Geist im Konsens ihrer Vertreter lebendig gehalten wurde. Schließlich setzte sich dagegen die Auffassung durch, daß nur eine »formale Tradition«, ein im Originaltext festgehaltener Bericht über das normgebende Beispiel des Propheten, bindende Grundlage für eine islamische Rechtsnorm sein könne. Die Durchsetzung dieses Prinzips war vor allem das Werk des großen Rechtsgelehrten ash-Shāfiʿī (gest. 820).[7] Daher rührt die große Bedeutung des *ḥadīth*, der Berichte über die Aussprüche und Handlungen Muḥammads bzw. über sein stillschweigendes Geschehenlassen von Handlungen anderer, aus dem seine Billigung geschlossen wird. Diese Bedeutung hat der *ḥadīth* für die Grundlegung des Rechts, aber auch für andere Gebiete wie die Nachzeichnung geschichtlicher Ereignisse. In dem Bestreben, für alle vorkommenden Rechtsprobleme zweifelsfrei islamische Lösungen zu finden, suchte man nun nach Präzedenzfällen aus dem Leben des Propheten. So wurde ein gewaltiges Korpus des *ḥadīth* erstellt und im wesentlichen im 9. Jahrhundert abgeschlossen. Die Authentizität vieler Hadithe steht in Zweifel, sicher kann man aber aus der Hadith-Literatur erschließen, was ihre Autoren als die islamisch gebotene Haltung zu einem bestimmten Problem ansahen und wofür sie den Beleg fanden und im Bedarfsfall eben erfanden – sicher in der lautersten Absicht![8]

Neben dem Koran gilt der *ḥadīth* als zweite Quelle des *fiqh*; die dritte ist der *idjmāʿ*, der Konsens der Gelehrten.[9] Diese drei Quellen konstituieren die nach verbreiteter islamischer Auffassung unfehlbaren göttlichen Grundlagen des Rechts, aus denen dann die Rechtsgelehrten durch *idjtihād*, freie, fehlbare Bemühung um Lösungen, die Bestimmungen herleiten. Nach dem Grad ihrer Vornehmheit werden die drei Quellen normalerweise in der obigen Reihenfolge aufgezählt; nach ihrer tatsächlichen Bedeutung wäre wohl die umgekehrte Reihung angebracht; denn der Koran enthält wenig Rechtsrelevantes, und der Konsens entschied letzten Endes über die Bedeutung koranischer Texte und der Überlieferung Muḥammads.[10] Der Konsens war aber mit ziemlicher Sicherheit das, was den Gelehrten einer bestimmten Zeit gemäß den Umständen dieser Zeit angebracht erschien. Eine privilegierte Methode der Herleitung ist der Analogieschluß. Es ist wichtig festzuhalten, daß es einen großen Unterschied gibt zwischen den in der Offenbarung und damit von Gott gegebenen Quellen des Rechts und den von den Gelehrten daraus abgeleiteten Bestimmungen, die auch nach dem Bewußtsein der Beteiligten fehlbares Menschenwerk sind.[11] Darum legen manche Autoren großen Wert darauf, den *fiqh* als fehlerbehaftetes Werk schwacher Menschen von der Scharia als Gottes Offenbarung begrifflich genau zu unterscheiden. In der Alltagssprache herrscht aber ein mißverständlicher Sprachgebrauch vor: Man meint das islamische Recht in der vorliegenden Form, also den *fiqh*, nennt es aber Scharia und läuft so Gefahr, ein menschliches Produkt mit göttlichen Weihen zu versehen.

Das traditionelle islamische Recht liegt nicht in einheitlich kodifizierter Form vor, sondern in Gestalt von Rechtsbüchern einzelner Rechtsgelehrter, die Ergebnis ihres *idjtihād* sind und durchaus Unterschiede aufweisen können. Im sunnitischen Bereich ordnen sich die Gelehrten und die ihnen folgenden Gläubigen vier Rechtsschulen zu: den Hanafiten, den Malikiten, den Schafiiten und den Hanbaliten, jeweils benannt nach einem bekannten Gelehrten, auf den sie sich berufen. Diese Schulen unterscheiden sich in wichtigen Fragen substantiell voneinander. Hinzu kommen die verschiedenen Richtungen der Schia und andere islamische Bekenntnisse. Das konstituiert ein breites Spektrum von unterschiedlichen

Auffassungen in Rechtsfragen, das als legitim gilt und dem einzelnen Muslim eine große Freiheit der Wahl in rechtlichen Belangen gibt.

> Die Fähigkeit der *fiqh*-Schulen, Pluralität und Unterschiede einzubegreifen, war ein wichtiger Faktor bei der Vermeidung weiterer Spaltungen im Islam. Daher konnten die aufeinander folgenden politischen und sozialen Konflikte keine weiteren Spaltungen bewirken, obwohl die meisten von ihnen mit religiösen Argumenten und Parolen geführt wurden.[12]

Der Charakter des islamischen Rechts ergab sich aus den Umständen seiner Entstehung. Die Gelehrten, die es entwickelten, sahen die Herrscher ihrer Zeit, die umayyadischen Kalifen, nicht mehr als wirklich religiöse Herrscher an. In Distanz oder sogar Opposition zu ihnen entwickelten sie das Recht als den ihrer Meinung nach wahren Träger islamischer Legitimität der Gemeinschaft. Unter den abbasidischen Kalifen war es nicht wesentlich anders. Hier ergab sich nach einer Phase der Auseinandersetzung eine Art Arbeitsteilung: Der Staat verzichtete auf Eingriffe in die Formulierung des islamischen Rechts, die Sache der *fuqahāʾ* blieb; diese erkannten, daß sie dem Staat keine Vorschriften machen konnten, und arbeiteten in gewisser Distanz zu ihm an ihren *fiqh*-Werken, ließen aber ihre Opposition nie praktisch werden.

Der auf diese Weise konstituierte *fiqh* hatte also den Charakter eines religiösen Ideals, das in Opposition zu den herrschenden Gewalten stand und vielfach auch von der Praxis weit entfernt war.[13] Die Gelehrten waren sich dieses Umstands bewußt und bestanden nicht auf der konsequenten Umsetzung des Rechts in die Praxis, solange es nur in der Theorie anerkannt wurde.[14]

Verschiedene Bereiche des *fiqh* hatten unter diesen Umständen unterschiedliche Grade von Verbindlichkeit. Er wurde weitgehend beachtet in Fragen des Familienlebens, bei Erbangelegenheiten und bei frommen Stiftungen *(auqāf)*. Im Bereich des Strafrechts, der Steuern und der Politik war seine Verbindlichkeit gering; andere Rechtsbereiche (z. B. das Vertragsrecht) standen dazwischen.[15] »Was das Verfassungsrecht angeht, so ist der Staat, wie ihn sich die Theorie des islamischen Rechts vorstellt, eine Fiktion, die in der Realität nie existiert hat, und das Kriegsrecht wurde aus einem einseitigen Bild der Eroberungskriege abgeleitet und kaum jemals in der Praxis angewandt.«[16]

Der Staat, der so auf den Rechtsgebieten, an denen ihm zentral lag, vom *fiqh* nicht gebunden war, entwickelte auf diesen Gebieten seine eigenen Bestimmungen und auch die Institutionen, die sie zur Geltung brachten. Auf diese Weise entstand eine »doppelte Gerichtsbarkeit«, auf der einen Seite die der *qāḍīs*, der Richter, die sich an den *fiqh* halten mußten, auf der anderen Seite die der politischen Autoritäten und ihrer Instrumente, die weit weniger strikt an rechtliche Vorgaben gebunden waren und sich an die Vorschriften der Herrscher – und manchmal an deren bloße Willkür – hielten.[17]

Der auf die beschriebene Weise entstandene *fiqh* entsprach den gesellschaftlichen Verhältnissen der frühen Abbasidenzeit und ihren Notwendigkeiten. Seine Grundlagen waren, da durch die Offenbarung gegeben, für die Rechtsgelehrten nicht rational hinterfragbar; die Art und Weise seiner Herleitung aus diesen Grundlagen war aber streng rational. Anders als eine verbreitete Auffassung wahrhaben will, ist das islamische Recht auch nur teilweise eine religiöse Pflichtenlehre, die Ansprüche Gottes an die Gläubigen formuliert. Über weite Strecken formuliert es Rechtsansprüche der Menschen im Verkehr untereinander.

In der frühen Abbasidenzeit (um 850) wurde also eine Arbeitsteilung zwischen Rechtsgelehrten und Staat etabliert: Die Gelehrten leiteten das islamische Recht aus den in der Offenbarung gegebenen Grundlagen her und entwickelten es gegebenenfalls weiter, der Staat war für seine Umsetzung verantwortlich, soweit es dafür institutioneller Vorkehrungen bedurfte. Er setzte die Richter ein, die nach diesen Bestimmungen Recht sprechen mußten und die damit eine Kompetenz des Staats wahrnahmen. Soweit die Urteile der Richter Zwangsmaßnahmen erforderten, war für deren Vollstreckung wieder der Staat zuständig. Von seiner eigenen Natur her hatte das islamische Recht eingeschränkte Geltung. Der Herrscher konnte seinen Geltungsbereich noch weiter einschränken, wenn ihm das angemessen erschien. In dem Rechtsbereich, der nicht vom islamischen Recht abgedeckt war, erließ der Staat Regeln und schuf geeignete Institutionen zu deren Verwaltung. Der Staat präsidierte also beiden Rechtsbereichen und war damit praktisch selbstherrlich. Theoretisch räumte man dem islamischen Recht Vorrang über alle anderen Rechtspraktiken ein und erhielt auch meist die Fiktion aufrecht, diese seien mit jenem im Einklang. Das entsprach der Notwendigkeit der religiösen Legitimation staatlichen Handelns, die doch meist recht intensiv empfunden wurde. Daher rühren auch solche Institutionen wie die *ḥisba*, die nach dem Koranwort »das Gute gebieten und das Schlechte verbieten« (mehrere Stellen, z. B. Koran 3,110), also für die Beachtung religiöser Normen in der Öffentlichkeit sorgen soll, und der Wert, den manche Herrscher auf den – selektiven – Vollzug bestimmter symbolträchtiger koranischer Strafen gelegt haben.

Am deutlichsten wurde die Ohnmacht des islamischen Rechts gegenüber dem Staat im Hinblick auf diejenigen seiner Bestimmungen, die sich auf die Form des Staats und seine Aufgaben beziehen. Nach islamischer Auffassung unterstehen auch die Herrscher dem Willen Gottes – nicht anders als andere Menschen. Darum haben sich auch die Rechtsgelehrten mit diesem Gegenstand beschäftigt und Werke dazu geschrieben, die grundsätzlich denselben Charakter haben wie andere Rechtshandbücher, also offiziell als Bestandteile des *fiqh* angesehen werden. Daß es sich hierbei nicht um einen »normalen« Rechtsbereich handelt, erhellt allerdings schon daraus, daß diese Bücher mit erheblicher Verzögerung erschienen. Die bekannteste dieser »Kalifatstheorien«, die von al-Māwardī (gest. 1058),[18] erschien erst Mitte des 11. Jahrhunderts, als ihr Gegenstand, das Kalifat, nur mehr ein Schatten seiner selbst war. Rechtlich gefaßte Theorien über islamische Politik waren aber schon vorher im Umlauf. Die Kalifatstheorien halten penibel fest, welche Eigenschaften ein potentieller Kalif haben muß, wie er aus dem Kreis möglicher Bewerber ausgewählt und in sein Amt eingeführt werden soll und welche Aufgaben er dann im einzelnen zu erfüllen hat. Viele dieser Ansprüche haben wenig spezifisch Islamisches, erscheinen aber als vernünftig. Sie haben nur den entscheidenden Nachteil, daß die Instanz, die für ihre Erfüllung und gegebenenfalls Erzwingung zuständig ist, wie bei anderen Bestimmungen des islamischen Rechts der Staat ist. Im Zweifelsfall müßte also ein Herrscher sich bei Abweichung vom hier vorgeschriebenen Verhalten selbst zur Ordnung rufen. Das kann nicht funktionieren, und es hat auch nie funktioniert. Dies war wohl auch allen Beteiligten bewußt, und so waren denn die Kalifatstheorien trotz ihrer Form als *fiqh*-Werke kein wirklicher Bestandteil des Rechts, sondern eher Legitimationsideologie. Es wurden übrigens auch in ihnen schon Rückzugspositionen angedeutet für den Fall, daß sich ein Machthaber mit Gewalt in einem Teilbereich des Kalifats die Macht aneignete. Dann sollte der Kalif nach al-Māwardī nicht etwa versuchen, diesen Mann mit Gewalt zu entfernen oder zu seiner Entfernung aufzurufen, sondern den Usurpator nachträglich zum Gouverneur ernennen und so einen unrechtmäßigen Zustand legitimieren, damit sich das religiöse Leben in der betroffenen Provinz nach wie vor ordnungsgemäß vollziehen könne.[19] Al-Māwardī deutet hier nur an, was zu seiner Zeit im gesamten Territorium des abbasidischen Kalifats einschließlich seines Kernbereichs schon der Fall war: die faktische Herrschaft von Machthabern, von denen der Kalif abhängig war, während sie immer noch ihre Bestallungsschreiben von ihm verlangten – und erhielten!

Wenig später hat der Theologe al-Ghazālī (1058-1111) noch unverblümter ausgesprochen, ein wirkliches Kalifat existiere nicht mehr, und dieselbe Schlußfolgerung gezogen: Im Interesse ordnungsgemäßer Religionsausübung müsse man dann eben so tun, als bestünde es noch.[20] Und noch einmal zweihundert Jahre später, als das Kalifat auch nominell nicht mehr bestand, hat der Rechtsgelehrte Ibn Djamāʿa (gest. 1333) die

Unterordnung auch unter einen unwürdigen Herrscher für angemessen erklärt.[21] Sein Zeitgenosse Ibn Taimiyya (gest. 1328) band die Legitimität von Herrschaft nicht mehr an die Staatsform oder an die Qualitäten des Herrschers, sondern betrachtete in erster Linie die Durchsetzung des islamischen Rechts als Legitimationsgrundlage des Staats.[22]

Letzten Endes formulierte das islamische Recht keine ganz klaren Ansprüche der Religion an den Staat; noch weniger hatten seine Vertreter die Macht, solche Ansprüche gegen den Staat durchzusetzen. In klarer Erkenntnis dieser Sachlage predigten die Gelehrten das Sich-Abfinden mit dieser eigentlich irregulären Situation und den Gehorsam auch gegenüber ungerechten Herrschern: »60 Jahre mit einem ungerechten Imam sind besser als eine Nacht der Anarchie.«[23]

Die oft geäußerte Auffassung vom – im Unterschied zu anderen Rechtssystemen – sakralen und allumfassenden Charakter des islamischen Rechts muß relativiert werden. Dieses Recht regelt nur Ausschnitte des menschlichen, auch des religiösen Lebens. Es behandelt die Kulthandlungen, gewisse Bereiche des gegenseitigen menschlichen Verkehrs, eine begrenzte Anzahl von Straftatbeständen und bestimmte unterschiedliche andere Rechtsgegenstände. Vom Sonderstatus der staatsrechtlichen Ausführungen – offiziell Bestandteil des *fiqh*, faktisch aber ohne rechtliche Relevanz – war schon die Rede. Der *fiqh* sieht aufgrund der Mehrzahl der Rechtsschulen und der Meinungsverschiedenheiten auch innerhalb jeder Schule eine große Pluralität der Rechtsauffassungen vor. Die einzelnen *fiqh*-Werke geben oft mehrere Auffassungen in einer Frage wieder und stellen so einen Diskussionsstand dar, nicht eine definitive Entscheidung.

Auf einer anderen Ebene liegt die Tätigkeit von *muftīs*, Gelehrten, die Rechtsgutachten *(fatwās)* zu einem bestimmten Fall erstellen. Hier kommt man näher an die Praxis heran, und es »zeigt sich, daß das islamische Recht (sofern es nicht um Angelegenheiten des Kultus geht) desto weniger auf den normativen Texten des Islams aufbaut, je näher man an die Praxis herankommt«.[24]

Die Beurteilung eines Rechtsfalls durch den *fiqh* bemüht sich, die göttliche Beurteilung zu rekonstruieren. Diese selbst ist nicht unmittelbar zugänglich; sie kann nur aus Hinweisen etwa im Koran oder im *ḥadīth* durch die Gelehrten erschlossen werden. Hier kommen unterschiedliche Lesarten und Pluralität in den Quellen zum Tragen, vor allem aber die fehlbare menschliche Tätigkeit der Interpretation, so daß nur Annäherungen zustande kommen, Ergebnisse der Interpretation in aller Verschiedenheit unter den Gelehrten. Meinungsverschiedenheit und Pluralität sind notwendige Bestandteile dieses Rechtssystems, »das in hohem Maße durch Ambiguität charakterisiert ist«.[25] Mit dieser Ambiguität muß man leben können; die vormodernen Muslime konnten das. Die Gelehrten bemühten sich, sie handhabbar zu machen, nicht sie aufzuheben.[26]

An dieser Stelle soll eine systematische Aufzählung der Mechanismen folgen, welche die Geltung des islamischen Rechts (»Scharia«, eigentlich *fiqh*) in vormoderner Zeit einschränkten:

Zunächst legte dieses Recht von vornherein seinen Schwerpunkt auf bestimmte Lebensbereiche und verzichtete auf die Regelung anderer Bereiche. Kulthandlungen, Familienleben, Erbangelegenheiten und Handel waren genau geregelt, es gab bestimmte Vorschriften für die Prozeßführung. Strafrecht und Politik waren Sonderfälle, in denen es zwar Regelungen gab, die aber nicht gegen den direkt betroffenen Staat durchgesetzt werden konnten. Der handelte hier vielmehr nach eigenem Gutdünken.

Eine weitere Einschränkung ergab sich daraus, daß der Staat zwar Rechtssetzung und -entwicklung offiziell nicht beeinflussen konnte, daß aber der institutionelle Rahmen für die Rechtsprechung und ihre Durchsetzung in seiner Hand lagen. Er konnte den Zuständigkeitsbereich des islamischen Rechts weiter einschränken; er konnte die Rechtsprechung und ihre Umsetzung beeinflussen; und er setzte in dem nicht durch islamisches Recht abgedeckten Zuständigkeitsbereich eigene Regeln und schuf Institutionen zu deren Anwendung.

Ein weiterer wichtiger Fall, in dem die Geltung islamischen Rechts stark eingeschränkt war, ist die Handhabung der *ḥudūd*. Dies sind die Delikte, die im Koran genannt und für die dort auch ausdrücklich bestimmte – irdische! – Strafen vorgesehen sind. Zusammen mit dem *qiṣāṣ*, der islamrechtlichen Regelung des Vergeltungsrechts, bilden sie gleichsam den harten Kern des islamischen Strafrechts. Es handelt sich um fünf Delikte: Diebstahl, Straßenräuberei, Weingenuß, illegitimer Geschlechtsverkehr und die fälschliche Beschuldigung wegen illegitimen Geschlechtsverkehrs. Diese Delikte und die dafür vorgesehenen sehr harten Strafen werden immer wieder als Beleg für die Unmenschlichkeit der islamischen Rechtspraxis angeführt. Und manche heutigen Muslime, die besonders lautstark die »Wiedereinführung der Scharia« fordern, legen dabei großen Wert auf die *ḥudūd*. Man sollte annehmen, die Gerichtsbarkeit traditioneller islamischer Staaten habe diese im Koran vorgesehenen Strafen peinlich genau verhängt und vollstrecken lassen. Das Gegenteil ist der Fall. Der *fiqh* bezeichnet diese Strafen in der Tat als »Rechte Gottes« und erlegt dem Staat ihre Durchführung ausdrücklich auf. Gleichzeitig sind hier die Anforderungen an die Beweisführung besonders strikt (im Fall des illegitimen Geschlechtsverkehrs prohibitiv), wird den Muslimen dringend nahegelegt, auf Beschuldigung in diesen Fällen zu verzichten, und die Bestrafung darüber hinaus an eine solche Fülle von Bedingungen geknüpft, daß diese Strafen schon in der frühesten islamischen Zeit praktisch außer Gebrauch gekommen und erst in der Moderne in einigen Ländern – aus klar erkennbaren politischen Gründen – wieder aktualisiert worden sind. Die wenigen Fälle, in denen sie in traditionell islamischen Staaten verhängt wurden, verdanken sich ebenfalls politischen Gründen, nämlich der Absicht von Herrschern, als besonders religiös zu erscheinen oder zur Wiederherstellung der öffentlichen Ordnung ein Exempel zu statuieren. In solchen Fällen wurden dann in der Regel die strengen Beweisvorschriften des islamischen Rechts mißachtet, wie es auch heute wieder bei der Verhängung solcher Strafen geschieht.[27]

Ein Mittel, ausdrückliche, in den islamischen Grundlagentexten ausgesprochene Ge- oder Verbote zu umgehen, sind die sogenannten *ḥiyal* (Plural von *ḥīla*), die »Rechtskniffe«. Sie »befähigten Personen, die sonst unter dem Druck der Umstände genötigt gewesen wären, gegen die Bestimmungen des heiligen Gesetzes zu verstoßen, das gewünschte Ergebnis zu erzielen, indem sie tatsächlich den Buchstaben des Gesetzes beachteten«.[28] Auch dies gab dem islamischen Recht zusätzliche Flexibilität bei der Anpassung an die Praxis und ihre Zwänge, nahm ihm dabei aber etwas von seinem Charakter als *bona fide* religiöses Recht.

Für das muslimische Individuum war das islamische Recht ein Mittel der Orientierung bei dem Versuch, ein gottgefälliges Leben zu führen. Dazu mußte es grundsätzlich in seiner dominanten Position anerkannt, aber nicht notwendig in allen seinen Teilen (die den meisten Gläubigen ohnehin nicht im Detail bekannt waren) beachtet werden. War diese Anerkennung gegeben und wurden gewisse weithin bekannte Bestimmungen beachtet, und sei es auch nur scheinbar, ließ das Recht dem Individuum beträchtliche Freiheit zur Regelung seiner Angelegenheiten gemäß Interessen und eigenem Gutdünken. Das lag an seiner selektiven und eingeschränkten Geltung, aber auch an seinem Charakter als Recht mit einer erheblichen Bandbreite und Pluralität der Optionen. Der verhältnismäßig kleine Bereich islamrechtlicher Bestimmungen, der zu seiner Durchsetzung staatlicher Zwangsmittel bedurfte, wurde besonders häufig ignoriert – eben weil es der Staat war, dem diese Durchsetzung oblag und der in diesem Bereich oft andere Regelungen vorzog.

Das oft gezeichnete Bild von einer Scharia, die das Leben der Muslime bis ins kleinste Detail regelt und ihnen so keine Freiheit oder Wahlmöglichkeit läßt, und von einem Staat, der ihnen dieses Rechtssystem peinlich genau aufzwingt, erweist sich also als falsch. Die Scharia ist vielmehr eine Orientierungsmöglichkeit für die Muslime in ihrem Verkehr mit anderen Menschen und gleichzeitig in ihrem Verhältnis zu Gott. Sie ist dies weitgehend ohne Intervention des Staats. Wo sie, oder besser gesagt der *fiqh*, denn nur in seiner Gestalt ist die Scharia den Menschen greifbar, überindividuelle Verbindlichkeit erhielt, zeigte sie sich flexibel und pragmatisch. Und weiter muß man bedenken, daß es in scharfem Kontrast zu der üblichen Leugnung einer säkularen Sphäre in vormodernen muslimischen Gesellschaften weite Bereiche gab, in denen nicht nur der *fiqh*, sondern überhaupt religiöse Erwägungen und Beurteilungskriterien irrelevant waren. Diese Gesellschaften waren funktionell stark ausdifferenziert, und es gab Teilsysteme, für welche die Religion keine oder geringe Bedeutung hatte. Thomas Bauer führt das Beispiel der Medizin an, für die selbst die *ḥisba*-Traktate, die ja ihrem Anspruch nach einem religiösen Zweck dienen sollen, nur fordern, daß die Ärzte professionell qualifiziert sind, und zwar nach ausschließlich medizinisch-sachlichen Kriterien.[29] Das ist ja nun nicht weiter verwunderlich, widerlegt aber die Auffassung, in muslimischen Gesellschaften sei »alles« islamisch bestimmt.

Die Muslime waren seinerzeit sicherlich in ihrer großen Mehrheit religiös, was zunächst einmal, im Islam prononcierter als in anderen Religionen, individuelle Gottergebenheit bedeutet. Wo das und die Teilnahme an den üblichen Riten den Leuten nicht ausreichte, suchten sie in der Regel nicht beim Staat nach religiöser Orientierung, noch weniger bei einem Staat, der ihnen »die Scharia« aufzwang. Sie konnten sich ihrerseits, wie fiktiv auch immer, an *fiqh*-Bestimmungen halten; sie hatten bzw. schufen sich aber auch andere Wege religiöser Verwirklichung. Da gab es die Suche nach Vermittlern im Verhältnis zu Gott, nach strenger islamischer Lehre verpönt, aber dennoch sehr populär, als einen Weg davon die Heiligenverehrung (einschließlich der Stilisierung Muḥammads zu einer Heiligengestalt), Besuche der Gräber solcher Heiligen mit regelrechter Pilgersaison und manches andere. Einer der wichtigsten solcher Wege war die islamische Mystik, auf die daher hier ein kurzer Blick geworfen werden soll.

## EIN ANDERER WEG ZU GOTT: DIE ISLAMISCHE MYSTIK

Es hatte sich herausgestellt, daß das Kalifat nicht in der Lage war, die religiöse Anleitung der muslimischen Gläubigen zu garantieren, denn seine eigene religiöse Legitimität stand in Frage. Aber auch die Rechtsgelehrten, die das islamische Recht grundsätzlich autonom und in gewisser Distanz vom Staat entwickelten, waren für viele keine glaubwürdigen Garanten der Rechtleitung. Das galt zumindest für die Einflußreicheren unter ihnen: »Indem sie Amtsträger unter muslimischen Herrschern wurden, die selber keine glaubwürdige religiöse Autorität besaßen, fügten sie sich der Unterordnung der institutionalisierten religiösen Anleitung in den muslimischen Ländern unter die politischen Ziele ihrer Herrscher und bestätigten sie.«[30] Viele Muslime sahen das, ihr Bedürfnis nach glaubwürdiger religiöser Anleitung blieb so unbefriedigt. In dieser Konstellation bildete sich die islamische Mystik (Sufik) heraus, auf arabisch normalerweise als *taṣawwuf* bezeichnet. Ihre ersten Vertreter traten schon unter den Umayyaden auf; die Bewegung gewann dann rasch an Breite. Sie ist der Versuch, sich Gott nicht durch Befolgung seiner Gebote unterzuordnen, wie es die traditionelle islamische Orthodoxie vorschreibt, sondern sich ihm auf anderen Wegen anzunähern. Ihre wesentlichen Merkmale waren das Streben nach Reinigung der Seele und vollkommener Hingabe an Gott sowie aktiver Hinwendung zu ihm. Dabei sollte nicht die Furcht vor Höllenstrafen das ausschlaggebende Motiv sein, sondern die Liebe zu Gott um seiner selbst willen.

Die Sufik besteht in der Kombination bestimmter religiöser Auffassungen mit bestimmten mystischen Praktiken und später auch gewissen Organisationsformen. In der schon im 8. Jahrhundert entwickelten sufischen Konzeption spielen die Begriffe *zuhd* (nicht notwendigerweise Vermeidung, wohl aber Geringschätzung weltlicher Verhaltensweisen), *tauḥīd* (über die Akzeptierung der Einzigkeit Gottes hinaus die aktive Hinwendung zu Gott), *maḥabba* (Liebe zu Gott) und *maʿrifa* (esoterische Erkenntnis) eine große Rolle. Die absolute Hinwendung zu Gott soll nicht aus Furcht vor Höllenstrafen, sondern um Gottes selbst willen erfolgen. Bestimmten Personen, den *auliyāʾ* (Plural von *walī*, »Verbündeter Gottes«), schreibt diese Konzeption besondere, von Gott verliehene Eigenschaften zu, die sie befähigen, als Vertreter Gottes die Gläubigen anzuleiten. Diese Eigenschaften werden in dem Begriff der *walāya* zusammengefaßt.[31] Unter den so ausgezeichneten *auliyāʾ* gibt es nach verbreiteter sufischer Auffassung unterschiedliche Grade von *walāya* und demgemäß eine Hierarchie; auf der höchsten Stufe gibt es nur einen *walī*, den *quṭb* (»Pol«).[32]

Die mystischen Praktiken der Sufis sind sehr vielfältig; sie kennen zusätzliche Gebete (über die vorgeschriebenen rituellen hinaus) und andere Zeremonien, vor allem den *dhikr* (Aussprechen des Gottesnamens in der verschiedensten Form, manchmal mit Musik und Tanz verbunden). Oft wird damit das Erreichen ekstatischer Zustände angestrebt.

Die zentrale Auffassung der Sufik, daß die *auliyāʾ* Träger der göttlichen Gnade und Vertreter Gottes bei der Anleitung der Gläubigen sind und daß ihr esoterisches Wissen Grundlage für die Theorie der Sufik ist, brachte dieses Gedankengebäude in erhebliche Reibung mit der traditionellen Orthodoxie, die islamisches Wissen ausschließlich in Koran und *sunna*[33] begründet sieht. Sie war auch eine »Herausforderung der institutionalisierten religiösen Autorität«[34] und damit – mindestens implizit – des Staats. Wo solche Doktrinen zu radikal und unverbrämt geäußert wurden, konnten sie ihren Trägern gefährlich werden; der berühmte Mystiker al-Ḥallādj wurde 922 öffentlich hingerichtet.

Um allzu große Probleme im Verhältnis zur Orthodoxie und zum Staat zu vermeiden, versuchten sufische Theoretiker immer wieder, ihre Konzeption durch Aussonderung besonders anstößiger Aussagen zu entschärfen. Der berühmte Theologe und Rechtsgelehrte al-Ghazālī, den die bloße Befolgung äußerer Verhaltensvorschriften nicht befriedigte und der auf die Propagierung innerer Religiosität hinauswollte, sah in der Sufik den geeigneten Weg dafür. Also inkorporierte er sie in seinem großen Werk *Iḥyāʾ ʿulūm ad-dīn* (Die Wiederbelebung der religiösen Wissenschaften) in sein Gedankengebäude und wurde dadurch zu einem wichtigen sufischen Theoretiker. Allerdings verzichtete er dabei auf die ureigene Begründung der sufischen Theorie: die Vorstellung von der besonderen Stellung der *auliyāʾ* und von ihrem esoterischen Wissen.[35]

Insgesamt ist die Sufik ein breites und vielgestaltiges Phänomen. Fast so alt wie der Islam selber, hat sie im Lauf der Zeit große Veränderungen erfahren. Anfangs eher ein Konglomerat aus bestimmten Lehren und Praktiken, zwar mit *auliyāʾ*, aber wenig organisiert, wurde sie seit dem 13. Jahrhundert zu einer Sache von *ṭuruq* (Plural von *ṭarīqa*), Strömungen, die sich auf einen bestimmten *walī* beriefen und um dessen spirituelle Anleitung auch nach seinem Tod gruppierten. So entstanden teilweise geographisch weitausgreifende, langlebige und wohlorganisierte Gruppen, die allerdings nicht scharf nach außen abgegrenzt waren. Es war durchaus möglich, mehreren *ṭuruq* anzugehören. Erst nach dem 18. Jahrhundert bildeten sich straff organisierte und exklusive sufische Bruderschaften heraus.[36]

Die Entstehung der islamischen Mystik erklärt Jamil Abun-Nasr mit dem »dringenden Bedürfnis nach einer religiösen Anleitung, über welche die Träger der politischen Herrschaft keine Kontrolle ausübten«.[37] Dieses Bedürfnis war aus der Erkenntnis erwachsen, wie fragwürdig der Anspruch der politischen Herrscher war, ihrerseits diese religiöse Anleitung zu liefern. Auch die Entwicklung der Sufik von eher losen Schulen oder Gruppierungen zu *ṭuruq* größerer Reichweite und Kontinuität seit dem 13. sowie die Entstehung sufischer Bruderschaften seit dem 18. Jahrhundert erklärt Abun-Nasr mit den jeweiligen politischen und sozialen Umständen: im einen Fall mit dem Niedergang der im Kalifat institutionalisierten religiösen Autorität, im anderen mit der offensichtlichen Unfähigkeit der muslimischen Herrscher, der europäischen Expansion Schranken zu setzen.[38]

Die Sufik spielte praktisch in der ganzen islamischen Geschichte eine große Rolle; sie tut das bis heute. In allen muslimischen Gesellschaften und auch in der muslimischen »Diaspora« gibt es einflußreiche Sufi-Bruderschaften. Die Sufis verdanken diese Rolle ihrer großen Anpassungsfähigkeit an die spirituellen Bedürfnisse der Muslime, die sich auch in der Moderne bewährt hat. Trotz der Versuche von verschiedener Seite, sie als Träger überholter Vorstellungen und Praktiken und damit als Hindernisse von Reform und Fortschritt zu verurteilen, haben sie sich in der Kräftekonstellation der muslimischen Gesellschaften zwischen modernisierungsfreundlichen Regimes und einer islamistisch dominierten Opposition gehalten. Und gerade heute finden sich diese Gesellschaften bzw. ihre Angehörigen in einer Lage, welche die Attraktivität der Sufik als wichtiger Antwort auf ein existentielles Problem erhöht: »Rascher sozialer Wandel und die steigende Komplexität des Lebens vermehren die Anziehungskraft der Art von autoritativer spiritueller Orientierung, welche die *shaikhs* der Sufi-Bruderschaften liefern.«[39]

# 4
# DER WEITE MANTEL DES ISLAM

Der frühe islamische Staat war mit seinem Anspruch, die privilegierte Instanz des religiösen Zugriffs auf die Gesellschaft zu sein, gescheitert. Das islamische Recht, das sich erst nach diesem Scheitern herausgebildet hatte, übernahm diesen Anspruch und wurde zu einer solchen Instanz, hatte aber in dieser Funktion keine Monopolstellung. Es war auch in aller Regel kein vom Staat gehandhabtes Instrument, sondern Orientierungshilfe, deren sich die Muslime individuell bedienten und die ihnen nur in Grenzfällen vom Staat aufgezwungen wurde. Die Existenz der muslimischen Gemeinschaft selbst und ihre grundsätzliche Anerkennung des Islam als Leitlinie garantierten den islamischen Charakter der Verhältnisse, nicht ein islamischer Staat oder ein brachial durchgesetztes islamisches Recht. Unter diesen Umständen verzeichnen wir verbreitete und relativ ungebrochene Religiosität – ähnlich wie im mittelalterlichen Europa –, die aber den Menschen im großen und ganzen weiten Entfaltungsspielraum ließ. Und dieser Spielraum wurde nach Maßgabe der real gegebenen Bedingungen auch genutzt.

## WIRTSCHAFTSBLÜTE

Die Geschichte dieser Nutzung ist die Geschichte der islamischen Weltregion in vormoderner Zeit. Hier nur einige Bemerkungen über ihre materiellen und kulturellen Aspekte. Der physische Rahmen für diese Entwicklungen wurde durch die außerordentlich dynamischen und weitausgreifenden arabisch-islamischen Eroberungen gesetzt, die schon zu Lebzeiten Muḥammads begannen und zur Zeit der umayyadischen

Kalifen – vorläufig – an ihre Grenzen stießen. Die Abbasiden konsolidierten die Ergebnisse der Eroberungen; die ersten Jahrhunderte ihrer Herrschaft sahen dann eine Hochblüte der materiellen Zivilisation. Ein Grund dafür war, daß nun ein sehr großer Raum unter einer politischen Leitung vereinigt war, daß hier im großen und ganzen geordnete Verhältnisse und Sicherheit herrschten, daß Transport und Kommunikation dadurch erleichtert wurden und daß in gewissem Maßstab staatliche Förderung wirtschaftlicher Aktivitäten erfolgte. Obwohl die reale Macht der Abbasiden relativ bald nach ihrem Machtantritt abnahm und ihr Herrschaftsbereich zu schrumpfen und auseinanderzufallen begann, tat das dem ökonomischen Zusammenhalt seiner Territorien keinen Abbruch.[1] Das führte zu lang anhaltender wirtschaftlicher Blüte.

> Im Verlauf des neunten Jahrhunderts entstand eine gigantische, auf kommerziellem Austausch beruhende Einheit, eine Einheit, die in der Geschichte der Alten Welt nie vorher ihresgleichen hatte. Die ökonomische Überlegenheit des abbasidischen Reichs über andere Regionen Asiens und Afrikas, und sogar mehr noch über Westeuropa, war überwältigend, und sie dauerte eine relativ lange Zeit an – ungefähr zweihundert Jahre.[2]

Wie überall in vormoderner Zeit, so war auch im abbasidischen Kalifat die Landwirtschaft die Hauptgrundlage der Wirtschaft. Sie war zum großen Teil Subsistenzwirtschaft, aber ein beträchtlicher Teil, insbesondere in der Umgebung der Städte, war auch schon in den Markt einbezogen. Die landwirtschaftlichen Methoden wurden seinerzeit nicht revolutioniert, aber die Einführung neuer Kulturpflanzen, die Instandhaltung und Ausweitung von Bewässerungsanlagen und die gesteigerte Sicherheit sorgten für die Einträglichkeit der Agrarproduktion. Auch die gewerbliche Produktion änderte ihre Methoden kaum. Ihr bedeutendster Zweig war die Herstellung von Textilien und Kleidung. Eine wichtige, aus China eingeführte Neuerung war die Herstellung von Papier – vorher hatte man auf dem teureren und damit rareren Pergament und Papyrus geschrieben. Der Sektor, der am meisten von der Entstehung eines »islamischen« Wirtschaftsraums profitierte, war der Handel, und hier wieder vor allem der Groß- und Fernhandel. Die geographische Lage der islamischen Gebiete zwischen Europa, dem subsaharischen Afrika und Südasien machte sie zu einem Durchgangsgebiet für den Handel, der diese Räume verband. Das war schon vor der Entstehung des Islam der Fall gewesen; nun aber erleichterte ein politisch und kulturell geeinter Raum mit dem Arabischen als *lingua franca* den Handel über weite Entfernungen, aus dem besonders große Gewinne zu erzielen waren. Diese Gewinne bereicherten die großen Handelsstädte, welche die Knotenpunkte dieses Handels waren und in denen die Kaufleute ihren Sitz hatten.

Städte spielten überhaupt im islamischen Orient eine größere Rolle als im gleichzeitigen Europa. Das lag einmal daran, daß im wasserarmen Orient die durchschnittliche Bevölkerungsdichte erheblich geringer war als in Europa und die dichtbevölkerten Städte von dieser »dünnen Luft« abstachen, dann aber auch daran, daß die orientalischen Städte sehr groß waren. Córdoba war als Hauptstadt des islamischen Spanien die bei weitem größte Stadt des westlichen Europa; mit Kairo oder Bagdad konnte seinerzeit keine europäische Stadt auch nur entfernt mithalten. In den Städten war die Zentral- oder Provinzregierung angesiedelt, hier war Militär kaserniert, und alle Funktionen der öffentlichen Verwaltung sowie sonstige Dienstleistungen waren hier konzentriert. Von der Bedeutung des Handels für die Städte und ihre Blüte war schon die Rede. Auch religiöse Institutionen unterstrichen die Bedeutung der Städte. Für längere Zeit hing die Anerkennung eines Ortes als Stadt davon ab, ob er eine Versammlungsmoschee hatte, d. h. eine solche, die sich in Ausstattung und Größe für den Freitagsgottesdienst eignete.[3] Die bedeutenden Städte des islamischen Herrschaftsbereichs waren entweder solche, die bereits vor der Eroberung bestanden hatten (Alexandria, Damaskus), oder sie waren von den Eroberern als Heerlager oder neue Residenzen gegründet worden (Basra, Kufa, Bagdad). Die ausgesprochen dynamische Bevölkerungsentwicklung besonders der letzteren Kategorie zeugt von der Wirtschaftsblüte des abbasidischen Kalifats in den ersten Jahrhunderten seines Bestehens.

Diese Wirtschaftsblüte war nicht das Resultat einschneidender Neuerungen. Die Muslime übernahmen im wesentlichen die Methoden und den Stand der wirtschaftlichen Entwicklung in den von ihnen eroberten Gebieten; sie führten einige Kulturpflanzen und technische Methoden ein und wandten sie an; sie vereinigten ein sehr großes Territorium und sorgten auf ihm für Sicherheit; sie schufen so die Voraussetzungen für ein dichtes Netz von Handelsbeziehungen. Das alles hatte mit der Religion des Islam unmittelbar wenig zu tun – allenfalls dies, daß der Islam ein wichtiges Motiv für die kriegerische Expansionsbewegung gewesen war. Daß diese wirtschaftliche Blüte möglich war, während ihre Träger unzweifelhaft fromme Muslime waren, zeigt aber, daß der Islam für diese wirtschaftliche Entwicklung kein Hindernis darstellte. Hier konnten nur die großen Linien der Entwicklung gezeichnet werden; wer an der genauen Untersuchung des Zusammenhangs von ökonomischer Entwicklung und Islam interessiert ist, sollte Maxime Rodinsons *Islam et capitalisme* heranziehen.[4]

## STAGNATION UND NIEDERGANG?

Häufig ist von Stagnation und Niedergang der islamischen Zivilisation die Rede. Da wird erstaunt gefragt, wie es denn kam, daß diese Zivilisation, die doch in ihrer Blütezeit den Nachbarregionen in vieler Hinsicht haushoch überlegen war, heute ein so beklagenswertes Bild bietet. Ist die Vorstellung, die arabisch-islamische Zivilisation habe im 11. Jahrhundert in materieller Hinsicht stagniert und sich davon nicht mehr erholen können, richtig?

Es stimmt, daß die ausgesprochene Wirtschaftsblüte der ersten islamischen Jahrhunderte nicht andauerte. Nehmen wir nur die ostarabischen Gebiete als Beispiel. In diesen Gebieten, von denen Ägypten und Syrien von den Fatimiden, Mesopotamien von Fürsten unter nominell abbasidischer Oberhoheit beherrscht wurden, ging die Wirtschaftskapazität seit der zweiten Hälfte des 11. Jahrhunderts zurück. Im Bereich des mamlukischen Staats (Ägypten, Syrien, Teile der Arabischen Halbinsel) erholte sie sich aber wieder. Eliahu Ashtor stellt für das erste Jahrhundert der mamlukischen Geschichte (um 1250 bis 1350) eine ausgesprochen positive Wirtschaftsentwicklung fest: deutlicher Anstieg der Bevölkerungszahlen, monetäre Stabilität, Fortsetzung der früheren Handelsbeziehungen, florierende gewerbliche Produktion. Er führt das auf die politische Stabilität und die friedlichen Zustände unter der Herrschaft starker Mamluken zurück, die sich auch um wirtschaftliche Belange (z. B. die Instandhaltung von Bewässerungsanlagen) kümmerten.[5]

Um die Mitte des 14. Jahrhunderts kehrte sich der Trend um: Die Bevölkerung, durch die Pest ab 1347 furchtbar reduziert, vermehrte sich nur sehr langsam wieder; die Produktion ging überall zurück, besonders dramatisch im gewerblichen Bereich; eine weitverbreitete Verarmung trat ein. Die Gründe dafür sieht Ashtor, außer der Pest, in politischer Instabilität, der die späteren Mamluken nicht mehr wirksam entgegensteuern konnten, in der verstärkten Auspressung der Bauern durch die Nutznießer von Militärlehen, in der Existenz von Staatsmonopolen im gewerblichen Sektor, die Qualitätssicherung scheinbar überflüssig machte, und in der Konkurrenz qualitativ überlegener europäischer Waren. Textilien, Seife, Papier und Glaswaren wurden nun aus Europa importiert – vorher war das umgekehrt gewesen![6]

Wenn man allgemeiner nach den Gründen für die Stagnation des islamischen Wirtschaftsraums nach der Blüte der ersten islamischen Jahrhunderte fragt, muß man wohl folgendes anführen: Die (meist nichtarabischen) Fürsten, welche die Abbasiden in der praktischen Herrschaft über diesen Raum ablösten, gaben deren umsichtige Politik der Wirtschaftsförderung weitgehend auf. Zur Besoldung ihrer Soldaten gingen sie vielfach zur Praxis des Militärlehens *(iqṭāʿ)* über, das Offizieren große Ländereien zuwies, aus deren Einkünften sie dann die Unterhaltung der ihnen unterstellten Einheiten finanzieren mußten. Da diese Zuweisung jederzeit widerrufen werden konnte, preßten die Offiziere so viel wie möglich aus den Bauern heraus und trugen so zum Rückgang der landwirtschaftlichen Produktion bei. Die Kreuzzüge und Überfälle räuberischer Nomaden (Beduinen in Nordafrika, Mongolen im Osten) wirkten sich zusätzlich störend aus. Lange Zeit litten die Muslime keinen Mangel an Edelmetallen und waren darum nicht darauf angewiesen, zum Ausgleich von Importen die Produktion für den Export anzukurbeln. Darum blieb die gewerbliche Produktion auf einem niedrigen Niveau von Technologie und Rentabilität. Die arabischen Kaufleute gaben seit dem 11. Jahrhundert die Organisation des Mittelmeerhandels weitgehend aus der Hand. Herrscher tendierten dazu, auf größere Vermögen zuzugreifen, so daß Kaufmannsfamilien nicht über mehrere Generationen größere Kapitalien anhäufen und dann auch produktiv investieren konnten. Und die Städte verfügten über keinerlei Autonomie und konnten nicht als Nischen für noch so embryonale kapitalistische Produktion dienen.[7] Allgemein gesprochen fehlte dem islamischen Raum, was Fernand Braudel als Voraussetzung für den Durchbruch des Kapitalismus sieht: »eine gewisse Beständigkeit der Sozialordnung ebenso wie eine gewisse Neutralität oder Schwäche oder Gunst des Staats«.[8]

Ashtor beendet seine Untersuchung der wirtschaftlichen Entwicklung unter den Mamluken – und das Buch, dessen letztes Kapitel sie bildet – mit folgender Bilanz: »Dies war das Ende dessen, was einmal die Blüte der Zivilisation in Westasien und der Mittelmeerwelt gewesen war. Die florierende Wirtschaft des Nahen Ostens war vom räuberischen Militär ruiniert worden, und seine großen zivilisatorischen Errungenschaften waren zerstört worden durch die Unfähigkeit, sich neue Methoden der Produktion und neue Lebensformen (ways of life) anzueignen.«[9]

Diese Bilanz ist zu apodiktisch – und sie ist voreilig. Die

Feststellung Ashtors und vieler anderer, daß die Wirtschaft des arabisch-islamischen Raums den hohen Stand der ersten islamischen Jahrhunderte nicht halten konnte, ist richtig. Seine eigenen Ergebnisse zeigen aber, daß sie sich unter den frühen Mamluken nach einer Phase des Niedergangs durchaus wieder erholen konnte. Und seine vernichtende Bilanz bezieht sich auf eine Zeit, das frühe 16. Jahrhundert, als dem Raum nach seiner Einbeziehung ins Osmanische Reich durchaus noch glanzvolle Zeiten bevorstanden. Wenn man also Stagnation und letzen Endes auch Niedergang feststellt, muß man sich gleichzeitig vor Augen führen, daß es sich dabei um eine sehr langfristige Entwicklung handelte, die immer wieder von Perioden der Erholung, der Konsolidierung und des Aufschwungs unterbrochen wurde – in der Regel einhergehend mit kluger Staatsführung und politischer Stabilität. Ein Auf und Ab der langfristigen wirtschaftlichen Konjunktur, bei dem zuzeiten eine Weltregion anderen überlegen war, nur um diese Überlegenheit wieder einzubüßen und sie unter günstigen Umständen später womöglich wiederzuerlangen – ein solches Auf und Ab war in vormoderner Zeit der ganz normale Gang der Dinge. Erst die rasante wirtschaftliche Entwicklung Europas in der Folge der industriellen Revolution, die ihm für lange Zeit einen uneinholbaren wirtschaftlichen und damit auch militärischen und politischen Vorsprung gab, verschob die Koordinaten gründlich. Und das machte sich natürlich auch in der Beziehung Europas zu seiner Nachbarregion im Süden und Osten des Mittelmeers bemerkbar. Erst im Verhältnis zum stärker werdenden und schließlich übermächtigen Europa wurden aus der Stagnation des islamischen Raums Niedergang und uneinholbarer Rückstand. Dieser Vorgang dauerte allerdings lange Zeit und war keineswegs so deutlich und geradlinig, wie uns das angesichts des heute sichtbaren Kräfteverhältnisses erscheinen mag.

Dementsprechend sahen die Bewohner des Nahen und Mittleren Ostens auch bis zum Ende des 18. Jahrhunderts keine einschneidende Veränderung im Verhältnis ihrer Region zu ihren Nachbarregionen – und also auch keine Notwendigkeit, auf eine solche Veränderung intellektuell zu reagieren. Umwälzende Neuerungen auf ideologischem Gebiet waren nicht zu erwarten und haben nach meiner Wahrnehmung auch nicht stattgefunden.

## REICHTUM UND FREIHEIT DER INTELLEKTUELLEN KULTUR

In den ersten Jahrhunderten des abbasidischen Kalifats florierte nicht nur die Wirtschaft. Auch das geistige Leben war intensiv und fruchtbar. Die neueroberten Territorien befanden sich auch auf diesem Gebiet auf einem höheren Stand als die Araber der Halbinsel. In diesen Territorien vollzog sich nun eine Synthese ihres kulturellen Erbes mit den von den Arabern mitgebrachten neuen Elementen – in erster Linie der Religion des Islam und der arabischen Sprache. Das Erbe war hellenistisch in den vormals byzantinischen Gebieten, persisch-sassanidisch in Iran. Dieses Erbe wurde in die neuentstehende arabisch-islamische Zivilisation inkorporiert. Persische und griechische Schriften wurden in großem Umfang übersetzt; die Kalifen förderten diese Bemühung systematisch. So wurde ein großer Teil der kulturellen Hinterlassenschaft der Antike, soweit sie noch greifbar war, der entstehenden Zivilisation erschlossen: Philosophie, Mathematik, Naturwissenschaften, Medizin. Aus dem Persischen wurden meist literarische Werke übersetzt, auf diesem Weg gelangten auch indische Errungenschaften in die Synthese. So entstand eine Zivilisation, die »gleichzeitig synkretistisch und originär«[10] war, das so Übernommene aber auch durchaus weiterentwickelte. Viele der an diesem Prozeß Beteiligten waren nichtarabischer Herkunft; der weitaus größte Teil der schriftlichen Produktion und des geistigen Austauschs spielte sich aber in arabischer Sprache ab. Damit war dann auch die vorherige Trennung zwischen hellenistischem und persischem Kulturraum aufgehoben, ähnlich wie auf der politisch-sozialen Ebene vorher getrennte Räume vereinigt wurden.

Diese intensive intellektuelle Aktivität fand auf vielen Gebieten statt. Bei der im engeren Sinn religiösen Gelehrsamkeit vollzog sich eine Trennung zwischen der Theologie, die versuchte, religiöse Wahrheiten rational zu begründen, und der Rechtsgelehrsamkeit, die aus den durch die Offenbarung gegebenen Grundlagen die religiöse Beurteilung menschlicher Handlungen ableitete.[11] Auch die Geschichtsschreibung entwickelte sich in enger Verbindung mit religiösen Fragen; manche Geschichtsschreiber waren gleichzeitig Rechtsgelehrte. Die sogenannte islamische Philosophie war bei den meisten ihrer Vertreter nicht genuin islamisch. Sie bezog viele ihrer Anstöße und Probleme aus der Philosophie der Antike bzw. des Hellenismus, setzte sich mit deren Vertretern (Plato, Aristoteles, den Neoplatonikern) auseinander und verarbeitete ihre Einflüsse selbständig. Manche Philosophen waren auch nicht Muslime, sondern Christen, Juden, Zoroastrier und, wenn auch selten, Atheisten – ohne daß sie das aus dem Diskurs der »islamischen« Philosophie ausgeschlossen hätte.

Die Naturwissenschaften und die Medizin blühten um diese Zeit ebenfalls. Auch sie entwickelten das von der Antike oder den Indern übernommene Erbe weiter, auf manchen Gebieten mit Experimenten und praktischer Anwendung. Darüber hinaus war die schöne Literatur in einigen ihrer Gattungen weit fortgeschritten und brachte quantitativ wie qualitativ ein reiches Repertoire hervor.

Es ist hier nicht der Ort, diese Entwicklungen näher zu beschreiben oder darzulegen, wieweit ihre Resultate den gleichzeitigen Errungenschaften Europas überlegen waren. Es soll allerdings festgehalten werden, daß sich Kultur und intellektuelle Aktivität seinerzeit großer Wertschätzung erfreuten und von seiten vieler Herrscher und sonstiger wohlhabender Personen kräftig gefördert wurden. Bibliotheken und Buchhandlungen waren in den großen Städten zahlreich; Gelehrte und Literaten wurden gefördert, Lehrinstitutionen gestiftet usw. Und es muß weiter festgehalten werden, daß sich das geistige Leben in einer Atmosphäre der Freiheit abspielte, die mit den gängigen Vorstellungen darüber scharf kontrastiert. Auch das läßt sich auf verschiedenen Gebieten feststellen. Eine der bedeutendsten Richtungen der islamischen Theologie der frühen Zeit (seit der ersten Hälfte des 8. Jahrhunderts) war die *muʿtazila*, die mit den Mitteln rationalistischer Spekulation Aussagen über Gott und die Schöpfung machte. Sie betonte die Transzendenz Gottes und gab menschlicher Willensfreiheit weiten Raum. Für eine gewisse Zeit versuchten die abbasidischen Kalifen, eine Vorstellung der *muʿtazila*, die von der Geschaffenheit des Koran, als Staatsdogma durchzusetzen, und drangsalierten dabei die Vertreter anderer Auffassungen. Allerdings war die konkurrierende Meinung so populär, daß dieser Versuch um 850 aufgegeben werden mußte. Das war eine herbe Niederlage für die *muʿtazila*, die aber noch geraume Zeit weiterwirkte. Als dominante theologische Richtung im abbasidischen Kalifat wurde sie dann von der ashʿarītischen Schule ersetzt, die sich ebenfalls rationaler Argumente bediente, aber Gott unmittelbar in die Welt eingreifen ließ und damit menschliche Willensfreiheit weitgehend leugnete. Diese Schule wurde nun so etwas wie die klassische sunnitische Orthodoxie. Das hieß aber nicht, daß sie allein akzeptiert gewesen wäre. Vielmehr gab es über weite Strecken der islamischen Geschichte eine große Pluralität der Auffassungen und Richtungen des islamischen Glaubens – einschließlich mancher Richtungen, die als ausgesprochen häretisch galten. Die verschiedenen Richtungen bekämpften einander oft heftig, sprachen sich aber in aller Regel das Muslimsein nicht gegenseitig ab. Auch die Staaten duldeten normalerweise große religiöse Pluralität – in sunnitisch regierten Staaten gab es beispielsweise immer Schiiten und umgekehrt.

Die Duldung religiöser Pluralität bezog sich auch auf Nichtmuslime. Berühmt geworden sind die Disputationen in Bagdad, bei denen – oft auf Anregung und unter Protektion des Kalifen – theologische Fragen behandelt wurden, an denen auch Nichtmuslime teilnahmen und bei denen keine Offenbarungsinhalte vorausgesetzt werden durften – für strikt religiöse Geister ein Skandal![12]

Auch in der Philosophie zeigt sich, wie weit der Raum war,

den die arabisch-islamische Zivilisation geistiger Betätigung ließ. Die »islamischen« Philosophen setzten sich in aller Regel mit dem griechischen Erbe auseinander und entwickelten es weiter, wobei sie durchaus ihre Präferenzen hatten (Bewunderer von Aristoteles auf der einen, Nachfolger der Neuplatoniker auf der anderen Seite). In ihren Überlegungen spielten religiöse Gesichtspunkte eine untergeordnete Rolle. Soweit es sich um Muslime handelte, betrieben sie ihr philosophisches Handwerk neben ihren religiösen Überzeugungen. Sie sahen diese beiden Aspekte in aller Regel nicht im Konflikt; manche von ihnen behaupteten die Übereinstimmung religiöser und philosophischer Wahrheiten, zu denen man nur auf unterschiedlichen Wegen gekommen sei und die in verschiedenen Sprachen ausgedrückt würden. Nur sehr wenige der »islamischen« Philosophen vertraten ausgesprochen religionskritische Auffassungen. Daß sie auch das konnten, ohne Repressalien ausgesetzt zu sein, ist ein Hinweis auf die große Entfaltungsmöglichkeit geistiger Betätigung zu jener Zeit.

Die schöne Literatur liefert eine Fülle von Belegen für die angedeutete geistige Freiheit. Literaten gravitierten seinerzeit meist um die Höfe kunstliebender Machthaber oder sonst wohlsituierter Personen, auf deren Großzügigkeit sie angewiesen waren. Viele Literaten rieben sich spöttisch und kritisch an althergebrachten Auffassungen und Werten – sei es aus Überzeugung, sei es, weil sie damit provokante Funken schlagen und so künstlerisch reüssieren wollten. So etwa Abū Nuwās (757-815), der wohl berühmteste arabische Dichter, der sich über vieles lustig machte, z. B. über die Hochschätzung beduinischer Werte in städtischen Milieus, die mit beduinischer Lebensart nicht das geringste zu tun hatten, und der offen aussprach, daß er die Pilgerreise nur vollzog, um seine Geliebte begleiten zu können.[13] Ein anderer hochberühmter Dichter, Abu-l-ʿAlāʾ al-Maʿarrī (10./11. Jahrhundert), stand dem Islam (wie anderen Religionen) höchst skeptisch gegenüber; in seinem *Sendschreiben über die Vergebung* findet sich die ausführliche Beschreibung einer Reise durch Paradies und Hölle, in der bestimmte koranische Auffassungen von diesen

Orten sehr distanziert, ja manchmal geradezu spöttisch aufgegriffen werden.[14] Er schrieb auch einen Text, in dem er den Stil des Koran imitierte. Man hielt ihm vor, er habe bei aller Meisterschaft doch den Ton des wirklichen Koran nicht getroffen, worauf er bemerkte: »Laßt ihn [meinen Text] für 300 Jahre in den Moscheen vortragen, dann werdet ihr schon sehen!«[15]

Man könnte die Reihe der Beispiele beinahe beliebig fortsetzen; gerade die berühmten arabischen Literaten (aber auch nichtarabische Muslime, man denke nur an den persischen Wissenschaftler und Dichter ʿUmar-i Khayyām [um 1048-1123])[16] haben in ihren Werken wenig Respekt für religiöse Empfindlichkeiten erkennen lassen. Das heißt nun nicht, daß solche Empfindlichkeiten und die ihnen entsprechenden Überzeugungen nicht bestanden hätten. Nicht alle, aber die meisten dieser Literaten waren, soweit wir wissen, gläubige Muslime. Aber ihr Glaube hat sie nicht gehindert, in ihren Werken bestimmte religiöse Vorschriften souverän zu ignorieren bzw. sich über sie lustig zu machen, und ihrer Popularität bei einem gleichfalls gläubigen Publikum hat das keinen Abbruch getan.

In den ersten Jahrhunderten der islamischen Geschichte bestand also ein weiter Raum für geistige Betätigung, und er wurde kreativ genutzt. In den meisten intellektuellen Disziplinen herrschte rationale Vorgehensweise vor. In der religiösen Lehre waren zwar die Grundlagen nach Auffassung der Gläubigen mit der Offenbarung gelegt, also nicht rational erwiesen, aber die Art der Herleitung des imposanten Gebäudes der islamischen Lehre aus diesen Grundlagen war durchaus rational:

> Man kann sich nur voll Respekt und Bewunderung vor der enormen rationalen Anstrengung verneigen, die Tausende von muslimischen Intellektuellen im Mittelalter unternahmen, um eine deontologische und juristische Doktrin zu entwickeln, die alle möglichen (und manchmal unmöglichen) Fälle vorsah – ausgehend von einer geringen Zahl von Prämissen und mit einer einwandfreien Logik, um in

derselben Art und Weise die aristotelische Philosophie und die griechische Wissenschaft wiederaufzunehmen, neu zu durchdenken und zu komplettieren, um eine Geschichtsschreibung zu entwickeln, deren Hervorbringungen Tausende von Bänden umfassen und die auf einer fundamentalen kritischen Basis beruht, nämlich der Gegenüberstellung von Zeugnissen, auch wenn die Kritik dieser Zeugnisse in sich selbst nicht weit genug getrieben wurde.[17]

Das große Bild der kulturellen Verhältnisse im Bereich des abbasidischen Kalifats zur genannten Zeit zeigt eine zunächst im Entstehen begriffene, dann entfaltete arabisch-islamische Zivilisation, die sich aus den verschiedensten Quellen speiste und die auch weiterhin bereit war, kulturelle und technische Errungenschaften »von außen« aufzunehmen, zu verarbeiten und sich einzuverleiben. Die intellektuelle Aktivität in diesem Raum war sehr rational geprägt, selbst bei der Behandlung von grundsätzlich Irrationalem, wie es religiöse Offenbarungen nun einmal sind. Wir konstatieren über weite Strecken große Souveränität im Umgang mit solchen Texten und Vorschriften, die nach islamischer Überzeugung gottgegeben sind. Es gab intensive Beziehungen zwischen den Vertretern unterschiedlicher Auffassungen, einschließlich von Nichtmuslimen. Es gab öffentliche kontroverse Debatten unter diesen Vertretern. Es gab in der Praxis große religiöse Pluralität – das Bestehen mehrerer Religionsgemeinschaften und verschiedener Richtungen innerhalb der Konfessionen. Und diese Pluralität hielt man nicht nur aus, sondern sah sie auch durchaus positiv.[18] Diese Zivilisation und ihre religiöse Ideologie unterschieden sich grundlegend von denen der ersten Muslime im Hedschas; sie entsprachen weitgehend der zeitgenössischen Gesellschaft mit ihren eigenen Prioritäten und Bedürfnissen und waren wohl aus ebendiesem Grund entwickelt worden.

Allerdings sollte man sich diese Zivilisation nicht allzu idyllisch vorstellen. Wie überall in vormoderner Zeit lebte der größte Teil der Bevölkerung ein karges Leben voller Mühe, fernab von dem Wohlleben, das uns in der Literatur so plastisch geschildert wird. Und auch die beschriebenen Züge der

Rationalität, Offenheit und Pluralität herrschten nicht uneingeschränkt. Sie kennzeichnen weite Strecken der islamischen Kulturgeschichte. Es gab aber immer auch Gegentendenzen. Gegen die rationalistischen Richtungen von Theologie und Philosophie betonten bestimmte Kreise den unhinterfragten Glauben. Vertreter traditionalistischer Ansichten eiferten gegen alle möglichen Auffassungen und Praktiken, die sie als Abweichungen vom wahren Glauben sahen. Und es gab auch Tendenzen, die weithin vorherrschende Weite und Pluralität islamischer Konzeptionen einzuschränken, Verhaltensweisen und Glaubensinhalte vorzuschreiben. Diese Tendenzen hatten verschiedene Träger. Oft übernahmen traditionalistische Rechtsgelehrte diese Rolle; manchmal drangen Regierungen auf die Bekämpfung bestimmter Tendenzen, weil sie sie auch politisch gefährlich fanden. Große Teile der einfachen Bagdader Bevölkerung galten als anfällig für die Einflüsterungen antirationalistischer Prediger:

> Das Volk von Bagdad demonstriert ziemlich oft gegen die Freiheit des Geistes, gegen die irreligiösen Ideen der Elite. Es gibt einen gewissen muslimischen Pietismus der Masse, der sich über den Luxus der Reichen empört. Er verlangt Konformismus, die Rückkehr zur Reinheit des Islam der frühen Zeit als Heilmittel für die sozialen Mißstände und die Unterwerfung unter die Gleichheit in der Armut, unter das egalitäre Ideal des Ursprungs.[19]

## EINSCHNÜRUNG DES GEISTES?

Verhältnismäßig verbreitet ist die These, es habe nach einer Zeit der Blüte, Offenheit, Weite und Rationalität in der Entwicklung der islamischen Zivilisation im 10. und 11. Jahrhundert eine radikale Wende hin zur Einengung, Standardisierung, Verknöcherung und Erstarrung gegeben, von der sich diese Zivilisation (jedenfalls bis zur Begegnung mit Europa im 19. Jahrhundert) nicht mehr erholt habe und die es ihr unmöglich gemacht habe, neuen Herausforderungen zu begegnen. Was ist an dieser These dran?

Trotz des bei der Größe des Territoriums erstaunlichen geistig-kulturellen Zusammenhangs der seinerzeitigen »islamischen Welt« war sie doch ein in vieler Hinsicht heterogenes Gebilde; allgemeingültige Aussagen sind da schwierig. Bei aller Vorsicht läßt sich aber in der Tat feststellen, daß im 10. Jahrhundert das islamische Recht im Rahmen der vier sunnitischen Rechtsschulen, die sich bis dahin herausgebildet hatten (und parallel dazu auch bei den Schiiten), bis zu einem gewissen Grad standardisiert war. Man stützte sich fortan vielfach auf vergangene Autoritäten und gab die freie Bemühung zur Rechtsfindung *(idjtihād)* in bestimmtem Maß auf. Im 11. Jahrhundert erfolgten dann Bemühungen, auch das Spektrum der Glaubensinhalte einzuschränken. Abbasidische Kalifen der ersten Hälfte des Jahrhunderts ließen verbindliche Glaubensbekenntnisse verkünden;[20] wer zentrale Dogmen leugnete, wurde darin für vogelfrei erklärt (ohne daß diese Erklärung in großem Umfang praktische Folgen gehabt hätte). Seldschukische Herrscher der zweiten Hälfte des Jahrhunderts bemühten sich um die Stärkung und Verbreitung des theologischen »mainstream« der ashʿarītischen Lehre. Theologen und Rechtsgelehrte machten sich zum Sprachrohr dieser Bemühungen, am prominentesten wohl Abū Ḥāmid al-Ghazālī (1058-1111), ein ashʿarītischer Theologe.

Al-Ghazālī, sein Werk und seine Wirkung dienen denn auch vielfach als Beleg für das definitive Ende des Rationalismus im islamischen Denken. Die Vertreter der entsprechenden Auffassung meinen, seine Kritik der arabischen Philosophen in dem Werk *Tahāfut al-falāsifa* (Die Inkohärenz der Philosophen) habe diesen in der Folge jede Resonanz genommen, und das beste Indiz dafür soll sein, daß die Verteidigungsschrift der Philosophen, Ibn Rushds *Tahāfut at-tahāfut* (Die Inkohärenz der Inkohärenz), die etwa 80 Jahre später verfaßt wurde, wie auch die übrigen Schriften dieses Philosophen im arabischen Kulturraum kaum nennenswerten Einfluß hatten, während sie in Europa intensiv aufgenommen und diskutiert wurden.

Wenn man sein Werk näher betrachtet, erkennt man, daß

al-Ghazālī die Philosophen nicht frontal angriff, sondern sich mit einer Reihe ihrer Thesen auseinandersetzte und einige Überlegungen über die richtige Stellung zur Philosophie anstellte. Nur manche ihrer Thesen machen die Philosophen für al-Ghazālī zu Ungläubigen, andere erklärt er für häretisch; vieles an der Philosophie und ihren Argumentationsmethoden hält er aber für nützlich. Wirklich bedenklich ist seiner Meinung nach der Umgang mit der Philosophie nur für die wenig informierten und reflektierten Leute, die deren potentiell gefährliche Aspekte nicht von den nützlichen abgrenzen können; sei es, daß ihre Bewunderung für die klare Logik der Philosophen zur Schwächung ihres Glaubens führt, dessen Inhalte nicht mit gleich bestechenden Methoden erwiesen werden können, sei es, daß naive Gläubige wegen der Beimengung gefährlicher Inhalte die Philosophie insgesamt ablehnen und damit den Islam in Mißkredit bringen. Es ist interessant, daß al-Ghazālī in seiner intellektuellen Autobiographie auf die Kritik an der pauschalen Zurückweisung der Philosophie erheblich mehr Raum verwendet als auf die an ihrem undifferenzierten Akzeptieren.[21]

Mit diesem Beitrag wollte al-Ghazālī offenbar nicht die Philosophie und ihren Einfluß zurückdrängen, sondern ihr – bei Warnung vor bestimmten Gefahren, der wenig Kundige bei der Beschäftigung mit ihr ausgesetzt sein sollen – einen gebührenden Platz in der Theologie verschaffen. »Die Verurteilung dieser drei Lehren [der arabischen Philosophen, A. F.] ist nur ein Schritt in einer komplexeren Strategie, in der al-Ghazālī letztlich die Integration gewisser Argumentationstechniken und gewisser Überzeugungen der Philosophen in den muslimischen theologischen Diskurs betreibt.«[22]

Aber auch an der traditionellen religiösen Gelehrsamkeit äußert al-Ghazālī sein Ungenügen. Die Theologie, sagt er, kann zwar den Glauben verteidigen, ihn aber nicht grundlegen. Auf diese Grundlegung kommt es ihm aber wesentlich an. Sie kann für ihn nur aus der Offenbarung und aus göttlicher Erleuchtung kommen.[23] Und die Rechtsgelehrsamkeit beschäftigt sich mit der religiösen Beurteilung menschlicher

Handlungen, aber in der Beschränkung auf die bloßen Handlungen und der Vernachlässigung tiefer innerer Religiosität sieht al-Ghazālī einen Mangel.[24]

Al-Ghazālī strebte die Erneuerung des gesamten intellektuellen Systems des Islam an, sein *Iḥyāʾ ʿulūm ad-dīn* ist ein großangelegtes Projekt in diesem Sinn. Seine Absicht ist, die Menschen zur Suche nach gefestigtem Glauben zur Erlangung des jenseitigen Heils aufzurufen. Das kann für ihn nur durch göttliche Erleuchtung kommen, und der beste Weg dorthin ist seiner Meinung nach die islamische Mystik.[25] Insofern wollte er nicht nur die Philosophie, sondern auch die Mystik mit der zu erneuernden islamischen Orthodoxie versöhnen, und das ist ihm bis zu einem gewissen Grad gelungen.

Weit davon entfernt, die Philosophie oder andere Gebiete relativ freier geistiger Betätigung zu zerstören, wollte al-Ghazālī den von ihm erneuerten »mainstream« islamischen Denkens stärken und sprach sich gleichzeitig gegen allzu starke Abweichungen von ihm aus. Beenden konnte er diese Abweichungen nicht, selbst wenn man ihm einmal diese Absicht unterstellt. Philosophische Betätigung ging auch nach ihm weiter,[26] der religiöse Pluralismus bestand unvermindert fort.

Auch das Schicksal des Werks von Ibn Rushd und sein angebliches Vergessen durch den Orient bzw. sein Weiterleben in Europa sind keine Belege für die Behauptung, al-Ghazālī habe die Philosophie in der arabisch-islamischen Zivilisation zerstört. Ibn Rushd (in europäischen Sprachen Averroës), der im Jahrhundert nach al-Ghazālī im islamischen Spanien (und gelegentlich in Marokko) wirkte, war wie dieser Rechtsgelehrter, Theologe und Philosoph. Wie al-Ghazālī war er der Meinung, islamischer Glaube und Philosophie seien vereinbar. In einer islamrechtlichen Stellungnahme vertrat er sogar die Auffassung, das Religionsgesetz rufe zur Beschäftigung mit der Philosophie auf. Die Philosophen kämen mit ihren Methoden zu denselben Resultaten wie die Offenbarungstexte, die Argumentationsweisen und Formulierungen der Philosophen seien aber weniger geschulten Leuten nicht zugänglich; diese sollten sich zur Vermeidung von Irrtümern an die Offenbarung selbst und ihre Sprache halten.[27]

Anders als al-Ghazālī legte Ibn Rushd allerdings den Schwerpunkt seiner schriftstellerischen Tätigkeit auf die Philosophie, im wesentlichen in Kommentaren zu Aristoteles. In seiner Schrift gegen al-Ghazālī verteidigte er die arabischen Philosophen gegen dessen Kritik. Es ging dabei um einige Einzelfragen und vor allem um Probleme der Methodologie, nicht um die Berechtigung der Philosophie an sich (die al-Ghazālī ja auch keineswegs geleugnet hatte).

Erst Ibn Rushds europäische Nachfolger und Schüler gaben seinem Werk eine religionskritische Zuspitzung, entwickelten seine Theorie von den beiden sprachlichen Formen der Wahrheit zur Theorie von den beiden Wahrheiten weiter und machten so den »Averroismus« zu einer in Europa heißumkämpften Angelegenheit. Mit Ibn Rushd selbst hatte das nur mittelbar zu tun. Daß dessen Denken im Orient nach ihm keine große Rolle mehr spielte, muß anders erklärt werden als durch eine »Kampagne« al-Ghazālīs oder einen umfassenden Kampf gegen rationalistisches Denken. Den Umstand, daß Ibn Rushds Denken in Europa größere Auswirkungen hatte als im muslimischen Orient, nennen manche das Ibn-Rushd-Paradoxon.[28]

Al-Ghazālī versuchte, durch die Versöhnung verschiedener geistiger Richtungen einen »mittleren Weg« islamischer Religiosität zu propagieren.[29] Kein einzelner Ideologe, wäre er auch noch so einflußreich, hätte die weitgehende Einschränkung geistiger Freiheit bewirken können, die das verbreitete Bild al-Ghazālī zuschreibt.

Sein Werk und seine hier beschriebene Stoßrichtung waren wohl eher Symptom als unabhängiger Faktor einer zu seiner Zeit herrschenden Tendenz, die geistige Zersplitterung des islamischen Denkens zugunsten einer gewissen Konformität zurückzudrängen. Um die Mitte des 11. Jahrhunderts war deutlich geworden, daß die Autorität des abbasidischen Kalifats unwiederbringlich dahin war, nachdem seine territoriale Einheit schon längst zerbrochen war. Am Ende des Jahrhunderts wurde auch die Autorität der Fürstendynastie der Seldschuken in Frage gestellt, der man noch einmal die Gründung und Bewahrung eines starken islamischen Staats zugetraut hatte. Unter solchen Umständen war das Bestreben nach Konformität verständlich; es konnte sich auch zeitweilig durchsetzen. Es hat aber die intellektuelle und kulturelle Freiheit, die schöpferische geistige Betätigung ermöglichte, nie völlig unter sich begraben. Von einem endgültigen »Scheitern des islamischen Rationalismus im 11. Jahrhundert«[30] kann keine Rede sein. Der Rückzug war partiell und zeitweise, und er hing eng mit sozialen und politischen Entwicklungen zusammen:

> Die islamische religiöse Ideologie hat sich im Mittelalter genügend anpassen können, um einer Gesellschaft als Ideologie zu dienen, die sich von derjenigen, für die sie konzipiert worden war, stark unterschied. Sie hat eine Pluralität von Richtungen erlaubt, eine große Freiheit des Geistes, eine bedeutende Entwicklung des philosophischen und wissenschaftlichen Denkens. Die Notwendigkeiten der Verteidigung der sozialen Ordnung in einer verarmten Gesellschaft haben dazu geführt, daß diese Freiheit eingeschränkt wurde, daß man den Konformismus gegenüber einem Minimum an Ideologie erzwang, das zu respektieren war. Die Ursachen des Niedergangs der islamischen Zivilisation liegen nicht in der Ideologie, sind nicht der islamischen Religion geschuldet. Es ist im Gegenteil die Ideologie, die sich den Notwendigkeiten einer in Stagnation geratenen Gesellschaft angepaßt hat.[31]

# 5
# FEHLT DA ETWAS?

## »KULTURDETERMINANTEN« UND DAS ENDE DER AMBIGUITÄT

Die muslimische Weltregion zeigte bis zu ihrem Zusammenstoß mit Europa ein eher gemächliches Entwicklungstempo. Sie wurde dann in diesem Zusammenstoß von Europa überwältigt und hat es im großen und ganzen bis heute nicht geschafft, mit anderen Weltregionen, geschweige denn dem Westen, im Hinblick auf entscheidende Entwicklungsparameter gleichzuziehen. Dafür werden gelegentlich kulturelle Faktoren verantwortlich gemacht. Das muß nicht unbedingt der Islam selbst sein; auch anderen kulturellen Faktoren oder gesellschaftlichen Konfigurationen wird eine solche Wirkung zugeschrieben. Das Entscheidende ist aber, daß sie in dieser Sicht ihre Durchschlagskraft, vor allem aber ihre Langlebigkeit, religiöser Sanktionierung verdanken.[1] Denn diese Auffassung sieht solche Faktoren oft über sehr lange Zeit – und vor allem: bis heute – wirken. Man sollte hier wohl nicht von der Wirkung von Faktoren sprechen, sondern von der ausbleibenden Wirkung nichtvorhandener Faktoren. Denn die hier angesprochene Argumentation sucht die Erklärung für das Auseinanderklaffen der Entwicklungsniveaus nicht in der tatsächlich erfolgten dynamischen Entwicklung in Europa und ihren Gründen, sondern im Fehlen solcher Gründe im Orient. Diesem soll etwas *gefehlt* haben (Reformation, Aufklärung, Säkularisierung). Bernard Lewis, ein großer Popularisator der kulturalistischen Sichtweise, fragt, was denn im Nahen Osten »schiefgelaufen« sei.[2] Für eine Weltsicht, die in der europäischen Entwicklung und den in ihr herauskristallisierten Standards das Maß aller Dinge sieht, ist diese Auffassung konsequent.

Es ist ja durchaus richtig, daß es mit der islamischen Zivilisation nach ihrer »großen Zeit« auf niedrigerem Niveau gemächlicher weiterging. Es ist aber gleichermaßen richtig, daß das im großen und ganzen nicht als brennendes Problem empfunden wurde und auch nicht zur hektischen Suche nach Abhilfe führte. Da lief also in der Wahrnehmung der Betroffenen gar nichts »schief«. Es ist vielmehr unsere Sicht der muslimischen Welt, die den Mangel diagnostiziert: Sie ist das ganz Andere, das so ganz anders ist, weil sie im Mittelalter steckengeblieben ist und weder Reformation noch Aufklärung durchgemacht hat. Und das, weil sie sie nicht durchmachen *konnte*. Sie hat nämlich leider einen genetischen Defekt, der sie nicht nur bisher daran gehindert hat, die Politik von der Religion zu trennen, sondern sie auch konstitutionell unfähig macht, das jemals zu tun. Dieser Defekt kann auch namhaft gemacht werden. Es ist der *Islam*, manche sprechen auch vom *orthodoxen* Islam. So lange, wie die Muslime an ihm festhalten und ihre Religion nicht radikal neu konzipieren – etwa nach dem Vorbild des Christentums (wohlverstanden: des modernen Christentums, das die säkularistische Schlankheitskur schon hinter sich hat) –, ist keine Hoffnung.

Um in das Bild der Entwicklungen, die diese Sicht zu erfassen und zu erklären versucht, Relief und Perspektive zu bringen, hilft es, sich einige Überlegungen von Thomas Bauer zu vergegenwärtigen. Er legt in vielen Facetten den Reichtum der islamischen Kultur nicht nur der formativen (für die das ja meist konzediert wird), sondern auch der nachformativen Zeit dar. Weiter demonstriert er, wie vieldeutig die Zeugnisse jener Epoche waren. Er macht das besonders für die zentralen religiösen Dokumente deutlich, beginnend mit dem Koran. Er zeigt, daß man seinerzeit mit ihnen, beispielsweise zur Herleitung von Rechtsnormen, entsprechend umging und die Vieldeutigkeit als Bereicherung empfand. Den positiven Umgang mit dieser Vieldeutigkeit sowie den Umstand, daß es eine Pluralität von Diskursen gab (darunter dezidiert nichtreligiöse), die miteinander koexistierten, bezeichnet er als Ambiguitätstoleranz. Sie war möglich durch Suspendierung des Anspruchs auf absolute Wahrheit und ermöglichte ihrerseits einen »gelassenen Blick auf die Welt«.[3] Dieser gelassene Blick wog bis zum 19. Jahrhundert vor.

Bauer weist weiter darauf hin, daß im vormodernen muslimischen Orient ein anderes Verhältnis von Religion und Gesellschaft vorherrschte als in Europa. Da in Europa die Religion von einer gesonderten Institution verwaltet wurde, war ihr Zuständigkeitsbereich klar abgegrenzt. Im Orient war die Dichotomie religiös/säkular nicht so klar auszumachen. In den funktionell stark ausdifferenzierten muslimischen Gesellschaften gab es in jedem sozialen Teilsystem in irgendeiner Weise etwas Religiöses, aber wie viel und auf welche Weise, war sehr unterschiedlich.[4] Trotz dieser diffuseren Verteilung des Religiösen gab es »in der islamischen Kultur zu jeder Zeit religionsfreie Zonen, wußte man zwischen religiösen und weltlichen Dingen zu unterscheiden und gab es zahlreiche Menschen, deren hauptsächliches Interesse keineswegs in der Religion lag«.[5]

Dem westlichen Blick, an die klare Unterscheidung religiös/säkular gewöhnt, erschien nun das Religiöse, weil überall feststellbar, als allgegenwärtig: Man »rechnete jedes Feld, auf dem sich religiöser Feinstaub abgesetzt hatte, und sei es in noch so geringen Mengen, der religiösen Sphäre zu, um anschließend die auf den Namen ›islamisch‹ getaufte Kultur zur durch und durch religiösen zu erklären«.[6] Das ist die Operation der *Islamisierung des Islam*, die mehrere Einzelmechanismen kennt (Bezeichnung sämtlicher Teilbereiche, wie religionsfern auch immer, als »islamisch«; Ignorieren nichtreligiöser Elemente und Diskurse; automatische Privilegierung solcher Diskurse, die dem westlichen Begriff von Religion entsprechen; Erklärung religiöser Diskurse zur Norm und daneben bestehender nichtreligiöser zur Abweichung; unter den religiösen Diskursen Privilegierung der jeweils konservativsten als »orthodox« und damit wesenhaft islamisch). »Durch diese Mechanismen werden Ambiguitäten und Pluralitäten in der islamischen Welt unsichtbar gemacht und eine monolithische islamisch-religiöse Kultur konstruiert, die der modernen westlichen Kultur als etwas ihr ganz Fremdes und zu ihr Gegensätzliches entgegentritt.«[7]

Diese Islamisierung des Islam, eine aufwendige Operation, die seit dem 19. Jahrhundert im wesentlichen in der westlichen Wahrnehmung erfolgte, aber durchaus auch von vielen muslimischen Ideologen nachvollzogen wurde, führte zu einer enormen Verkennung der vormodernen muslimischen Gesellschaften, die beispielsweise auch nicht den Grad sieht, in dem diese Gesellschaften *immanent säkular* waren. Aufgrund dieser immanenten Säkularität (also dem von Bauer benannten Umstand, daß es religionsfreie Zonen gab, die sich aber nicht weithin sichtbar als solche zu erkennen gaben) sah sich das Säkulare nicht so eingezwängt wie im mittelalterlichen Europa, induzierte also auch keine endogene Säkularisierung nach Art von Europa. Das wurde durchaus richtig zur Kenntnis genommen, und in der Sicht der Islamisierung des Islam nahm man dann auch an, es habe im islamischen Bereich überhaupt keine Säkularisierung gegeben. Das ist nun sachlich falsch. Es hat auch in muslimischen Gesellschaften Säkularisierungsvorgänge gegeben, die weiteste soziale Bereiche und namentlich die Politik institutioneller religiöser Kontrolle entzogen.[8] Dies geschah allerdings erst seit dem 19. Jahrhundert im Zuge der Überwältigung der Region durch Europa bzw. in der Auseinandersetzung damit.

Bauer macht auch darauf aufmerksam, daß vieles von dem, was uns im Zusammenhang mit Muslimen so abstoßend erscheint, erst aus deren Auseinandersetzung mit der europäischen Herausforderung seit dem 19. Jahrhundert erwachsen ist. Nach der Feststellung, daß in muslimischen Gesellschaften für lange Zeit verschiedene Diskurse nebeneinander bestanden, von denen keiner absolute Wahrheit beanspruchte, schreibt er:

> Die Situation änderte sich schlagartig, als auf einmal ein Gegner auftrat, der genau dies behauptete, nämlich im Besitz einer Wahrheit zu sein, die die einzige ist und die keine andere Wahrheit neben sich duldet. Dieser Gegner konnte als Wahrheitsbeweis seine militärische und wirtschaftliche

> Überlegenheit ins Feld führen und war besessen von dem Bestreben, diese seine Wahrheit weltweit zu verbreiten. 〈...〉 Die alte Gelassenheit war damit zerstört, und die Suche nach einer eigenen, absoluten Wahrheit, die sich der Wahrheit der Anderen entgegenstellen ließ, begann.[9]

Im Zuge dieser Suche erfolgte dann die Ideologisierung und Politisierung des Islam, die uns heute so aufstößt.

Und es erfolgte, zum großen Teil in Abwehr westlicher Vorurteile etwa über die ausschweifende Sexualität der Orientalen (die bekannten Haremsphantasien), die Übernahme westlicher puritanischer Moralvorstellungen durch Muslime, die uns heute, weil sie im Westen seit kurzem überwunden sind, als »typisch islamisch« erscheinen:

> Die konservativen bürgerlichen Werte des ›alten‹ Europa 〈...〉 wurden von der prowestlichen Elite des Nahen Ostens in der zweiten Hälfte des 19. Jahrhunderts übernommen. Im Laufe des 20. Jahrhunderts verbreiteten sie sich bis in die Mittelschichten hinein. In Europa wurden diese Werte in einem Prozeß, den wir gerne an dem Symboljahr 1968 festmachen, vielfach aufgeweicht. Gerade diese Entwicklung fand im Nahen Osten nicht statt. Im Nahen Osten 〈...〉 hat man vergessen, daß viele Werte, denen man heute huldigt, ein Import aus dem Westen sind. Im Westen hat man vergessen, daß man vor 1968 vielfach dieselben Positionen vertreten hat, die einem heute im Nahen Osten archaisch anmuten.[10]

Die Erklärung für die Blockade der muslimischen Weltregion sollte nicht in einem Defizit bei ihr gesucht werden, sondern in der europäischen Überlegenheit. Die ergab sich nicht daraus, daß Europa bestimmte kulturelle Eigenschaften hatte (und womöglich schon immer gehabt hatte), sondern daraus, daß zu einer bestimmten Zeit Faktoren zusammenschossen, die in ihrem Zusammenwirken dann die beschleunigte Entwicklung, den Take-off der betroffenen Territorien bedingten (Renaissance, Aufklärung, wissenschaftlicher Fortschritt, industrielle Revolution, Entwicklung des Kapitalismus, hier nur stichwortartig angerissen). So ergab sich, neben anderem, die rein kräftemäßige Überlegenheit Europas und seine Weltherrschaft sowie die Blockierung der Entwicklung in der ganzen übrigen Welt (mit Ausnahme einiger europäischer Siedlungskolonien, vor allem der USA).

Bleibt die Frage, warum die muslimische Region (oder besser: einige ihrer Teile, denn es gibt hier große Unterschiede) bei dem Versuch, die postkoloniale Abhängigkeit zu überwinden, weniger erfolgreich war als andere Gebiete der Dritten Welt. Auch hier sollte die Antwort nicht in kulturellen Faktoren gesucht werden, sondern in politischen (oft: geopolitischen) Konstellationen und Konjunkturen. Hier nur im Vorgriff auf spätere Ausführungen die wichtigsten Aspekte:

1. Die geographische Nähe der Region zu Europa, die intensives gegenseitiges Interesse, aber auch lang dauernde Reibung und Konflikte bedingte.

2. Das intensive Interesse Europas nach seiner Erstarkung, die Region, auch in innerimperialistischer Konkurrenz, unter seine Kontrolle zu bringen und im Sinne dieser Kontrolle umzuformen, mit all den Verhakungen, die sich daraus ergaben, mit einem Wort: das geostrategisch begründete Interesse Europas (und später: des Westens) an der Region.

3. Die Einbeziehung der Region in zwei Weltkriege und den darauf folgenden Kalten Krieg (einschließlich des ebenfalls vom Westen kräftig geförderten »arabischen Kalten Kriegs«),[11] weiter, teilweise im Zusammenhang damit, der Palästinakonflikt – alles Faktoren, die der Region ungeheure Lasten aufbürdeten.

4. Der Reichtum der Region an Öl und Gas, der das Interesse äußerer Mächte noch einmal verstärkte, auch unter verschiedenen Akteuren der Region selbst für Konflikte sorgte und entwicklungspolitisch fatale Akzente setzte.[12]

## EINE ISLAMISCHE AUFKLÄRUNG?

Immer wieder wird »dem« Islam vorgehalten, er habe keine Aufklärung gekannt, und dieser Umstand wird dann herangezogen, um alle möglichen Defizite im Leben der modernen Muslime zu erklären: die mangelnde geistige Freiheit und Souveränität der Individuen, die vielmehr an genau vorgeschriebene Glaubensgrundsätze gehalten seien, die Neigung zum »Denken per Autorität«, die Unterordnung unter ein theozentrisches Weltbild, geringe Eigeninitiative, die Tendenz, diktatorische politische Verhältnisse zu akzeptieren usw. Nun kann man kaum bestreiten, daß einige dieser Verhaltensweisen bei vielen heutigen Muslimen festzustellen sind. Ist es aber sinnvoll, sie auf das Ausbleiben einer islamischen Aufklärung zurückzuführen?

Muslimische und nichtmuslimische Apologeten des Islam leugnen gern, daß dieser einer Aufklärung bedurft hätte. Er sei vielmehr von vornherein so rationalitätsbezogen gewesen und habe die Freiheit des Denkens so wenig eingeschränkt, daß Aufklärung gar nicht nötig gewesen sei. Zum Beleg wird die enorme intellektuelle und kulturelle Fruchtbarkeit der »großen« islamischen Zeit angeführt, die ohne große geistige Freiheit nicht möglich gewesen wäre. Es hat auch Versuche gegeben, für den islamischen Bereich im 18. Jahrhundert Ansätze zu Aufklärung auszumachen. Es habe zumindest in einigen islamischen Territorien Träger und zentrale Motive einer Art von Aufklärung gegeben, die aber dann im 19. Jahrhundert aufgrund der europäischen Expansion und der durch sie aufgezwungenen Modernisierung in Vergessenheit geraten sei.[13] Dieser als Hypothese formulierten Auffassung wurde heftig widersprochen;[14] soweit ich sehen kann, hat die Debatte keine bündigen Ergebnisse geliefert. Es war wohl von vornherein wenig sinnvoll, für den islamischen Bereich im 18. Jahrhundert eine der europäischen vergleichbare Aufklärung zu erwarten. Die Aufklärung im engeren Sinn, die man gern »die des 18. Jahrhunderts« nennt, war ein gut benennbarer Aspekt – und in mancher Hinsicht Kulminationspunkt – eines ganzen Bündels von zusammenhängenden Entwicklungen in einigen Ländern Europas. Sie hatte Träger, sie hatte eine Vorgeschichte, nämlich die verheerenden Religionskriege des 16. und 17. Jahrhunderts, sie hatte einen sozialen Hintergrund, sie hatte klar angebbare Felder, sie hatte ein Programm, das auf Freiheit des Denkens (und Glaubens!) und menschliche Emanzipation hinauslief – und sie hatte vor allem einen Gegner: absolut regierte Ständestaaten in enger Symbiose mit den Kirchen sowie ein Denken »per Autorität«, also unaufgeklärte, politisch starre und religiös sanktionierte Verhältnisse, die sie überwinden wollte. Ein dynamischer, expansiver Sektor der Gesellschaft sah sich in einen starren Panzer gezwängt, den er sprengen mußte, wollte er sich weiterentwickeln. Er sprengte ihn, in letzten Endes politischen Auseinandersetzungen, großen Revolutionen, in deren Ergebnis die Verhältnisse gründlich umgestaltet wurden. Ein Aspekt dieser Entwicklung war die »Aufklärung des 18. Jahrhunderts«. Sie wurde angesichts der dynamischen Entwicklung des genannten Sektors von dem Widerstand der Gegenkräfte gleichsam induziert.

Eine solche Konstellation gab es im islamischen Bereich seinerzeit nicht. Es gab hier kein Bündel von Kräften und Potentialitäten, wie es sich in Teilen Europas seit dem 16. Jahrhundert entwickelt hatte und dann zusammenschoß, um sich im späten 18. Jahrhundert Bahn zu brechen und das »Projekt der Moderne« in die Welt zu stemmen. Und selbst wenn es solche Kräfte gegeben hätte, hätten sie nicht gegen einen so soliden Deich anbranden müssen, daß sie durch dessen Widerstand hätten Gestalt gewinnen können. Die islamischen Staaten waren keine Ständestaaten, die soziale Mobilität von Gesetz wegen verhinderten. Sie kannten erhebliche Pluralität im Hinblick auf religiöse Gemeinschaften – innerislamisch wie Nichtmuslimen gegenüber. Man konnte dort auch schon vor den Dekreten aufgeklärter Monarchen »auf seine Façon selig werden«. »Recht, Philosophie und Sufismus boten sehr unterschiedliche, stets auch in sich plurale Interpretationen des Islams.«[15] Die politisch-sozialen Verhältnisse waren zwar auch hier religiös sanktioniert, aber erheblich flexibler als im *ancien régime* Europas. Eine revolutionäre Entwicklung wie in Europa – und in deren Zusammenhang eine Aufklärung *à l'Europe* – drängte sich hier nicht auf.

Eine islamische Aufklärung im Sinn des europäischen 18. Jahrhunderts gab es also nicht. In einem weiteren Sinn, wie ihn etwa Adorno und Horkheimer gefaßt haben, die Aufklärung als geschichtlich sehr früh einsetzenden Prozeß der Demontage von Mythologie verstanden, hat sie den Islam in seiner ganzen Geschichte eng begleitet – wohl enger als andere Religionen. Schon im Koran zeigt sich der Islam als eher antimythologisch. Die Mythen, ohne die auch der Islam in seiner Entwicklung nicht auskam, wurden oft unter Berufung auf die Ratio heftig kritisiert; aufklärerische Impulse fanden sich allenthalben – freilich auch das Gegenteil; die islamische Geistesgeschichte ist voll von entsprechenden Kontroversen. Solche Aufklärung gab es also stets; soweit die Apologeten das meinen, haben sie recht.

Dennoch hat wohlverstandene Aufklärung auch im islamischen Bereich ihren Sinn und ihren Ort. Es gibt heute vielfach grotesk überzeichnete, aber dennoch sehr reale obskurantistische, intolerante, oppressive und aggressive Erscheinungsformen islamischer Ideologie. In seiner heutigen Gestalt ist dies ein neues Phänomen: teilweise Fortschleppung und Vulgarisierung vormoderner Motive, aber zum größeren Teil Aspekt solcher Inhalte und Argumente, die von Muslimen seit dem 19. Jahrhundert in Auseinandersetzung mit der westlichen Dominanz und unter Übernahme westlicher Versatzstücke entwickelt wurden, wobei die traditionelle islamische Ideologie stark verändert wurde. Näheres darüber wird an anderer Stelle in diesem Buch gesagt. Jedenfalls ist dieser Ideologiemix den Muslimen weder im Hinblick auf ihren eigenen Fortschritt noch für die Suche nach einem angemessenen Platz in der Welt dienlich. Man kann ihm auf unterschiedliche Weise begegnen. Aufklärung ist dabei eine Möglichkeit. Sie braucht freilich, um glaubwürdig zu sein und dann auch tatsächlich zu wirken, günstige Umstände. Eine Aufklärung, die auf amerikanischen Panzern daherkommt, ist keine.

Man kann auch durchaus argumentieren, daß es in vormodernen muslimischen Gesellschaften andere mit europäischen vergleichbare Phänomene gegeben hat – nur nicht immer in genauer zeitlicher Entsprechung. So zeichnet Stefan Reichmuth den von ihm untersuchten Hadith-Gelehrten Murtaḍā al-Zabīdī (1732-1791) durchaus plausibel als islamischen Humanisten; Marco Schöller hat sich mit dem Begriff des »islamischen Humanismus« auseinandergesetzt.[16] Und wer nach einer islamischen Reformation fragt, den kann man ohne weiteres auf die intensiven Bemühungen muslimischer Reformer seit geraumer Zeit verweisen, die es allerdings nicht mit einer Kirche und einem Papst zu tun hatten und insofern diffuser sind als die europäische Reformation und die auch aus gutem Grund nicht im 15. oder 16., sondern im späten 19. Jahrhundert einsetzten. Darüber später noch mehr.

## ISLAM, SÄKULARISIERUNG UND SÄKULARISMUS

Wie verhält es sich mit der Möglichkeit von Säkularisierung[17] und Säkularismus im islamischen Bereich? *Faktische Säkularisierung* muslimischer Gesellschaften hat in großem Umfang stattgefunden – nicht wie eine eurozentrische Sicht sie hätte erwarten können, nämlich parallel zu der Europas, sondern seit dem 19. Jahrhundert als Folge des Zusammenstoßes mit Europa. Der Prozeß geht weiter, nicht zuletzt in solchen Staaten, die ständig ihren »islamischen« Charakter betonen, wie Iran oder Saudi-Arabien. Im Zuge des »islamischen Schubs« um 1980 wollten Islamisten, Salafisten und Traditionalisten (ich fasse diese drei Gruppen unter dem Begriff »Integralisten« zusammen) die gesellschaftliche Verbindlichkeit des Islam, die ihrer Meinung nach verlorengegangen war, wieder zur Geltung bringen, und sie hatten enormen Erfolg, was die öffentliche Resonanz auf ihre Forderung betraf. Damit standen sie in diametralem Gegensatz zum Säkularismus, der ja die Autonomie des menschlichen Lebens von institutionalisierter religiöser Dominanz befürwortet.

Und der *Säkularismus*, also die Befürwortung der Säkularisierung und der Wunsch, sie konsequent fortgeführt zu sehen? Es gibt seit geraumer Zeit auch muslimische Säkularisten, und als die Integralisten mit ihrer Kampagne Erfolg hatten, meldeten auch sie sich wieder zu Wort. In den Kontroversen, die sich daraus ergaben, ging es um die Frage, ob Islam und Säkularismus vereinbar sind oder sich gegenseitig ausschließen. Wenn wir von Säkularisierung reden, denken wir normalerweise an die europäische Erfahrung, wo sie ein lang dauernder Prozeß war, in dem verschiedene soziale Kräfte sich gegen den kirchlichen Anspruch auf Kontrolle wandten und ihn letztlich überwanden. Das nötigte Religion und Kirche, sich den Resultaten des Prozesses anzupassen, zerstörte sie aber keineswegs. Da dieser Prozeß für Europa im allgemeinen als heilsam empfunden wird, sieht man auch seine ideologische Begleiterscheinung, den Säkularismus, meist in positivem Licht.

Viele Muslime sehen das für ihre Religion anders. Eine oft vertretene Position leugnet entschieden, daß Säkularismus im islamischen Bereich einen Sinn hat. Diese Position sieht die muslimischen Gesellschaften als radikal verschieden von den mittelalterlichen europäischen, die Säkularisierung und Säkularismus hervortrieben. In Europa gab es eine Kirche mit ihrer Hierarchie, ihrer Autorität und ihrem Anspruch, über den Rest der Gesellschaft einschließlich des Staats zu herrschen. Weiter war das christliche Dogma zu jener Zeit schrankenloser Gedankenfreiheit und damit wissenschaftlichem Fortschritt sowie der Aufklärung eher feindlich. So ergab sich – immer nach der zitierten Auffassung – ein Zusammenstoß zwischen der Kirche und den Kräften des sozialen und geistigen Fortschritts, der letztlich zur Trennung von weltlichem und geistlichem Bereich und zur Beschränkung kirchlicher Autorität auf den letzteren führte, wobei christliche Glaubensinhalte die theologische Bewältigung dieses Vorgangs erleichterten.

Im Islam soll das alles ganz anders sein. Hier gebe es keine klare Trennung von Religion und Staat und keine Kirche mit Hierarchie und Dominanzanspruch. Weiter habe der Islam ein viel positiveres Verhältnis zur Vernunft als das mittelalterliche Christentum. Also sei es hier nicht nötig gewesen, Fesseln zu sprengen, wie sie die Kirche im mittelalterlichen Europa der Gesellschaft angelegt hatte, und damit habe es auch keinen Bedarf für Säkularisierung und Säkularismus gegeben. Die Trennung der weltlichen und geistlichen Sphären würde auch einem zentralen Grundsatz des Islam, nämlich dem der Einheit von Religion und Welt, widersprechen. Soweit sich Säkularisierungsprozesse und Säkularismus in muslimischen Gesellschaften finden, werden sie als die Einführung grundsätzlich fremder Konzepte durch westliche Kräfte gesehen, die auf diese Weise die Muslime schwächen wollten. Diese Argumentation läßt sich so zusammenfassen:

– Säkularisierung und Säkularismus sind Antworten auf Probleme des christlichen Europa; im islamischen Bereich sind sie nicht nötig.

– Sie sind darüber hinaus unzulässig, denn sie laufen einem wichtigen islamischen Grundsatz, der Einheit von Religion und Welt, zuwider.

– Soweit es säkularistische Entwicklungen in muslimischen Ländern gibt, sind sie ihnen vom Westen aufgezwungen worden und untergraben Stärke und Identität der Muslime.[18]

Hier eine typische Formulierung dieser Auffassung:

> Im Rahmen der islamischen Zivilisation ist der Ruf nach der Herrschaft des Säkularismus viel seltsamer und anomaler, als wenn wir den Westen bloß nachahmten, von seiner Zivilisation abhängig wären und von ihm eine Lösung für ein Problem entliehen, das wir in Wahrheit gar nicht haben! ⟨...⟩ Dieser Ruf wird zu einem Angriff auf die islamische Religion, von der die Gelehrten – Muslime und Nichtmuslime gleichermaßen! – sagen, daß sie Glaube und Scharia, Religion und Staat zur gleichen Zeit ist und nicht bloß eine spirituelle Mission. ⟨...⟩ Wenn die europäische Renaissance mit dem Säkularismus verbunden war

> oder sogar auf ihm beruhte, nachdem der Niedergang Europas mit der Hegemonie von Religion und Kirche über Staat und Gesellschaft verbunden gewesen war, ⟨...⟩ dann verlief die Entwicklung unserer arabisch-islamischen Zivilisation in dieser Hinsicht genau umgekehrt. Denn die arabisch-islamische Renaissance war eng mit der Hegemonie der islamischen Scharia ⟨...⟩ verbunden, ⟨...⟩ während das Abgehen vom islamischen Charakter des Gesetzes der Beginn des Wegs unserer Nation in Stagnation und Niedergang war.[19]

Die entgegengesetzte Position bestreitet, daß die muslimische Erfahrung so radikal verschieden von der des mittelalterlichen Europa ist. Sie weist darauf hin, daß es auch in muslimischen Ländern stets eine Trennung zwischen Religion und Politik gab, daß es zwar keine Kirche gibt, wohl aber die Scharia und ihr Personal, in denen der religiöse Dominanzanspruch verkörpert ist, daß das in gewissem Maß standardisierte islamische Dogma dem Vernunftgebrauch durchaus nicht sonderlich förderlich ist und daß sich so eine Situation herausgebildet hat, in der es öffentlich sanktionierte und der Gesellschaft abträgliche Hegemonie der Religion gibt – ein Sachverhalt, der eine säkularistische Haltung voll rechtfertige.[20]

Auch hierzu ein Zitat:

> Die gängige Argumentation sagt ⟨...⟩, daß der Säkularismus eine grundlegende Voraussetzung für den Fortschritt in der europäischen Gesellschaft war, daß aber die islamische Welt die Umstände, die den Säkularismus in Europa zu einer unabweislichen Notwendigkeit gemacht haben, nie gekannt hat. ⟨...⟩ Die These, daß der Islam überhaupt keine religiöse Institution gekannt hat oder kennt, ist stark übertrieben. ⟨...⟩ Diese religiöse Autorität existierte während der ganzen islamischen Geschichte. ⟨...⟩ Wenn der Anspruch umfassender Hegemonie eine unbestreitbare Tatsache in der Geschichte des Christentums war, ⟨...⟩ dann waren doch die Verhältnisse im mittelalterlichen Christentum nicht grundsätzlich verschieden von denen, die im Is-

lam vorherrschen. ⟨...⟩ Das Mittelalter ist nicht nur eine zeitlich festgelegte Epoche, sondern es ist eine Geisteshaltung, die in vielen Gesellschaften und zu verschiedenen Zeiten wieder auftauchen kann, und es gibt deutliche Beispiele dafür gerade in unserer Gegenwart. ⟨...⟩ Und das heißt, daß die Gründe, die Europa dazu brachten, das Prinzip des Säkularismus anzunehmen, auch in unserer heutigen islamischen Welt eindeutig vorhanden sind, und es heißt auch, daß der Gedanke, den fast alle im Mund führen, daß nämlich der Säkularismus das Ergebnis ausschließlich europäischer Bedingungen in einem bestimmten Stadium seiner Entwicklung ist – daß dieser Gedanke der Grundlage entbehrt.[21]

In Ägypten fand die erste öffentliche Kontroverse über Säkularismus schon 1902 statt.[22] Seitdem gab es mehrere solche Auseinandersetzungen; am weitesten griff eine Debatte in den achtziger Jahren des 20. Jahrhunderts aus, als die Akteure der Islamisierung sich ausgesprochen massiv bemerkbar machten. Einige darüber besorgte Autoren äußerten sich, wurden ihrerseits angegriffen und entwickelten dann eine deutlich säkularistische Position. Ihr Säkularismus war defensiv – Antwort auf die Kampagne der Islamisten, welche die bestehende Realität in eine islamische Richtung ändern wollten. Der auf Ägypten bezogene Anlaß dieser Debatte war die Verschärfung der politischen Auseinandersetzung um die Forderung nach »Einführung der Scharia« um die Mitte der achtziger Jahre des 20. Jahrhunderts; der größere Kontext war ein längerfristiger Prozeß, in dem säkularistische Entwicklungen in muslimischen Ländern die beinahe unumgängliche Begleiterscheinung der Modernisierung waren – einer Modernisierung, die von vielen begrüßt und gefördert wurde. Sie ließ den Islam in seiner manifesten Rolle als Regulativ der Gesellschaft in den Hintergrund treten; deutlichster Ausdruck davon war in den meisten muslimischen Ländern die weitgehende Abschaffung der Scharia als staatlich durchgesetztes Recht. Das wurde auch so lange hingenommen, wie es den Leuten gutging oder sie von einem großen Projekt (antikolonialer Kampf, postkolonialer Aufbau) absorbiert waren. Als solche Perspektiven verschwammen und ungelöste soziale Probleme überhandnahmen, machte sich Frustration breit; die Islamisten erstarkten und trieben die Islamisierung von Staat und Gesellschaft voran. An den realen Verhältnissen änderte das nicht viel, um so mehr aber an der geistigen Atmosphäre, und das wiederum rief säkularistische Stimmen auf den Plan.[23]

Sowohl die Integralisten wie die Säkularisten standen in einer im wesentlichen säkularisierten gesellschaftlichen Realität, gegen welche die Islamisten sich aufbäumten, während die Säkularisten sie in wesentlichen Aspekten gegen deren Angriff verteidigen wollten. Ähnlich wie bei der Aufklärung geht es auch hier nicht um eine Entwicklung, die sich in vormodernen muslimischen Gesellschaften aufgedrängt hätte, sondern um eine, die erst im Ergebnis äußerer Einflüsse seit dem 19. Jahrhundert stattfand. Das heißt nicht, daß das Problem nicht wichtig oder akut wäre. Die Frage der *Säkularisierung* ist sicherlich entschieden. Sie wird sich nicht zurückdrehen lassen, sondern unabhängig von den religiösen Vorzeichen des jeweiligen Landes weitergehen. Der *Säkularismus* hat in heutigen muslimischen Gesellschaften seine Berechtigung als Einspruch gegen die Tendenz zur Einschränkung von Freiheiten im Namen der Religion und gegen die obskurantistischen Weltsichten, die in diesem Zusammenhang propagiert werden. Auch er kann sich freilich nur bewähren, wenn er sich seines realen Kontexts bewußt ist:

> Nimm also an, daß die Betrachtung von Islam und Islamismus nicht von unhinterfragbaren und ewigen Zugehörigkeiten ausgeht, sondern von der Unsicherheit *einer Gegenwart*, die so wenig säkulare Gerechtigkeit hat, daß man keinen sinnvollen Weg sieht, in sie oder zu ihr zu gehören; von der schieren Vielfalt bösartiger Kontexte, in denen alle Arten von Krebsgeschwüren möglich werden. Mit anderen Worten: Als Menschen sich die Aufgabe setzten, die Angelegenheiten der materiellen Welt zu bewältigen, behaupteten sie auch, in der Lage zu sein, Gerechtigkeit herzustel-

> len, eine vollwertigere Gerechtigkeit als die von den diversen Monopolisten der heiligen Bücher angebotene. Die säkulare Welt muß gleich doppelt gerecht sein: im Hinblick auf die Aufgaben, die sie sich selbst gestellt hat, *und* um die Behauptung abzuweisen, Gott hätte bessere Gerechtigkeit gegeben. Das heißt, die säkulare Welt muß so viel Gerechtigkeit in sich tragen, daß man nicht ständig Gottes Gerechtigkeit gegen die profanen Ungerechtigkeiten ins Feld führen muß.[24]

Die ägyptische Debatte stellte die gegensätzlichen Haltungen in der angesprochenen Frage in großer Ausführlichkeit nebeneinander; die Argumente wurden ausgetauscht, aber wesentlich neue Gesichtspunkte ergaben sich nicht. In prinzipiellen Fragen konnte man sich nicht einigen; die Standpunkte der Diskussionspartner und die ihnen entsprechenden Kriterien waren zu unterschiedlich. Es bleibt festzuhalten, daß sich hier überhaupt muslimische Säkularisten breit und prominent äußerten und daß sie im wesentlichen die Stellung halten konnten. Das ist ein Indiz dafür, daß Islam und Säkularismus nicht völlig unvereinbar sein können. Und es fällt weiter auf, daß, wenn man einmal von der gelegentlichen Heranziehung des »Zorns Gottes« als Argument durch die Integralisten absieht, die Grundlagentexte des Islam aus der Debatte weitgehend ausgeklammert blieben.

Das führt uns zu der Frage, ob diese Grundlagentexte die Frage der Berechtigung des Säkularismus im islamischen Bereich entscheiden können. Diese Frage wird wohl negativ zu beantworten sein. Die Probleme, die in der Debatte um Säkularismus relevant werden, betreffen nicht die Religion als solche, sondern eine bestimmte Instrumentalisierung der Religion bzw. ihre Rolle als Institution mit sozialem Hegemonieanspruch. Darüber sagt aber der Koran praktisch nichts. Er sagt nichts über einen Staat, sei er nun islamisch oder etwas anderes. Wo er über Vorschriften spricht, sagt er nichts über irdische Institutionen zu deren Durchsetzung. Alle Konzepte, die sinnvoll in der Debatte über Islam und Säkularismus angesprochen werden, sind Resultate nachkoranischer

Entwicklungen. So etwa das Kalifat, wohl das bedeutendste dieser Konzepte. Es ist im Koran nicht vorgezeichnet, sondern aus der Situation heraus im Hinblick auf die reale Lage nach Muḥammads Tod geschaffen worden. Oder die Scharia: In ihrem verbreiteten Verständnis als Korpus gottgewollter Vorschriften für ein islamisches Leben ist sie gänzlich nachkoranisch. Es wird zwar behauptet, bestimmte Korantexte geböten Gehorsam gegenüber der Scharia, aber das ist eine sehr kühne These. Was immer man auch über Natur und Entstehungszeit des Koran denkt – er wurde jedenfalls festgehalten, lange bevor das Konzept der Scharia in ihrem verbreiteten Verständnis entwickelt wurde; nichts im Koran kann sich logisch auf dieses Konzept beziehen.

Der wichtigste Grundlagentext des Islam enthält nichts, was ein säkularistisches Verständnis dieser Religion unmöglich machen würde. Ihr integralistisches Verständnis, das vielen Heutigen als so urislamisch erscheint, hat sich erst später entwickelt und ist Bestandteil der islamischen Tradition – in einigen seiner Elemente (»Islam ist Religion und Staat«) einer recht jungen Tradition. Viele halten an dieser Tradition fest, manche geradezu krampfhaft. Sie haben Gründe dafür, sie haben das Recht dazu. Kein Muslim ist auf diese Tradition durch den Kernbestand seiner Religion verpflichtet. Darauf weisen muslimische Säkularisten hin. Sie deuten weiter auf bedenkliche Erscheinungen in den muslimischen Gesellschaften hin (vor allem auf den laut erschallenden Kampfruf nach einer Islamisierung dieser Gesellschaften), die ihrer Meinung nach einen säkularistischen Standpunkt nahelegen. Auch dies ist ihr gutes Recht. Wie sich diese Auseinandersetzung weiterentwickelt, hängt von der Realität muslimischer Gesellschaften und ihrer Position in der Welt ab. Einen islamischen Determinismus gibt es da nicht.

# 6
# EUROPA ALS STÖRENFRIED UND STACHEL

## DIE EUROPÄISCHE HERAUSFORDERUNG

Eine grundlegend neue Situation ergab sich erst durch den Zusammenstoß der islamischen Region mit Europa, durch dessen immer fühlbarere Überlegenheit und massive Eingriffe in der Region. Für lange Zeit war das Verhältnis Europas zu den ihm benachbarten muslimischen Territorien mal von Austausch und gegenseitigem Verständnis, oft aber auch von Reibungen, Feindseligkeiten und Zusammenstößen gekennzeichnet. Das war angesichts der geographischen Nähe der beiden Regionen auch nur natürlich. Schließlich waren Ressourcen und Räume da, die man sich streitig machen konnte. Ganz normal war auch, daß die beiden Regionen religiöse Motive in ihrer Auseinandersetzung einsetzten. Mit der entscheidenden Veränderung im Kräfteverhältnis der beiden Regionen öffnete sich aber eine Kluft zwischen ihnen, die bis heute nicht geschlossen ist. Europa schaffte den Absprung, jedenfalls in materieller Hinsicht, der Nahe und Mittlere Osten stagnierte und hinkte hinterher; und das führte in vieler Hinsicht zu einem krassen Ungleichgewicht der Kräfte und zur Dominanz des Westens. Richard Hartmann hat schon vor 80 Jahren den zivilisationsgeschichtlichen Aspekt dieses Vorgangs folgendermaßen beschrieben:

> Im Mittelalter gab es eine christlich-abendländische Kultur und Zivilisation, wie es eine islamische Kultur und Zivilisation gab. Und beide standen sich trotz des Gegensatzes des Bekenntnisses verhältnismäßig nahe als wesensverwandt und erwachsen auf dem Untergrund der hellenistischen Kultur. Während sich dann im Abendland in einer Zurückdrängung des Religiösen auf seine engere Sphäre, in einer

Säkularisierung des Lebens der Übergang vom Mittelalter zur Neuzeit vollzog, der eine neue, sich vorwiegend auf das Nationale stützende Zivilisation an die Stelle der mittelalterlich-christlich-abendländischen setzte, blieb die Welt des Islam in den Gleisen der mittelalterlich-islamischen Zivilisation stecken, die eben durch die Religion geweiht und fixiert schien. Damit erst war die Kluft zwischen Orient und Occident unüberbrückbar geworden; Morgenland und Abendland redeten zwei verschiedene Sprachen. Und das ist bis heute so geblieben.[1]

Europa modernisierte sich im Zuge mehrerer zusammenhängender Entwicklungsstränge: materiell-technischer Fortschritt (industrielle Revolution), geistige Emanzipation und Siegeszug rationaler Denkmethoden, politischer Fortschritt, Rechtssicherheit, Menschenrechte. Das zog seine kräftemäßige Überlegenheit über den muslimischen Orient nach sich und machte es gleichzeitig zu einer zivilisatorischen Herausforderung für diesen. Die Überlegenheit machte sich in europäischer Penetration im und dann in europäischer Herrschaft über den Orient bemerkbar. Die zivilisatorische Herausforderung ließ Europa einerseits zu einem Vorbild werden, denn viele seiner Züge waren attraktiv, andererseits rief es aber auch Abscheu hervor, weil diese Züge im Zusammenhang brutal durchgesetzter europäischer Übermacht geltend gemacht wurden. Dieser Sachverhalt – einerseits das intensiv empfundene Bewußtsein der Schwäche gegenüber Europa, andererseits ein sehr zwiespältiges Verhältnis zu den Errungenschaften Europas – muß für das Verständnis aller Entwicklungen in der modernen muslimischen Welt bedacht werden.

Am wichtigsten war hier wohl das Verhältnis Europas zum Osmanischen Reich, das zur fraglichen Zeit fast alle Europa benachbarten islamischen Territorien umfaßte. Mit den Osmanen hatten einige europäische Staaten schon seit Jahrhunderten Beziehungen und Auseinandersetzungen gehabt. Nachdem die Osmanen dabei lange Zeit ihre Grenzen immer weiter vorgeschoben hatten, verschob sich seit dem 16. Jahrhundert das Kräfteverhältnis kontinuierlich zugunsten Europas. Das hieß nicht, daß die dabei aktiven europäischen Staaten schon damals dem Osmanischen Reich überlegen gewesen wären. Allerdings begannen sich die Konturen künftiger Überlegenheit immer deutlicher abzuzeichnen. In einigen Staaten Europas fand dynamische Entwicklung statt, während sich das Reich kaum weiterentwickelte. Und die führenden europäischen Staaten betrieben eine ausgesprochen aggressive Politik der Aneignung der Reichtümer ferner Weltgegenden und der Eroberung der Dominanz im Welthandel. Dabei ließ man das Osmanische Reich beiseite, umschiffte es buchstäblich und marginalisierte es damit, allerdings sehr langsam. Daß die Entdeckung des Seewegs um Afrika dem orientalischen Handel unmittelbar stark zugesetzt hätte, ist eine Legende. Vielmehr blieb er noch lange lebenskräftig – die Karawansereien in den großen Handelsstädten des Nahen Ostens, die von intensivem Fernhandel zeugen, stammen vielfach aus osmanischer Zeit.

Um 1700 zeichnete sich an der europäischen Front eine nachhaltige militärische Schwächung der Osmanen ab, die im Lauf des 18. Jahrhunderts zur Preisgabe bedeutender Territorien an Österreich und Rußland führte. Diese Schwächung wurde durchaus wahrgenommen, vornehmlich auf der Ebene der osmanischen Staatsführung, wo man die in solchen Fällen üblichen Konsequenzen zog: Abstellung der Korruption und der schlimmsten Mißstände, Wiederherstellung der Autorität des Staats und einer energischen Politik. Im besten Fall half das für einige Zeit, dann geriet der Staat wieder in das alte Fahrwasser. Erst im 19. Jahrhundert setzte man gründlichere Reformen ins Werk, konnte aber damit den Trend nicht entscheidend umkehren.

Oft wird der Besetzung Ägyptens durch die Napoleonische Armee 1798 überragende Bedeutung als Epochenwende für den Nahen Osten beigemessen. Dahinter steckt die Vorstellung, die islamische Welt sei seit Jahrhunderten auf allen Gebieten im Niedergang gewesen und nun durch den Zusammenstoß mit Europa aus ihrem Dornröschenschlaf gerissen worden.[2] Diese Vorstellung ist übertrieben. Weder war der

Nahe Osten auf allen Gebieten im Vergleich mit Europa so unterentwickelt, wie es hier suggeriert wird,[3] noch wurde durch die Napoleonische Besetzung Ägyptens mit einem Schlag alles anders. Allerdings kann man »dem Datum 1798 ⟨...⟩ symbolische Bedeutung«[4] beimessen. Die in der Tat seit dem Beginn des 19. Jahrhunderts massiver und sichtbarer werdende Übermacht verdankten einige europäische Staaten der industriellen Revolution und ihrer durch sie enorm gesteigerten wirtschaftlichen, militärischen und politischen Kraft. Sie äußerte sich aber im Nahen Osten zunächst nicht primär in der Etablierung direkter kolonialer Herrschaft, sondern in »vorkolonialer« Penetration: Eingriffe in die regionale Politik, Etablierung entscheidenden Einflusses europäischer Botschafter und Konsuln in Istanbul und den Provinzen, kulturelle Einflüsse vor allem bei der Erziehung, Öffnung der Märkte für europäische Waren, Herbeiführung finanzieller Abhängigkeit und erst dann in einigen Fällen direkte militärische Besetzung (Algerien seit 1830, Tunesien 1881, Ägypten 1882).[5]

Die europäische Übermacht, die im Verlauf des 19. Jahrhunderts immer stärker ausgespielt wurde, hatte für den Nahen Osten einschneidende Folgen. Die Überschwemmung der Märkte mit europäischen Waren schadete der einheimischen gewerblichen Produktion, die sich auf die Konkurrenz einstellen oder untergehen mußte. Die Landwirtschaft wurde teilweise auf Cash-crops für den europäischen Markt umgestellt; Groß- und Fernhandel gerieten partiell in europäische Hände; die Handelsströme wurden tendenziell auf Europa umgeleitet, der intraregionale Handel nahm ab.

Wirtschaftliche und militärische Überlegenheit griffen eng ineinander: Als der ägyptische Herrscher Muḥammad ʿAlī (1805-1848) versuchte, die Wirtschaft seines Landes durch Aufbau eines staatskapitalistischen Sektors und protektionistische Maßnahmen forciert zu entwickeln, und dabei auch territorial expandierte, sah sich Großbritannien in seiner Dominanz bedroht. Es zwang ihn mit der Androhung militärischer Intervention nicht nur, auf seine Eroberungen zu verzichten und weitgehend abzurüsten, sondern auch, dem britisch-osmanischen Handelsvertrag beizutreten, der die protektionistischen Maßnahmen beendete. Damit war das ägyptische Entwicklungsexperiment abgewürgt. Im Verlauf des Jahrhunderts versuchte Ägypten erneut, sich forciert zu entwickeln (Bau des Suezkanals, Baumwollanbau in großem Umfang, zahlreiche Modernisierungsmaßnahmen), überließ aber nun Europäern die Kontrolle über den Prozeß. Damit handelte es sich enorme Staatsschulden, eine quasi-europäische Regierung und schließlich die militärische Besetzung des Landes durch Großbritannien (1882) ein, die dann bis 1954 dauern sollte. In anderen Teilen des Nahen Ostens und auf der Ebene der osmanischen Regierung war es, bei Unterschieden im einzelnen, ähnlich.[6] Die Ergebnisse dieser Entwicklungen beschreibt der Wirtschaftshistoriker Charles Issawi so: »Man kann sagen, daß der Nahe Osten als periphere Einheit in die entstehende Weltwirtschaft einbezogen wurde, deren Zentrum Westeuropa war.«[7]

Direkte politische Herrschaft europäischer Staaten über islamische Territorien wurde unterschiedlich früh etabliert bzw. beendet; im großen und ganzen war die Zeit der direkten Herrschaft kurz, wenn man sie mit der in anderen Kolonialgebieten vergleicht. Für viele arabische Staaten dauerte sie nur vom Ende des Ersten bis zum Ende des Zweiten Weltkriegs. Sie wurde aber von Penetration und Hegemonie vorbereitet, und auch nach dem Ende der direkten Herrschaft dauerte die Abhängigkeit auf verschiedenen Gebieten fort.

Manche Tendenzen, die sich schon vorher angedeutet hatten, wurden unter der Kolonialherrschaft fortgesetzt. Die Kolonialmächte bereicherten sich; die Wirtschaft der betroffenen Gebiete wurde weiter deformiert; moderne Sektoren der Wirtschaft wurden aufgebaut, die aber nicht die ganze Gesellschaft umfaßten, sondern vielmehr die übrigen Sektoren ihren Zwecken unterwarfen. Wichtige Institutionen wurden dem Einfluß religiöser Instanzen entzogen, die Scharia als »Gesetz des Landes« durch positives Recht ersetzt. Gewisse Schichten der Bevölkerung profitierten von dieser Entwicklung, die übrigen wurden unterdrückt und marginalisiert – ein großes Potential von Unzufriedenheit. Hinzu kamen die demütigenden Aspekte der Fremdherrschaft. »Ich sage Ihnen, ich kann in meinen Straßen keine englische Schildwache sehen ohne das Bedürfnis, aus meinem Wagen zu springen und sie mit bloßen Händen zu erwürgen«, sagte selbst Taufīq, der ägyptische Monarch unter britischer »Schutzherrschaft«, der politisch ausgesprochen botmäßig war.[8] Die positiven Entwicklungen unter der Kolonialherrschaft – Aufbau einer modernen Infrastruktur, Effizienz der Verwaltung, verbesserte medizinische Versorgung usw. – wurden demgegenüber kaum registriert.

Dies alles erklärt, daß Europa bzw. der Westen lange Zeit von den meisten Muslimen mit großen Vorbehalten wahrgenommen wurde und vielfach auch heute noch wird. Denn auch in den letzten Jahrzehnten sind die Erfahrungen von Muslimen mit dem Westen im großen und ganzen negativ gewesen. Die meisten Kolonialgebiete wurden nach dem Zweiten Weltkrieg in die politische Unabhängigkeit entlassen, manche (Algerien!) aber erst nach blutigen Auseinandersetzungen und ungeheuren Opfern. Bei der Türkei und Iran war das eher ein Ausgang aus dem Zustand des »Halbkolonialismus« und erfolgte auch schon lange vor dem Zweiten Weltkrieg. Diese Erlangung der Unabhängigkeit war vielfach mit enthusiastischer Aufbruchstimmung und der Entschlossenheit verbunden, sich nun auch in jeder Hinsicht unabhängig zu machen, d. h. ökonomische Unterentwicklung und die Rückständigkeit auf verschiedenen Gebieten zu überwinden. Dieses Ziel wurde nur teilweise erreicht; auch im Vergleich mit anderen Regionen der »Dritten Welt« schneiden viele muslimische Länder im Hinblick auf entscheidende Entwicklungsindikatoren schlecht ab.[9]

Zu diesem Fehlschlag haben externe Faktoren kräftig beigetragen. Die Entkolonisierung bedeutete die politische Befreiung der betroffenen Länder im engsten Sinn. In jeder anderen Hinsicht (und in gewissem Maß auch in der Politik, wenn man das Kräfteverhältnis betrachtet) blieben diese Länder abhängig, vor allem ökonomisch. Sie waren eben als Peripherie in die Weltwirtschaft integriert, und dieser Zustand war nur äußerst schwer zu überwinden. Der Versuch erforderte Anstrengung und Opfer, und diese wurden zeitweise und partiell gebracht, zeitigten aber nicht die angestrebten Erfolge.

Auf jeden Fall bestand und besteht mehr als bei anderen Weltregionen das größte Interesse des Westens, die Region nicht sich selbst zu überlassen, sondern sie weiterhin unter scharfer Kontrolle und massivem Einfluß zu halten. Dabei spielte die Auseinandersetzung mit der Sowjetunion zeitweilig eine große Rolle, die als eine ihrer Flanken den Nahen und Mittleren Osten hatte; weiterhin das große Interesse an Öl und Gas, deren Ressourcen hier so konzentriert sind wie nirgendwo sonst; und damit zusammenhängend das Interesse der USA, ihre dominante Stellung in der Weltpolitik nachhaltig zu sichern.[10]

Aus diesem Interesse folgten energische Aktionen. Man versuchte die Staaten der Region in antisowjetische Paktsysteme einzubinden, man schloß Verträge mit einzelnen Staaten, man versuchte die stärkeren Staaten gegeneinander auszuspielen. Staaten, die sich der westlichen Hegemonie widersetzten, wurden heftig bedrängt, was sie entweder in Botmäßigkeit zwang oder stark beschäftigte und schwächte. Wo eine solche Politik fehlschlug, griff man zum Mittel politischer und militärischer Intervention. In Iran organisierte man 1953 einen Putsch, der die Regierung Mossadegh, welche die Ölindustrie verstaatlicht hatte, beseitigte. Von 1954 bis 1962 führte Frankreich in Algerien einen äußerst brutalen Kolonialkrieg; 1956 griffen Großbritannien, Frankreich und Israel Ägypten an, um ihm wegen der Verstaatlichung des Suezkanals eine Lektion zu erteilen. Die kriegerischen Auseinandersetzungen im Irak und in Afghanistan, die aus massiven Interventionen resultierten, dauern an.

Oft wird bedauernd darauf hingewiesen, daß es in Ländern mit muslimischer Bevölkerungsmehrheit ganz überwiegend diktatorische Regierungen gibt, und dieses »Demokratiedefizit« auf den Islam zurückgeführt, der mit demokratischen Überzeugungen unvereinbar sein soll. Die Frage der Vereinbarkeit von Islam und Demokratie soll an anderer Stelle behandelt werden. Es gibt aber einen Faktor, der den obengenannten Sachverhalt besser erklären kann, und das ist die sehr weitgehende Unterstützung westlicher Staaten für diktatorische Regimes in der Region. Der Westen, an vermeintlich stabilen Verhältnissen und an prowestlichen Regierungen in der Region brennend interessiert, hat in der Regel auch mit solchen Regimes zusammengearbeitet, die ausgesprochen undemokratisch waren (bzw. es noch sind) und bei der Unterdrückung von Opposition die Menschenrechte flagrant verletzen. Dies läßt sich seit Jahrzehnten feststellen, es ist sogar von der amerikanischen Regierung unter George W. Bush mehrfach selbstkritisch angemerkt worden (ohne daß sie ihrer Selbstkritik nachhaltige Taten folgen ließ!),[11] und es wurde in den Ereignissen vom Januar/Februar 2011 schlagend deutlich, als es den westlichen Regierungen sehr schwerfiel, sich zu einer auch nur verbalen Unterstützung der eindeutig demokratischen Opposition gegen die Regimes in Tunesien und Ägypten durchzuringen. Dieses Verhalten steht zu den offiziellen Bekenntnissen des Westens zur Demokratie in krassem Widerspruch, und das wird in den muslimischen Ländern als Heuchelei aufmerksam registriert.

Die enge Beziehung des Westens zum Staat Israel spielt bei der Grundlegung der Feindseligkeit von Muslimen eine besondere Rolle. Vorbereitung und Gründung dieses Staats waren mit einer enormen Schädigung der einheimischen Bevölkerung verbunden; sie führten zur Vertreibung der meisten arabischen Palästinenser und zu einem Zustand, der allen Palästinensern bis heute das Recht auf nationale Selbstbestimmung vorenthält. 1967 wurden auch die bis dahin unter arabischer Kontrolle verbliebenen Gebiete Palästinas israelisch besetzt und bis heute unter dieser Besatzung gehalten.

Israel ist eine europäische Siedlungskolonie mit feindseligen Beziehungen zur Umgebung. Seine Entstehung war nur aufgrund europäischer Hegemonie im Nahen Osten möglich;

es war und ist auch weiterhin auf mächtige Bündnispartner angewiesen. Darum ist es eifrig bemüht, sich selbst als treuen Bündnispartner des Westens in einer rückständigen und instabilen Weltregion darzustellen. Auch seine Kriege versucht es als robuste Vertretung westlicher Interessen hinzustellen, und im Westen wird das vielfach akzeptiert. Im Junikrieg von 1967 brachte Israel den wichtigsten Vertretern einer antiimperialistischen arabischen Politik, Ägypten und Syrien, eine vernichtende Niederlage bei, schwächte die betreffenden Regimes erheblich und leitete so den unaufhaltsamen Niedergang eines antiimperialistisch orientierten arabischen Nationalismus ein.[12]

Hier soll nicht argumentiert werden, der Westen habe Israel absichtsvoll als sein Instrument in die Region gepflanzt und es diene ausschließlich seinen Interessen. Vielmehr wurde Israel von der zionistischen Bewegung als Antwort auf die Probleme der europäischen Juden gegründet und verfolgt vornehmlich seine eigenen Interessen – so, wie seine Führung sie versteht. Der Hintergrund für die Entstehung des Zionismus war die massive Judenfeindschaft im Europa des späten 19. Jahrhunderts; seinen Erfolg verdankt er teilweise der furchtbaren Verschärfung dieser Feindschaft im 20. Jahrhundert – bis hin zu dem Massenmord an den Juden. Nachdem Israel einmal entstanden war, kristallisierte sich eine partielle Interessenidentität zwischen ihm und dem Westen heraus und benutzt dieser es als besonders wirksames und glaubwürdiges Drohpotential zur weiteren Absicherung seiner Hegemonie in der Region, als »unsinkbaren Flugzeugträger«, wie es oft formuliert wird. Und Israel läßt sich bis zu einem gewissen Grad auch so benutzen – in der klaren Einsicht, daß es auf ein stabiles Bündnis mit dem Westen und insbesondere den USA existentiell angewiesen ist. Partielle Reibungen schließt das keineswegs aus. Jedenfalls erklärt diese Konstellation zur Genüge, daß die USA und im großen und ganzen auch die europäischen Staaten Israel beinahe rückhaltlos unterstützen, auch wenn seine Politik höchst problematisch ist. Andere Faktoren wie die Arbeit der proisraelischen Lobby in den USA oder die ehrliche Überzeugung von einer historisch oder kulturell begründeten Schicksalsgemeinschaft können natürlich hinzukommen.[13]

Aus Gründen, die in seiner Wahrnehmung der eigenen Interessen lagen, verhielt sich Israel den Palästinensern und anderen Arabern gegenüber besonders aggressiv, manchmal geradezu provokant aggressiv, auch wenn das durch die tatsächliche Bedrohungslage nicht gerechtfertigt war (Angriffe im Juni 1967, Libanonkrieg 1982, Libanonkrieg 2006, Gazafeldzug 2008/09 und viele andere weniger spektakuläre Gelegenheiten). Das hat viele Kräfte der umliegenden arabischen Staaten gebunden und die entsprechenden Potentiale der ökonomischen und sozialen Entwicklung entzogen. Gleichzeitig wurde und wird dieses Vorgehen, das mit großem menschlichem Leid verbunden ist, samt seiner rückhaltlosen Unterstützung durch den Westen von vielen Muslimen wahrgenommen und trägt zum Groll auf diesen kräftig bei.

Bei der Erlangung der Unabhängigkeit hatten die meisten muslimischen Länder keine günstige Ausgangslage für wirtschaftliche Entwicklung: außer Öl wenig nennenswerte Rohstoffe, teilweise große Armut der Volkswirtschaften, geringe Industrialisierung und Diversifizierung, eine auf den Westen ausgerichtete Außenhandelsstruktur. Diese Situation konnte kurzfristig kaum wesentlich verändert werden. Einige Länder unternahmen den Versuch, durch eine Strategie importsubstituierender Industrialisierung, die eine selektive Abschottung ihrer Märkte erforderte, allzu drückender Abhängigkeit zu entkommen. Dieses Vorgehen erzielte gewisse Erfolge; in diesen Ländern versuchte man auch krasse Wohlstandsgefälle zu vermeiden. In der gegebenen weltwirtschaftlichen Situation stieß dieser Weg aber an Grenzen; wegen der Herausbildung einer neuen und immer korrupteren Staatsklasse (der diese Strategie großen Einfluß einräumte) wurde sie oft regelrecht pervertiert. Einige Länder profitierten auch von ihren riesigen Ölressourcen, die nach der Verstaatlichung der Fördergesellschaften und dem Ölpreisschub von 1973 sehr große Geldsummen in ihre Kassen spülten. Diese Gelder wurden nur mäßig sinnvoll verwendet; sie fielen überdies vielfach in Ländern an, die sich von ihren geographischen Bedingungen her wenig für industrielle Investitionen eignen. Ungeheure Summen wurden für unsinnige Waffenkäufe verpulvert, sehr viel auf den internationalen Finanzmärkten angelegt. Mit einem Wort: Aus ihrem enormen Reichtum an Öl und Gas hat die Region viel weniger gemacht, als unter anderen Bedingungen und bei einer klügeren Politik möglich gewesen wäre. Eine solche klügere und sinnvollere Politik wäre aber mit Sicherheit mit den Interessen des Westens zusammengestoßen; wo man sie auch nur ansatzweise unternahm (wie in Iran unter Mossadegh), wurden sie unter kräftiger Beteiligung des Westens abgewürgt. Wie die Dinge liegen, beteiligen sich die Ölförderländer lediglich als Juniorpartner der multinationalen Ölfirmen und ihrer »Mutterländer« an der Nutzung des Öls.

Im Ergebnis dieser Umstände befindet sich die muslimische Welt im großen und ganzen auf einem bescheidenen Niveau der wirtschaftlichen Entwicklung. Immerhin hat sie aber ein verhältnismäßig geringes Einkommensgefälle und wenig ganz krasse Armut. Die meisten muslimischen Länder haben sich schon seit längerem dem neoliberal orientierten Strukturanpassungsprogramm verschrieben, das Weltbank, Weltwährungsfonds und andere internationale Organisationen propagieren. Allerdings verfolgen selbst die als Reformvorbilder gehandelten Länder dieses Programm vorsichtig und schrittweise, wohl weil sie wissen, daß es scharfe soziale Einschnitte mit sich bringt, und in deren Folge heftige Proteste der Betroffenen fürchten, die es in einigen arabischen Ländern schon mehrfach gegeben hat. Angesichts dieser Zurückhaltung, aber auch wegen eigener struktureller Schwächen, die ihre Produkte auf dem Weltmarkt wenig konkurrenzfähig machen, sind die Volkswirtschaften der muslimischen Länder bisher verhältnismäßig wenig in die Weltwirtschaft integriert, die – jedenfalls offiziell – den Vorgaben der neoliberal gesteuerten Globalisierung folgt. Diese Globalisierung hat sie gleichsam außen vor gelassen. Angesichts der Opfer, die selbst eine erfolgreiche Integration großen Bevölkerungsschichten abverlangen würde, ist das nicht ausschließlich zu bedauern.[14]

## DIE REAKTION

Im Verlauf des 19. Jahrhunderts wurde die europäische Dominanz im Nahen Osten immer fühlbarer. Am Ende des Jahrhunderts war sie zu *dem* Problem der Region geworden. Diese Vormacht und ihre schädlichen Auswirkungen riefen bei den Betroffenen heftige Ablehnung hervor. Man wollte die Fremdherrschaft (bzw. Abhängigkeit, wo es nicht um direkte Beherrschung ging) loswerden. Das prägte den geistigen Horizont der Zeit. Europa gab aber nicht nur durch seine störende Präsenz in der Region den Anstoß zum Umdenken; es lieferte auch in seiner eigenen Entwicklung Modelle, an denen man sich bei der Suche nach Auswegen aus der Misere ausrichten konnte. Wie auf dem sozialen und politischen Gebiet löste der Zusammenstoß mit Europa auch in der intellektuellen Sphäre einen Umbruch aus und führte zu intensiver Suche nach neuer Orientierung.

Europa bot ein ganzes Spektrum von Modellen und Orientierungsmöglichkeiten. Da war die technisch-materielle Modernisierung, durch die einige europäische Gesellschaften enorm reich und stark geworden waren und die aus ebendiesem Grund für die bei diesem Prozeß zu kurz Gekommenen attraktiv war. Es gab das Modell der Demokratie, das Teilhabe, Freiheit und Gleichheit versprach. Es gab das Projekt der Aufklärung, das die Fesseln freier intellektueller Betätigung brach. Und es gab, im Zusammenhang damit, einen humanistischen, menschenrechtlich geprägten Wertekatalog, der dem individuellen menschlichen Glücksstreben großen Wert einräumte. Diese letzten Aspekte waren in den Prinzipien der Französischen Revolution am faßlichsten verkörpert.

Manche Intellektuelle des Nahen Ostens, die »Modernisten«, plädierten unter dem Eindruck des europäischen Vorbildes für die Übernahme des ganzen Spektrums westlicher Errungenschaften. Sie glaubten, nur dieses Vorgehen werde es dem islamischen Orient erlauben, wirklich mit dem Westen mitzuziehen. Vielen erschienen aber auch die westlichen

Errungenschaften ganz unabhängig von diesem Aspekt der Konkurrenz mit dem Westen als erstrebenswert im Hinblick auf menschliche Entfaltung und menschliches Glückstreben. Viele dieser Leute standen ausgesprochen positiv zur Französischen Revolution – Ra'īf Khūrī hat das in einem 1943 zuerst erschienenen Buch für arabische Intellektuelle gezeigt und dokumentiert, von denen die meisten Muslime waren.[15] Andere, die »Traditionalisten«, wollten den Einfluß Europas auf die materiell-technische Modernisierung beschränken und andere Aspekte der Moderne nach Möglichkeit abwehren; denn sie schienen ihnen Traditionen in Frage zu stellen, an denen man nicht nur aus sentimentalen Gründen festhielt, sondern die auch in der Auseinandersetzung mit Europa Rückhalt versprachen.

Welche dieser beiden Haltungen bei größeren Kreisen der Bevölkerung Gehör fand, hing vom Horizont dieser Bevölkerung und vom jeweiligen Verhältnis zu Europa ab. Wenn dieses Verhältnis wenig belastet war, hatte die modernistische Position Aussicht auf Zustimmung; je stärker Europa sich einengend und unterdrückend im Nahen Osten bemerkbar machte, um so weniger fand das Plädoyer für die breite Übernahme europäischer Errungenschaften und Werte Gehör. Nun wurde im Lauf des 19. Jahrhunderts das europäische Verhalten gegenüber dem Vorderen Orient immer repressiver, um schließlich nach dem Ersten Weltkrieg direkte europäische Herrschaft über die meisten seiner Territorien zu etablieren. Unter diesen Umständen war die modernistische Haltung zwar immer präsent, trat aber doch gegenüber der Alternativposition in den Hintergrund.

Europa konnte nur dann rückhaltlos zu einem Vorbild für den Vorderen Orient werden, wenn es ihm sein zivilisiertes Gesicht zukehrte. Das war aber im großen und ganzen nicht der Fall. Vielmehr machte es seine Übermacht brutal geltend, und das induzierte auf der anderen Seite eine ebenfalls grobe Abwehrreaktion und führte zu starken Vorbehalten gegenüber der europäischen Zivilisation. Ihre positiven Seiten wurden da vielfach nicht mehr gesehen oder gewürdigt.

Seit diese Entwicklungen weithin wahrgenommen wurden, also seit der zweiten Hälfte des 19. Jahrhunderts, war die Auseinandersetzung mit dem Westen[16] praktisch wie intellektuell das zentrale Problem des Vorderen Orients. Dabei schaute man auf den Westen wie das Kaninchen auf die Schlange: Man war von seiner Überlegenheit überwältigt, fasziniert und beinahe gelähmt, auch wenn man sich vehement gegen ihn wandte. Das alles galt unabhängig von der Religionszugehörigkeit; es läßt sich für Angehörige aller Konfessionen zeigen. Man übernahm bestimmte westliche Errungenschaften, Modelle und Ideen, man setzte sich mit ihnen auseinander, man lehnte andere ab.[17]

## EINE ›ISLAMISCHE‹ REAKTION?

Für die Muslime, die ja die große Mehrheit der Bevölkerung stellten und deren Religiosität wenig gebrochen war, bedingten diese Entwicklungen aber auch eine Revision ihres Islamverständnisses. Im Nahen Osten tauchten nun neben dem Islam andere Ideen auf, die in Konkurrenz zu den islamischen traten. Damit entstand eine ideologische Pluralität, die es vorher nicht gegeben hatte.[18] Wenn der Islam bis dahin die gleichsam naturwüchsige mentale Begleiterscheinung der bestehenden politischen und sozialen Verhältnisse war, die kaum in Frage gestellt wurde, so verlor er nun diese Selbstverständlichkeit und automatische ideologische Hegemonie, mußte mit westlichen Vorstellungen konkurrieren und nach westlichen Maßstäben gerechtfertigt werden. Immer häufiger mußte er auch in der neuen Situation zu politischen Zwecken herhalten, und dazu brauchte er eine neue Form.

Um die herausgehobene Rolle zu verstehen, die der Islam im Bewußtsein vieler Muslime in diesem Prozeß einnahm, muß man sich vor Augen halten, daß sich der Umbruch zur Moderne im Vorderen Orient unter ganz anderen Umständen vollzog als in Europa. In Europa hatte sich die Moderne in einem von innen generierten Prozeß Bahn gebrochen. Dies war unter Reibung mit und Zurückdrängung von religiöser Hegemonie über die Gesellschaft geschehen. Es handelte sich hier, mit anderen Worten gesagt, um einen Prozeß der Säkularisierung. Die alten, religiös geprägten Weltbilder wurden in Frage gestellt; in den großen sozialen Umwälzungen der industriellen Revolution wurden viele Menschen aus den alten sozialen Bindungen herausgerissen und in neue, nationale gestellt. Die Gesellschaften wurden ziemlich gründlich und flächendeckend umgestaltet, und das Ergebnis wurde letzten Endes, bei allen zeitweiligen Opfern, weitgehend als positiv empfunden – sicherlich auch, weil breite Schichten an den Reichtümern partizipierten, die europäische Gesellschaften auf Kosten anderer Teile der Welt anhäufen konnten. Im Nahen Osten erfolgte die Modernisierung im wesentlichen aufgrund eines Anstoßes von außen. Auch die Infragestellung des Islam als Leitidee und Regulativ der Gesellschaft kam im wesentlichen von außen. Und die Umgestaltung der Gesellschaft hatte zwar durchaus positive Aspekte und nützte begrenzten Teilen der Gesellschaft; weitaus größeren Teilen fügte sie aber erheblichen Schaden zu. Die Modernisierung der nahöstlichen Gesellschaften war nur eine partielle, und auch Säkularisierung – als ein Aspekt der Modernisierung – fand zwar durchaus statt, aber ebenfalls partiell. Insbesondere fand wenig positiver geistiger Nachvollzug der Säkularisierung statt. Vielmehr klammerten sich in der angedeuteten Konstellation viele Leute an den Islam, von dem sie sahen, daß er gleichzeitig mit ihrer Machtposition und ihrem Wohlergehen angegriffen wurde, und von dem sie daher annahmen, daß im Festhalten an ihm, wie symbolisch auch immer, eine wirksame Verteidigung lag. Um es auf eine knappe Formel zu bringen: Wenn die Hegemonie der Religion in Europa ein Hindernis war, das im Durchbruch zur Moderne beseitigt werden mußte, so erschien vielen im Nahen Osten das Festhalten am Islam als eine Verteidigungsposition gegen den europäischen Ansturm.[19] Es gab auch ganz andere Auffassungen in dieser Frage, aber diese Auffassung war aus den genannten Gründen weit verbreitet.

Die Modernisten des 19. und frühen 20. Jahrhunderts wollten europäische Modelle breit übernehmen. Den Islam ließen sie dabei links liegen, weil er ihnen in seiner überkommenen Form hoffnungslos veraltet und verknöchert erschien. Umgekehrt lag den Traditionalisten daran, gegen den Einbruch der Moderne am Islam festzuhalten, weil er ihnen den Rückhalt im Eigenen zu garantieren schien. Beide Positionen gingen von der Unvereinbarkeit von Islam und Moderne aus; beide arbeiteten sich in fruchtlosem Gegensatz aneinander ab. Das beobachtete bereits 1912 der österreichische Sozialist Otto Bauer in einem klugen Artikel, wobei er für die traditionalistische Position umstandslos die »Volksmassen« reklamierte:

> Die Volksmasse meint noch die alte soziale Verfassung ihres Landes vor den europäischen Einflüssen bewahren zu können; die Intelligenz dagegen will ihr Land europäisieren, um Europa mit seinen eigenen Waffen zu schlagen. Dieser Zwiespalt lähmt die nationale Abwehrbewegung. Die liberale Intelligenz, von den Volksmassen gehasst, ist machtlos. Die Volksmassen, aller politisch geschulten Führer beraubt, verschwenden an Unerreichbarem ihre Kraft. Die Kluft, die beide trennt, muss überbrückt werden.[20]

In der Tat setzte sich immer stärker der Versuch durch, beide Positionen zu vereinbaren: westliche Errungenschaften zu übernehmen, sie aber in einen islamischen Rahmen zu stellen.

Die Intellektuellen, die versuchten, europäische Konzepte unter islamischem Vorzeichen für ein weitgehend traditionelles muslimisches Publikum akzeptabel zu machen, erklärten den Islam nicht nur für mit der Moderne vereinbar; sie erklärten ihn für unüberholbar modern. Dies war der Versuch, den Islam »auf die Höhe der Zeit zu bringen« – zunächst unabhängig von politischer Nutzanwendung. Was an der islamischen Ideologie in ihrer überkommenen Form dem widersprach, erklärten sie zu einer grandiosen Verfälschung der ursprünglichen Botschaft. An der ihrer Meinung nach verfälschten und verknöcherten traditionellen Form des Islam vorbei beschworen sie die Rückkehr zum Geist der *salaf ṣāliḥ*, der wackeren Altvorderen, also der Leute aus der Zeit des Propheten und seiner unmittelbaren Nachfolger. In Wahrheit schufen sie etwas Neues und griffen dabei in großem Umfang auf westliche Anregungen und Konzepte zurück. Damit machten sie das islamische Denken flexibel und halfen so den durch den Ansturm des Westens aus dem Gleichgewicht gebrachten Muslimen, ihren Platz in der Welt neu zu bestimmen. Sie öffneten dem Eindringen westlicher Konzepte in das islamische Denken Tür und Tor, preßten diese Konzepte dazu aber in einen geistigen Horizont, der ihnen nicht voll angemessen war, und schufen damit neue Probleme. Dazu später mehr.

Im Zuge der Verschärfung des Gegensatzes zum Westen wurden die Vorbehalte gegen ihn stärker. Manche Kräfte betonten nun als Gegenposition den Islam, und das wurde angesichts der Schärfe der Auseinandersetzung um so eher akzeptiert, je gröber die Züge des so propagierten Islam waren. Der Islam wurde nun zugespitzt, politisiert und zum ideologischen Hebel gemacht, mit dessen Hilfe man die verhaßten Verhältnisse umstürzen wollte.[21] Den konsequentesten Ausdruck fand diese Tendenz im 20. Jahrhundert im Islamismus, aber schon im späten 19. Jahrhundert finden sich Vorläufer.

Nach dem Zusammenstoß des Vorderen Orients mit Europa vollzogen sich also Entwicklungen, die den Status, die Funktion und die Form islamischer Überzeugungen im Bewußtsein der Muslime gründlich änderten. Durch Übernahme geistiger Errungenschaften aus dem Westen wurden islamischen Überzeugungen andere an die Seite gestellt. Sie erfuhren Konkurrenz und damit Relativierung. Weiter wurden westliche Konzepte in einen islamischen Rahmen gegossen. Das bedeutete Modernisierung, Flexibilisierung und Auffächerung der islamischen Ideologie. Für viele wurde der Islam auch zu einem Instrument in der Auseinandersetzung mit westlicher Übermacht, sei es, daß sie versuchten, krampfhaft und unverändert an alten Überzeugungen festzuhalten, sei es, daß sie bestimmte Teile der islamischen Ideologie zu Waffen im Kampf gegen den Westen umschmiedeten (wozu sie, wohlgemerkt, in der Regel verändert werden mußten). Im Resultat dieser Entwicklungen entstand ein ideologisches Tableau, in dem der Islam eine Rolle spielte, allerdings ein veränderter und seinerseits pluralisierter Islam. Große Teile der Praxis der Muslime und des massenhaft verbreiteten islamischen Bewußtseins wurden von den Veränderungen zunächst nicht oder nicht stark erfaßt.

Welchen Raum der Islam im öffentlichen Bewußtsein einnimmt, wie stark er betont wird und welche Formen des islamischen Bewußtseins dabei eine Rolle spielen, hängt von den jeweiligen Situationen und »Konjunkturen« ab, kann auch durchaus für verschiedene Regionen unterschiedlich sein. Genau kann das nur im einzelnen erfaßt werden; hier nur ein grober Überblick.

Zunächst noch einmal, im Anschluß an den Abschnitt »Die europäische Herausforderung«, ein kurzer Durchgang durch die Beziehungsgeschichte zwischen Europa und dem ihm benachbarten Teil der muslimischen Weltregion, also dem Vorderen Orient (arabische Welt, Iran, Türkei), in den letzten beiden Jahrhunderten: Die militärische Überlegenheit Europas wurde um 1800 immer fühlbarer; 1798 wurde Ägypten – für kurze Zeit – französisch besetzt. Mit Hilfe der Briten, also einer mit den Franzosen konkurrierenden europäischen Macht, konnten die Osmanen die Franzosen wieder vertreiben. In der ersten Hälfte des 19. Jahrhunderts fand dann zunehmend eine ökonomische und kulturelle Penetration Europas im Vorderen Orient statt; um die Jahrhundertmitte wurde sie intensiver und vollzog sich in der zweiten Jahrhunderthälfte in beschleunigtem Tempo und massiverer Form. Einige wichtige Territorien (Algerien, Aden, Tunesien, Ägypten) wurden auch im Lauf des 19. Jahrhunderts schon direkt militärisch besetzt. Auch auf dem europäischen Kontinent gingen den Osmanen mehrere, teilweise muslimisch besiedelte, Gebiete verloren. Der Rest des Osmanischen Reichs und Iran, formal weiterhin unabhängig, gerieten doch in mancher Hinsicht in starke Abhängigkeit von Europa, begannen aber auch schon, sich gegen diese Abhängigkeit aufzulehnen. Im Ergebnis des Ersten Weltkriegs wurde die europäische Kolonialherrschaft stark ausgedehnt und erfaßte fast die gesamte arabische Welt; nur Teile der Arabischen Halbinsel blieben wegen ihres seinerzeit mangelnden Interesses davon unberührt. Die »Rest«-Türkei und Iran entgingen direkter Besetzung[22] und suchten sich unter der Herrschaft autoritärer Regimes, so gut es ging, westlicher Hegemonie zu erwehren, wurden aber um die Mitte des 20. Jahrhunderts vom Westen politisch eingebunden: Die Türkei schloß sich westlichen Militärbündnissen an, Iran wurde nach dem Zwischenspiel der nationalistischen Regierung Mossadegh (1951-1953), die unter kräftiger Mithilfe der amerikanischen und britischen Geheimdienste gestürzt wurde, ein enger Bündnispartner der USA.

Die meisten arabischen Länder wurden nach dem Zweiten Weltkrieg unabhängig; die hier verhältnismäßig kurze Phase direkter Kolonialherrschaft war durch starke Reibungen zwischen ihr und den Unabhängigkeitsbestrebungen gekennzeichnet. Diese Reibungen gingen weiter. Die eher konservativen arabischen Staaten blieben auch nach der Unabhängigkeit dem Westen eng verbunden; die Regimes, die einen antiimperialistischen Kurs steuerten, wurden heftig bekämpft und in ihren Ambitionen meist erfolgreich zurückgestutzt. Während der Westen sich bis dahin einer weitgehend säkularen, nationalistischen und antiimperialistischen Opposition gegenübersah und islamisch-konservative Kräfte zu Bündnispartnern hatte (bis hin zu den afghanischen *mudjāhidīn* der achtziger Jahre des 20. Jahrhunderts), übernahmen seit ungefähr 1980 zunehmend Islamisten das Ressort »Antiimperialismus«. Der energische Versuch des Westens, die Region unter seiner engen Kontrolle zu halten, wurde mit dem Sieg der afghanischen *mudjāhidīn* und dem Zweiten Golfkrieg intensiver und nahm nun auch die Form massiver militärischer Interventionen an (Irak 1991 und 2003, Somalia, Afghanistan, diverse israelische Kriege). Diese Politik war keineswegs durchweg erfolgreich; in den von Mal zu Mal in ihrer eigentlichen Zielsetzung fehlschlagenden israelischen Militäroperationen, in amerikanischen Mißerfolgen im Irak und in Afghanistan sowie in der unsicheren und zögernden Reaktion des Westens auf den »arabischen Umsturz« 2011 zeigt sich vielmehr eine gewisse Hilflosigkeit. An der eisernen Entschlossenheit des Westens, die Region fest im Griff zu behalten, scheint sich freilich nicht viel geändert zu haben.

Diese Entwicklung vollzogen nahöstliche Intellektuelle (die manchmal auch Politiker waren) nach. Da der Westen in dieser Auseinandersetzung kräftemäßig überlegen war und die initiative Rolle spielte, war ihre ideologische Verarbeitung durch nahöstliche Intellektuelle weitgehend reaktiv. Sie konzentrierte sich auf den Westen, war von dessen Überlegenheit und ihrer brutalen Ausspielung gleichzeitig angezogen und abgestoßen und übernahm bei der ideologischen Reaktion weitgehend den geistigen Horizont und die Maßstäbe des Westens.[23]

Diese Konstellation kristallisierte sich aber erst allmählich in dem Maß heraus, in dem das westliche Auftreten in der Region massiv und fühlbar wurde. Am Beginn des 19. Jahrhunderts hatten Muslime zwar Gelegenheit, Stärke und Vorzüge europäischer Gesellschaften wahrzunehmen, und verglichen sie auch schon mit eigenen Schwächen; ihre Reaktion darauf war aber zunächst wenig komplexbeladen. Abgesehen von dem kurzen Zwischenspiel der französischen Besetzung Ägyptens machte sich Europa noch nicht massiv schädigend bemerkbar, und so konnte man seine Vorzüge sehen und sich vornehmen, von ihm zu lernen, ohne dabei krampfhaft den möglichen Schaden solcher Übernahme schon mitzudenken.

Für einen solchen noch verhältnismäßig gelassenen Blick auf Europa steht der ägyptische Religionsgelehrte Rifāʿa aṭ-Ṭahṭāwī (1801-1873). Er war von Muḥammad ʿAlī mit einer Studienmission nach Frankreich gesandt worden (1826-1831), zeigte sich in seinem Bericht darüber[24] von französischen Gepflogenheiten und Institutionen angetan und propagierte zeit seines Lebens das Lernen von Europa als für Ägypten förderlich. Er initiierte eine intensive Übersetzungsbewegung, übertrug selbst viele Texte aus dem Französischen und spielte eine große Rolle bei der Modernisierung des ägyptischen Erziehungswesens.[25] Auch in seinem wohl wichtigsten Buch, *Manāhidj al-albāb al-miṣriyya fī mabāhidj al-ādāb al-ʿaṣriyya* (Die Wege der ägyptischen Herzen zu den Freuden der modernen Wissenschaften), plädierte er für die Entwicklung Ägyptens unter Heranziehung westlicher Errungenschaften. Hier forderte er auch die Religionsgelehrten zur Aneignung säkularen Wissens auf, gab Beispiele dafür, wie bedeutende Gelehrte das noch bis in seine Zeit getan hatten, und bemerkte beiläufig, wenn man sich dieses säkulare Wissen heute aus Europa hole, sei das unter religiösen Gesichtspunkten unbedenklich, denn es handele sich ja dabei um »islamische Wissenschaften«, welche die Europäer von den Arabern übernommen hätten.[26] »Wenn also unsere trefflichen Azhar-Gelehrten sich inskünftig an die modernen Wissenschaften halten, die der hochedle Khedive in Ägypten erneuert hat, indem er von dem Vermögen seines Reichs reichlich dafür aufwandte, so kommen sie der Vollendung näher und reihen sich in die Schar der vorzüglichen Vorgänger ein.«[27]

Hier ist also einer der führenden ägyptischen Intellektuellen seiner Zeit, der es im Interesse der Entwicklung und Modernisierung seines Landes für dringend erforderlich hält, von Europa zu lernen, und der durch eigene Schriften und Übersetzungen dazu kräftig beigetragen hat. Nach eigenem Zeugnis erschüttert ihn das aber in seinem Selbstbewußtsein als Muslim nicht. Eine gewisse Verunsicherung deutet sich in seinem Aufruf an die Azhar-Gelehrten, mit der Zeit zu gehen, und in dem sacht apologetischen Hinweis auf den »islamischen« Ursprung europäischer wissenschaftlicher Errungenschaften erst leise an.

Nun wirkte aṭ-Ṭahṭāwī in einer Zeit, zu der Ägypten zwar von europäischer Penetration durchdrungen, aber noch nicht durch Europa unterjocht war. Um 1870, als das zitierte Werk entstand, befand man sich in Ägypten noch in der »Euphorie des Fortschritts«[28] und glaubte noch, durch forcierte Modernisierung mit Europa gleichziehen zu können. Die Unbefangenheit aṭ-Ṭahṭāwīs erklärt Albert Hourani so: »Tahtawi lebte und wirkte in einem glücklichen Zwischenstadium der Geschichte, als die religiöse Spannung zwischen Islam und Christentum sich lockerte und noch nicht durch die neue politische Spannung von Ost und West ersetzt worden war.«[29]

Dieses »Zwischenstadium der Geschichte« und die mit ihm mögliche Unbefangenheit muslimischer Intellektueller hielten nicht an. Ägypten wurde 1882 britisch besetzt, andere muslimische Territorien (Algerien, Indien) waren es schon vorher. Um 1880 fand geradezu ein Run der europäischen Kolonialmächte auf alle in der Welt noch nicht unter ihre Herrschaft gebrachten Gebiete statt. Im Hinblick auf die muslimischen Teile der Welt wurde das – wohl zur Begründung ihrer Unterjochung – durch die Verbreitung von Vorstellungen über die Minderwertigkeit des Islam und muslimischer Gesellschaften begleitet.[30]

Als Reaktion auf diese Phänomene läßt sich ein neuer Schub in der Ideologisierung und Politisierung des Islam beobachten. Während er bei aṭ-Ṭahṭāwī nicht sonderlich betont wurde – und das wohl, weil aṭ-Ṭahṭāwī ihn nicht in Frage gestellt sah! –, wurde er für viele muslimische Intellektuelle jetzt zentral. Der indische Gelehrte Sayyid Aḥmad Khān (1817-1898) hatte sich schon nach der brutalen Unterdrückung der indischen Aufstandsbewegung von 1857 an eine Neuinterpretation der islamischen Grundlagentexte gemäß den neuen Umständen gemacht. Das lief bei ihm auf ein ausgesprochen friedliches und tolerantes Verständnis des Islam hinaus: Er wollte ihn für die britischen Kolonialherren akzeptabel und gleichzeitig den Muslimen die britische Herrschaft schmackhaft machen.[31] Dagegen zog Djamāladdīn al-Afghānī (1839-1897) aus der Unterdrückung des Aufstands, die er wie Aḥmad Khān in Indien miterlebt hatte, ganz andere Konsequenzen als dieser: Er wollte den Islam im Kampf *gegen* die britische Herrschaft in Indien und der ganzen muslimischen Welt einsetzen. Seine politische Stoßrichtung war also der Aḥmad Khāns entgegengesetzt; seine Methode: Neuinterpretation des Islam und dessen Instrumentalisierung für politische Zwecke, war dieselbe.

Es ist oft bemerkt worden, wie wenig Substanz und inneren Zusammenhalt das Denken von al-Afghānī bei allem unbestreitbaren Scharfsinn hat. Er reagierte in seinen Äußerungen in der Regel auf unmittelbar gegebene Situationen und paßte sich ihnen jeweils an. 1883 hielt Ernest Renan an der Sorbonne den in der Einleitung schon zitierten Vortrag, in dem er den Islam als Feind der Wissenschaft geißelte und den Arabern die Fähigkeit zum metaphysischen und philosophischen Denken absprach. In seiner Entgegnung stimmte al-Afghānī dieser Charakterisierung für die Gegenwart und jüngere Vergangenheit zu. Allerdings, sagte er, trifft das für alle Religionen zu: Sie sind Feinde der Philosophie und des freien Denkens. Im Christentum (und er präzisiert hier: in der christlichen *Zivilisation*) habe sich das Denken zum Wohl der Menschen aus den Fesseln der Religion befreit; für die muslimische Zivilisation, die ja schließlich erheblich jünger sei als die christliche, müsse man ähnliche Entwicklungen erhoffen. Daß die Araber zum philosophischen Denken fähig seien, habe die Blütezeit der ersten Jahrhunderte der islamischen Geschichte zur Genüge bewiesen.

Es ist bemerkenswert, daß al-Afghānī hier einerseits konzediert, daß alle Religionen wissenschaftsfeindlich sind, andererseits auf die Blütezeit der islamischen Zivilisation verweist, als doch zweifellos der Islam hochgehalten wurde. Er versucht diesen Widerspruch dadurch zu lösen, daß er zwischen Religion und Zivilisation unterscheidet, die Religion in der Kontroverse mit Renan preisgibt und andeutet, es bedürfe vor allem der Wiedergewinnung eines entsprechenden Geistes, um der islamischen *Zivilisation* ihre alte Größe zurückzugeben. All dies wird aber hier nicht näher ausgeführt oder zu Ende argumentiert.

Es ist weiter bemerkenswert, daß al-Afghānī ein sehr instrumentelles Verständnis von Religion erkennen läßt. Die Religionen, sagt er, waren erforderlich, um unverständigen Menschen im Namen eines Höchsten Wesens bestimmte soziale Notwendigkeiten zu suggerieren. Das sei entmündigend, habe aber den Anhängern dieser Religionen zivilisatorischen Fortschritt ermöglicht. Dieser Gedanke, aus welchen Gründen auch immer in der Kontroverse mit Renan geäußert, ist geeignet, Glaubenswahrheiten zu relativieren. Selbstverständlich hat sich al-Afghānī zum islamischen Glauben bekannt. Der islamische Glaube trat aber in seinem Werk hinter die Funktion des Islam als Instrument politischer Mobilisierung zurück.

Das wird auch in einem zeitlich benachbarten Artikel deutlich, in dem al-Afghānī Sayyid Aḥmad Khān kritisiert, aber dabei keine genuin islamischen Argumente aufführt, sondern vorwiegend auf dem Hintergrund der Situation in Indien und der britischen Politik dort argumentiert. Der gravierendste Anklagepunkt gegen Aḥmad Khān ist hier nicht sein *Materialismus* (um den es vordergründig geht), sondern der Umstand, daß er nach al-Afghānī über diesem Materialismus seinen *Patriotismus* vergessen und sich mit den Briten verbündet hat.[32]

# 7
# REFORMISMUS UND APOLOGETIK

## DER ISLAMISCHE REFORMIST PAR EXCELLENCE: MUḤAMMAD ʿABDUH

Gegen Ende des 19. Jahrhunderts war den Denkern des Vorderen Orients die Schwäche und Abhängigkeit ihrer Region überdeutlich bewußt geworden; ebenso war klar, daß sie sich modernisieren mußte, wenn sie aus dieser Abhängigkeit herauskommen wollte. Das hieß unter den gegebenen Umständen: Lernen von Europa und Übernahme seiner Errungenschaften. In vieler Hinsicht war das praktisch bereits geschehen; der Prozeß ging weiter. Die traditionalistische Haltung, die alles das ablehnte, wurde unglaubwürdig und als klar vertretene intellektuelle Position marginal. Modernismus stand auf der Tagesordnung. Viele Modernisten konzipierten ihr Programm ohne besondere Berücksichtigung des Islam. Angesichts einer Religiosität, die nicht nur weit verbreitet war, sondern in welcher das Festhalten am Islam in Reaktion auf die Dominanz des Westens besonders bekräftigt wurde, lag es aber auch nahe, Modernisierung im engen Zusammenhang mit dem Islam ins Auge zu fassen. Die Frage war nicht einfach, wie man in einer modernen Welt noch Muslim sein könne,[1] sondern schärfer noch, wie man den Islam zu einem Instrument machen könne, sich die Moderne anzueignen. An dieser Frage hatten sich – bei aller Gegensätzlichkeit der politischen Stoßrichtung – Sayyid Aḥmad Khān und Djamāladdīn al-Afghānī abgearbeitet. Der Mann, der die Problematik am gründlichsten durchdachte, war der ägyptische Religionsgelehrte Muḥammad ʿAbduh (1849-1905). Er hatte eine Zeitlang eng mit al-Afghānī zusammengearbeitet und war wegen seiner Beteiligung an der ʿUrābī-Rebellion exiliert worden, kehrte aber nach einigen Jahren unter Mäßigung seiner politischen Anschauungen zurück.

ʿAbduh sah die faktische Modernisierung der muslimischen Gesellschaften; er erkannte, daß sie der Dominanz Europas geschuldet war; und er wußte, daß diese mit der Schwäche der Muslime korrelierte. Die britische Besetzung Ägyptens und ihre Vorgeschichte waren ein klarer Hinweis darauf. Es mangelte auch nicht an europäischen Beobachtern, die Salz in die Wunde rieben, indem sie behaupteten, diese Schwäche der Muslime sei durch den Islam bedingt. Der Vortrag von Ernest Renan an der Sorbonne 1883 war da nur ein Beispiel. Das war für einen selbstbewußten Muslim wie ʿAbduh ein Ärgernis. Es stellte ihn vor eine dreifache Aufgabe: den Ruf des Islam zu retten, den mißlichen Gang der Dinge zu erklären und einen Ausweg aus der Misere zu zeigen.

In einer für sein Denken charakteristischen Passage stellt ʿAbduh den Islam in die Reihe der anderen Religionen und unterstellt ihm dieselbe Absicht wie diesen:

> Die Religion ist das Bekenntnis zu Gott. Sie ist ein und dasselbe für die Älteren und die Neueren, nur ihre Formen und Äußerungen ändern sich. Ihr Geist und ihre Wahrheit, wozu alle Menschen von den Propheten und Gesandten aufgerufen worden sind, ändern sich nicht: Glaube an Gott allein und Aufrichtigkeit in seiner Verehrung, gegenseitige Hilfe der Menschen im Guten und möglichste Enthaltung von gegenseitiger Schädigung. Das hindert die Religion nicht daran, mit der Entwicklung des menschlichen Geistes und der Bereitschaft der Menschen, ihre Rechtleitung zu vervollkommnen, fortzuschreiten. Ich meine, daß die Religion des Islam kam, um die ganze Menschheit auf dieser Basis zu vereinigen, und daß eine ihrer wichtigsten Aufgaben ist, die unter den Leuten des Buchs bestehende Uneinigkeit zu beenden und sie zur Einigung, zur Brüderlichkeit, zur Liebe und zur Eintracht aufzurufen, und das ist es, woran die Muslime Jahrhundert für Jahrhundert je nach dem Grad ihres Festhaltens am Islam gearbeitet haben.[2]

Hier ist auch schon ʿAbduhs Ansicht von der Überlegenheit des Islam über das Christentum und sein Argument dafür angedeutet: die Auffassung, daß die Menschheit im Lauf der Geschichte einen Reifungsprozeß durchläuft und daß der Islam als letzte der offenbarten großen Religionen zu ihr unter Appell an ihre rationalen Fähigkeiten sprechen konnte, während die christliche Offenbarung an Wunderglauben und andere irrationale Prädispositionen einer noch weniger gereiften Menschheit anschließen mußte. Daher hat der Islam nach ʿAbduhs Meinung auch seine besondere Mission: die »Leute des Buchs«, also die Anhänger der Offenbarungsreligionen, auf dieser Basis zu vereinen – ein im Ansatz ökumenischer Gedanke, der von der Wesensgleichheit der großen Religionen ausgeht, aber nicht auf die Vorstellung von der eigenen Überlegenheit und auf die daraus zwanglos folgende, hier sehr sanft angedeutete Absicht der Missionierung verzichtet.

Wenn der Islam aber so überlegen ist, wie ist dann die zu ʿAbduhs Zeit so kraß ins Auge springende Schwäche der Muslime zu erklären? ʿAbduh ist wie viele andere Muslime der Meinung, die Vorzüglichkeit des Islam solle Wohlergehen und Stärke seiner Anhänger auch auf dieser Erde im Gefolge haben. In den ersten Stadien der islamischen Geschichte sei das ja auch durchaus so gewesen. Dann sei es radikal anders geworden, und zwar, weil die Muslime sich vom richtigen Verständnis des Islam abgewandt hätten. In dieser Sicht ist es also nicht der Islam, mit dem etwas nicht in Ordnung ist, sondern es sind die Muslime, die sich falsch verhalten, weil sie ihn nicht richtig verstehen.

In den zeitgenössischen Zuständen der Muslime sieht ʿAbduh das Resultat dieses Abkommens vom richtigen Verständnis des Islam: eine Fülle von unzeitgemäßen und unsinnigen Bestimmungen und Vorstellungen sowie geistige Austrocknung und Erstarrung. Immer wieder hat ʿAbduh sich scharf gegen Methode und Geisteszustand des *taqlīd* gewandt, des Sich-Stützens auf vorangegangene Autoritäten, ohne deren Aussagen selbständig zu überprüfen. Er äußert sich etwa angewidert über einen Azhar-Gelehrten, der sich zur Feststellung eines geographischen Sachverhalts nicht mit der Auskunft geographischer Werke zufriedengab, sondern das Gutachten eines autoritativen Gelehrten sehen wollte.[3] Diese und ähnliche Erscheinungen, die ʿAbduh die Erstarrung *(djumūd)* der Muslime nennt, sind für ihn der Grund von deren Misere. Sie führten die Leute zur geistigen Trägheit und lähmten ihre Aktivität. Dagegen gelte es, den wahren Geist des Islam wiederzugewinnen, der die Menschen dazu bringe, aktiv und verändernd in die sozialen Zustände einzugreifen, denn nur dadurch werde Gottes Wille erfüllt. Er zitiert hier den Koran (13,11): »Gott verändert nichts bei einem Volk, solange es sich nicht selbst verändert.«[4]

In der Geschichte hat es nach ʿAbduh eine enge Korrelation zwischen der Bewahrung eines richtigen Islamverständnisses und dem Festhalten an ihm einerseits, den Erfolgen der muslimischen Gemeinschaft, ihrem Wohlergehen und ihrer Stärke andererseits gegeben. Die ersten Muslime, die *salaf ṣāliḥ* (die »wackeren Altvorderen«), hätten diesen Geist gehabt, in ihm gewirkt und seien durch enorme Erfolge auch in irdischer Hinsicht belohnt worden. Als Folge des Abkommens der Muslime von diesem wahren Geist des Islam sei es mit ihnen bergab gegangen. Diese Korrelation erscheint bei ʿAbduh manchmal regelrecht mechanisch; gelegentlich formuliert er auch so, als verstünde er »den Islam« als einen Akteur, der unabhängig von der Tätigkeit von Menschen wirke.[5] Letzten Endes geriet mit diesem ganzen Gedankengang »der islamische Glaube in die Nähe eines göttlich autorisierten Patentrezeptes, an das man sich nur zu halten braucht, um aller geschichtlichen Not ledig zu werden, und dessen Mißachtung sich in der Geschichte umgehend rächt«.[6]

Von einem Autor, der dem Abkommen der Muslime vom »wahren Islam« so große Bedeutung beimißt, erwartet man, daß er den Vorgang genau situiert, nachzeichnet und erklärt. Das tut ʿAbduh aber nicht. Er bietet vielmehr mehrere Erklärungen an, die alle nicht sonderlich überzeugen. In einem Durchgang durch die Geschichte der islamischen Theologie nimmt er bereits sehr früh, nämlich zur Zeit des Kalifats

ʿUthmāns, Anstoß. Er läßt den konvertierten Juden (ein uralter Topos islamischer Geschichtsbetrachtungen) ʿAbdallāh ibn Sabaʾ einen aktiven Part bei der Vorbereitung der ersten *fitna*, dem sogenannten ersten Bürgerkrieg im Islam, spielen und so zu dem frühesten Trauma der islamischen Geschichte mit seinen tiefgehenden Spaltungen beitragen. Weiter erwähnt ʿAbduh mehrere theologische Kontroversen, die der Einheit der Muslime geschadet hätten. Dann sollen aber die Dinge wieder weitgehend ins Lot gekommen sein – al-Ghazālī wird für sein einigendes Werk ausdrücklich gelobt; und erst für eine spätere (nicht genau eingegrenzte) Zeit konstatiert ʿAbduh »vollkommenes intellektuelles Chaos bei den Muslimen unter der Protektion der Ignoranten unter ihren Politikern«.[7]

An einer anderen Stelle führt ʿAbduh die mißliche Entwicklung darauf zurück, daß die Araber lange unter nichtarabischen Herrschern gelebt hätten (das sind wohl die vorerwähnten Ignoranten), denen schon aus diesem Grund das richtige Verständnis der Grundlagentexte schwergefallen sei, die im Interesse ihrer ungehinderten Machtausübung die wahren islamischen Werte zurückdrängen wollten und die auch Religionsgelehrte gefunden hätten, die ihnen bei der Verfälschung des Islam durch die Einführung schädlicher Neuerungen halfen.[8]

Weder der kursorische Durchgang durch die Geschichte der Theologie noch die Erklärung des Niedergangs mit der ethnischen Zugehörigkeit der Herrscher erscheinen als triftige historische Erklärung eines doch so bedeutungsvollen Phänomens. Für den letzteren Fall hat der christliche Publizist Faraḥ Anṭūn auch mit einem gewissen Gusto ʿAbduh widersprochen. Anṭūn verteidigte türkische und persische Herrscher des Vorderen Orients mit dem Hinweis, sie hätten das islamische Territorium verteidigt, als die Araber dazu nicht mehr in der Lage gewesen seien, und weiter erinnerte er ʿAbduh an das strikte Gebot ethnischer Gleichheit im Islam, das mit seiner Bevorzugung der Araber schwer zu vereinbaren sei.[9]

Auch den Aufstieg der europäischen Zivilisation versucht

Muḥammad ʿAbduh historisch zu erklären. Er behauptet, die Übernahme von Wissen aus der islamischen Zivilisation sei ein wesentlicher Faktor dieses Aufstiegs gewesen, die »Häupter der christlichen Religion« hätten alles getan, geistigen Fortschritt und geistige Freiheit zu behindern, und die europäische Zivilisation habe sich nur in langem, scharfem Kampf gegen die Dominanz der Kirche und in der schließlichen Distanzierung von ihr durchgesetzt und ihre unbestreitbaren Erfolge erzielt.[10] Dagegen habe im islamischen Bereich gegenseitige Duldung, Respektierung und Befruchtung der verschiedenen Richtungen vorgeherrscht, ohne daß es zu gegenseitigen Verketzerungen kam.[11] Erst mit dem Eintreten der »Schwäche der Religion« (wann das war, wird nicht genau gesagt) hätten die Muslime von den Angehörigen anderer Religionen Fanatismus und die Neigung zu internen Auseinandersetzungen übernommen und seien Toleranz und Fähigkeit zum friedlichen Zusammenleben untereinander ihnen abhanden gekommen.[12] Aus dem referierten Gedankengang ergibt sich zwanglos die Schlußfolgerung: Den heutigen Christen geht es gut, weil sie sich von den Grundlagen ihrer Religion entfernt haben; den heutigen Muslimen geht es aus dem gleichen Grund schlecht.

Es fällt auf, wie ʿAbduh die Geschichte heranzieht. Manche Fakten führt er durchaus richtig an. Es stimmt, daß die arabische Wissenschaft eine große Rolle bei der Bewahrung des antiken Erbes gespielt hat, das dann weitgehend auf diesem Weg wieder von Europa aufgenommen wurde. Daß dieser Umstand aber der entscheidende auslösende Faktor für die europäische Renaissance war, ist stark übertrieben. Auch der Gedankengang, daß die europäische Entwicklung mit der Reibung an kirchlicher Dominanz und der Distanzierung von ihr einherging und daß die weniger einengende geistige Atmosphäre im vormodernen Vorderen Orient damit kontrastiert, ist grundsätzlich richtig. Allerdings ist das Bild, das ʿAbduh in diesem Zusammenhang von dieser vormodernen »Toleranz des Islam« (so wörtlich!) zeichnet, allzu idyllisch. Auch daß ʿAbduh zugunsten des Islam in Rechnung stellt, erst die Muslime in ihrem Unverstand hätten ihm seine betrübliche Erscheinungsform gegeben, aber für das Christentum keinen dementsprechenden Mechanismus sieht, springt ins Auge. Kurz: ʿAbduh zeichnet geschichtliche Abläufe im allgemeinen selektiv und in ganz bestimmtem Sinn »eingefärbt«; er scheint dabei mehr von apologetischer Absicht als von unvoreingenommenem Streben nach Erkenntnis geleitet zu sein.[13]

ʿAbduhs großes Ziel ist, die Muslime aus ihrer mißlichen Situation zu befreien, die für ihn im wesentlichen Folge ihres Geisteszustandes ist: Lethargie, Apathie, Indolenz, geistige Trägheit, die sich an das Vorbild früherer Autoritäten hält und glaubt, selbständige geistige Tätigkeit sei verboten. Dieses Ziel hält er für identisch mit der wahren Mission des Islam:

> Er [der Islam] hat die Herzen von der sklavischen Befolgung der Wege der Väter abgebracht. ⟨...⟩ Er löste die Autorität der Ratio aus ihren Fesseln, befreite sie von der blinden Nachahmung, die sie versklavt hatte, und setzte sie wieder auf den ihr zukommenden Platz, an dem sie weise entscheidet – in Demut gegenüber Gott allein und gemäß seiner Richtschnur, wobei die praktische und geistige Betätigung in diesen Grenzen frei sind. Hierdurch ⟨...⟩ wurden dem Menschen in Übereinstimmung mit seiner Religion zwei Dinge gegeben, die ihm so lange verwehrt worden waren: die Freiheit des Willens sowie die Freiheit der Meinung und des Denkens.[14]

Um dieser wahren Mission des Islam wieder nahezukommen, die ja nach ʿAbduhs Auffassung in der Zeit der Offenbarung und auch für eine gewisse Zeit danach schon einmal verwirklicht worden war, müßten die Muslime sich vor allem an den Koran halten, der sie rein bewahrt habe. Dort werde zur Aktivität und vor allem immer wieder zum Gebrauch des Verstandes aufgerufen. Er sei also der wichtigste Zeuge gegen die Misere der Muslime und die ihr zugrundeliegenden Denkformen und Verhaltensweisen.[15]

Aus diesen Überlegungen hat ʿAbduh praktische und geistige Konsequenzen gezogen. Er ist in seiner Erziehungstätigkeit immer wieder gegen das »Denken per Autorität« angegangen, hat versucht, Erziehungsinstitutionen, nicht zuletzt Al-Azhar, entsprechend zu reformieren, er hat in seinen Schriften beharrlich im angedeuteten Sinn argumentiert, und er hat immer wieder auf den Koran als Repositorium islamischen Geists und zentrale Handhabe bei der Behebung der Misere der Muslime hingewiesen. Gemeinsam mit seinem Schüler Rashīd Riḍā (1865-1935) unternahm er auch eine großangelegte Neukommentierung des Koran, die Riḍā dann nach ʿAbduhs Tod fortsetzte, aber auch bei weitem nicht zu Ende führen konnte – es erschienen nur zwölf der geplanten 30 Bände. Dieses Unternehmen ist auch ein Hinweis auf einen Widerspruch in ʿAbduhs Vorgehen. Er wollte Fortschritt für die Muslime, Mitgehen mit der Zeit. Erreichen wollte er das aber mit einem, zumindest formalen, Rückschritt, nämlich dem Rückgriff auf den Koran und die Praxis der frühen Muslime, der *salaf ṣāliḥ*. Auch das hat Faraḥ Anṭūn klar gesehen, wenn er im Hinblick auf ʿAbduhs Verfahrensweise fragt: »Wie kann man den Widerspruch zwischen dem ›Wunsch nach Bewahrung des Ursprungs‹ und dem ›Wunsch nach der Entfernung von ihm, indem man mit der Zeit Schritt hält‹, auflösen?«[16]

ʿAbduh spricht in der Regel nicht von der Moderne, aber sehr viel von der Vernunft. Der Islam ist für ihn die Religion der Vernunft schlechthin. Dafür ist ihm der Koran das beste Zeugnis. Der Koran ruft immer wieder zum Vernunftgebrauch auf, seine Argumentationsweise ist über weite Strekken auf vernünftige Einsicht angelegt; die Vernunft soll bei der Begründung des Glaubens selbst eine große Rolle spielen.[17] Die Notwendigkeit Gottes und die des Prophetentums lassen sich nach ʿAbduh rational demonstrieren.[18] Das gilt auch für die Propheteneigenschaft Muḥammads: Wenn ein Junge eher bescheidener Herkunft, ein Analphabet ohne besondere Bildung, aufgewachsen vor dem kulturellen Hintergrund des mekkanischen »Heidentums«, zu einem so vorzüglichen Mann wurde, einem Führer von gewaltiger Statur, der den Koran empfing und weitergab, dann sei das ein Beleg für seine gottgewollte Propheteneigenschaft, die damit rational erwiesen sei.[19] Wenn der Verstand einmal die Mission eines Propheten als solche erkannt habe, sei er allerdings verpflichtet, alles, was er bringt, zu akzeptieren, selbst wenn er es nicht völlig ergründen könne.[20]

ʿAbduh geht also auf den Koran zurück. Formal ist das ein Rückschritt. Er tut es unter Betonung der Ratio und Zurückweisung des *taqlīd*. Der geistige Horizont, vor dem das alles geschieht und in dessen Licht er den Koran liest, ist der seiner Zeit. Ein gutes Beispiel ist die Art, auf die er den Korantext »Und wenn ihnen gesagt wird, sie sollten dem folgen, was Gott herabgesandt hat, sagen sie: ›Nein, wir folgen dem, was wir von unseren Vätern übernommen haben.‹ Und wenn nun ihre Väter unverständig waren und keine Rechtleitung hatten?« (2,170) interpretiert. Dieser Vers bezieht sich auf die Mekkaner, die von der Tradition daran gehindert wurden, Muḥammads Predigt positiv aufzunehmen. ʿAbduh versteht ihn als Einspruch gegen das »Denken per Autorität« schlechthin, und das ist für ihn eindeutig eine aktuelle Frage. Er paraphrasiert die Antwort der Ermahnten so: »Nein, wir kennen nicht, was Gott herabgesandt hat, wir folgen dem, was wir bei unseren Vätern vorgefunden haben, das heißt, was wir sklavisch von unseren Herren, unseren Großen und den Scheichs unter unseren Gelehrten übernommen haben.«[21] Das ist ʿAbduhs Hauptaugenmerk: das Wettern gegen die sklavische Übernahme, den *taqlīd*, hier, wie auch sonst, vor allem das Akzeptieren der Hinzufügungen und Verfälschungen, welche die Gelehrten der ursprünglichen Mission des Islam zum Schaden der Muslime angetan haben. Und damit ist es ein zeitgenössisches Problem, ja, für Muḥammad ʿAbduh *das* zeitgenössische Problem.

Die Flexibilität des islamischen Denkens ergibt sich in der Vorgehensweise ʿAbduhs und Rashīd Riḍās daraus, daß sie viele Bestimmungen des islamischen Rechts, die ihrer Meinung nach weitgehend die Verknöcherung der Muslime ausmachen, für irrelevant, obsolet oder von vornherein unislamisch erklären, auf den Koran zurückgreifen und aus ihm nicht Einzelbestimmungen, sondern Prinzipien herauslesen wollen, die dann unter möglichst freiem Gebrauch der Vernunft auf die Realität der Muslime angewandt werden sollen, um zu angemessenen, humanen Lösungen ihrer Probleme beizutragen. Im Bedarfsfall lassen sich solche Prinzipien natürlich nicht nur aus dem Koran heraus-, sondern auch in ihn hineinlesen. Jedenfalls soll dem *idjtihād*, also dem freien Bemühen um Lösungen, wieder zu seinem Recht verholfen werden. Mit dieser Vorgehensweise wollen ʿAbduh und Riḍā das ihrer Meinung nach auf unheilvolle Weise erstarrte Denken der Muslime wiederbeleben und mit den Verhältnissen der heutigen Welt und damit der Realität der heutigen Muslime kompatibel machen. Das ist ihnen auch in großem Umfang gelungen.

Diese Vorgehensweise bringt freilich zwei Probleme mit sich. Einmal ist das Verhältnis von Glauben und Ratio nicht so unproblematisch, wie es ʿAbduh immer wieder hinstellt. Bei aller Ausweitung des Bereichs des Vernunftgebrauchs, die er propagiert, entgrenzt und entfesselt er die Vernunft doch nicht völlig. Vielmehr weist er immer wieder darauf hin, daß ihr Gebrauch nur innerhalb der von Koran und unbezweifelbarem *ḥadīth* gesetzten Grenzen stattfinden soll. Die Freiheit der Vernunft ist also durch das Verharren in einem islamischen Begründungs- und Rechtfertigungsrahmen eingeschränkt. Das ist für einen überzeugten Muslim nicht verwunderlich. Wie bei den überzeugten Anhängern anderer Religionen ergeben sich aber in der Moderne daraus Reibungen und Probleme, deren Lösung nicht erleichtert wird, indem man sie wegleugnet, wie es ʿAbduh durch seinen Anspruch tut, noch die elementarsten Glaubensgrundsätze rational zu begründen.

Schon ʿAbduhs Zeitgenosse Faraḥ Anṭūn (1874-1922) hat auf die Widersprüche, Schwächen und Grenzen in ʿAbduhs Vorgehensweise hingewiesen. Anṭūn war ein syrischer Intellektueller christlicher Herkunft, der nach Ägypten ausgewandert war und dort 1899 eine Zeitschrift gegründet hatte, in der er die Übernahme europäischer Modelle und Errungenschaften im »Orient« propagierte, damit dieser Orient gegenüber Europa erstarkte. Er war also ziemlich rückhaltloser Modernist. ʿAbduhs apologetische Schrift *Al-islām wa-n-naṣrāniyya maʿa-l-ʿilm wa-l-madaniyya* (Islam und Christentum in ihrem Verhältnis zu Wissenschaft und Zivilisation) war von der am Rande gemachten Bemerkung Anṭūns angeregt worden, der Islam unterdrücke freies Denken stärker als das Christentum. Das war der Anlaß für ʿAbduh, in einer großangelegten Verteidigung das Christentum und den Islam vergleichend zu charakterisieren und den seiner Meinung nach wahren Charakter des Islam als tolerante Vernunftreligion herauszustreichen, aber auch die zeitgenössischen Vorstellungen und Praktiken der Muslime vor diesem Hintergrund scharf zu kritisieren und zu ihrer Reform aufzurufen. Auf diese ausführliche Darlegung antwortete Anṭūn seinerseits sehr eingehend. Aus seinen wie aus ʿAbduhs Ausführungen ergeben sich wichtige Gemeinsamkeiten: Beide wollen die soziale Reform zwecks Stärkung des Orients im Verhältnis zu Europa, beide wollen dazu Modernisierung, beide wollen ihre Zeitgenossen wachrütteln und zur Aktivität rufen, beide haben einen guten Teil ihrer Inspiration aus Europa bezogen und halten das Lernen von Europa für förderlich, beide sind für unabhängiges Denken und gegen das Kleben an der Tradition. Sie unterscheiden sich aber radikal im Hinblick auf die Rolle, die sie der Religion bei all dem zuweisen: Während ʿAbduh ihr, konkret dem Islam, einen großen Stellenwert bei der Mobilisierung der Menschen zur Reform beimißt und ihn dazu selbst reformieren will, will Anṭūn die Reform nicht nur aus dem islamischen, sondern aus jedem religiösen Begründungszusammenhang herauslösen. Er schlägt vor, zwei Kompetenzbereiche im menschlichen Leben, Herz und Verstand, auseinanderzuhalten. Im Herzen soll die Religion, und zwar die unreformierte Religion, walten und dem Menschen spirituelle Anleitung und Befriedigung verschaffen, der Verstand die profanen Aspekte des Lebens regeln. Anṭūn plädiert auch, und zwar mit ausführlicher, historisch gestützter Begründung, für die Trennung der religiösen von der politischen Autorität. Es bleibt festzuhalten, daß beide Denker die Autonomie menschlichen Lebens gegenüber öffentlich sanktionierter religiöser Dominanz befürworten, daß Anṭūn das aber durch die scharfe Trennung beider Bereiche erreichen will, ʿAbduh dadurch, daß er den »islamischen Panzer« flexibel macht. Anṭūn ist expliziter Säkularist, während sich ʿAbduhs Position am besten als impliziter Säkularismus beschreiben läßt.[22]

Aber auch ʿAbduhs impliziter Säkularismus läßt sich noch weiter auffächern und ist dann auch noch weiter aufgefächert worden. Das zweite Problem seiner Vorgehensweise liegt nämlich darin, daß durch sie ein bei aller grundsätzlichen Beschränkung doch recht weiter Raum für ideologische Orientierung geöffnet wird, der auf sehr unterschiedliche Weise gefüllt werden kann und tatsächlich dann auch in der Nachfolge von ʿAbduh sehr unterschiedlich gefüllt worden ist. Eine »islamische Verbindlichkeit« läßt sich auf diese Weise kaum gewinnen.

Nach ʿAbduhs Tod hat sein Schüler Rashīd Riḍā sein Werk fortgesetzt und manches, was ʿAbduh erst angedeutet hatte, ausbuchstabiert. Er hat namentlich versucht, Vorschläge für eine zeitgemäße islamische Regelung von Rechtsfindung und Politik zu entwickeln. In der Begründung bzw. Weiterentwicklung des Rechts will er für alles, was nicht direkt die kultischen Verpflichtungen betrifft, Nützlichkeitserwägungen gelten lassen, das aber zumindest formal an die traditionelle Rechtsfindung anschließen, indem er auf diesem Gebiet der *maṣlaḥa* (»Interesse, Gemeinwohl«) weiten Raum als Rechtsquelle gibt und zur Überwindung überholter Bestimmungen auch einen neuen *idjmāʿ* (»Gelehrtenkonsens«) ins Auge faßt, dessen Träger eine neu zu konzipierende Gruppe von Vertretern der Gläubigen sein soll, und darunter kann man durchaus ein Parlament im modernen Sinn verstehen. Auch in der Politik öffnet Riḍā modernen, sogar demokratischen Vorstellungen Tür und Tor, kommt aber zugleich dem Bedürfnis nach islamischer Identitätswahrung nach, indem er den neu zu konzipierenden Staat Kalifat nennt und sich auf das traditionelle islamische Prinzip der *shūrā* (»Beratung«) bezieht.[23]

Riḍā schlägt also im Interesse der Muslime moderne Konzepte vor, die er aber gleichsam mit einem islamischen Etikett versieht – ebenfalls im Interesse der Muslime, wie er es versteht! Gleichzeitig kritisiert er heftig solche Denker, die, ebenfalls Schüler von ʿAbduh, von den gleichen Grundlagen ausgehen und die gleichen Methoden anwenden wie er, aber zu ganz anderen Resultaten kommen. So etwa ʿAlī ʿAbdarrāziq, der in einem 1925 zuerst erschienenen Buch behauptet, es bedürfe im Islam keines spezifisch islamischen Staats, nötig sei nur ein Staat, der überhaupt die Belange der Menschen wirksam regele und ihnen damit die Möglichkeit der Religionsausübung sichere. Das begründet er in einer Kombination von historischer Analyse (die zeigen soll, daß der vorgeblich islamische Staat den Muslimen geschadet hat) und islamrechtlicher Untersuchung (zum Erweis, daß es keine *bona fide* islamische Begründung für einen solchen Staat gibt).[24] ʿAbdarrāziq entfaltete also die säkularistischen Implikationen des Denkens von ʿAbduh, und zwar unter Wahrung eines islamischen Begründungszusammenhangs. Das Beispiel zeigt, zu wie unterschiedlichen, ja gegensätzlichen Ergebnissen man auf der Basis des Denkens von Muḥammad ʿAbduh und mit seinen Methoden kommen konnte. Rashīd Riḍā entfaltete seit den zwanziger Jahren des 20. Jahrhunderts eher die traditionell islamische Seite des Denkens von ʿAbduh, näherte sich politisch ʿAbdalʿazīz ibn Saʿūd, dem Gründer des modernen saudischen Staats, an und entwickelte auch in der internationalen Politik eine sehr konservative Haltung. Damit wurde er zum wichtigen Stichwortgeber der Muslimbrüder.[25]

Wenn ich hier ziemlich ausführlich auf Muḥammad ʿAbduh eingegangen bin, dann wegen seiner symptomatischen Bedeutung: Er hat auf eine bestimmte Situation, nämlich die von den Muslimen als Misere empfundene Schwäche gegenüber Europa, in einer ganz bestimmten Weise reagiert. Er folgte dabei einem apologetischen Impuls. Er wollte die Dynamik des Islam und damit auch seine Statur in der öffentlichen Wahrnehmung wiederherstellen und so den Muslimen aus ihrer mißlichen Lage helfen, aber auch, solange sie ihre Probleme noch nicht überwunden hatten, Selbstbewußtsein geben und Trost verschaffen. Viele seiner Zeitgenossen und der nach ihm Kommenden haben sich in seiner Antwort wiedergefunden, weil sie in derselben Situation standen. Das erklärt seine große Resonanz.

Nun ist das große Problem, das ʿAbduh angepackt hatte, nicht gelöst worden. Die Muslime haben es bisher nicht geschafft, sich aus der mißlichen Lage der Abhängigkeit vom Westen herauszuarbeiten, und aus ebendiesem Grund konnte ihnen auch die Vorgehensweise von ʿAbduh wenig Selbstbewußtsein geben und Trost verschaffen. Um so verzweifelter empfinden sie das Bedürfnis danach, und das treibt immer wieder ähnliche Antworten und Argumentationsfiguren hervor wie die von ʿAbduh. Der apologetische Impuls ist nach wie vor präsent.

## DIE ENTWICKLUNG DER ISLAMISCHEN APOLOGETIK

Hier soll etwas Licht auf bestimmte Entwicklungen des islamischen Denkens im 20. Jahrhundert geworfen werden, um zu verstehen, wie es zu der heute doch vielfach kläglichen und für viele anstößigen Erscheinungsform großer Teile der islamischen Ideologie gekommen ist. Dies kann und soll natürlich keine Geschichte des islamischen Denkens in der fraglichen Zeit sein, sondern nur einige Motive und Argumentationsstränge hervorheben, die im Vordergrund des Interesses standen und oft immer noch stehen. Diese Entwicklungen lassen sich nicht verstehen, wenn man außer acht läßt, daß sie Begleiterscheinungen des beständigen Ringens um Unabhängigkeit, Fortschritt und Wohlergehen der betroffenen Bevölkerungen waren, eines Ringens, das auch mit äußeren Akteuren stattfand, die dabei kräftemäßig weit überlegen waren. Dabei stand der Islam keineswegs immer manifest im Vordergrund. Vielmehr waren nationalistische Ideologien lange Zeit offizieller Ausdruck und Leitlinie dieser Bestrebungen:

in der Zeit zwischen den Weltkriegen ein eher liberaler Nationalismus, für eine gewisse Zeit danach stärker antiimperialistische und sozialistische Spielarten dieser Ideologie. Trotz des offiziell säkularen Charakters dieser Ideologien verzichteten aber die Führer der nationalistischen Bewegungen nicht auf islamische Argumente zu ihrer Begründung; überdies gab es neben den nationalistischen relativ früh auch schon Bewegungen islamischer Prägung. Islamische Motive standen also im Hintergrund immer bereit, und in dem Maß, in dem die säkularen Bestrebungen ihre Ziele nicht nachhaltig erreichten und auch kein Ideologieprojekt jenseits des Islam langfristig Verbindlichkeit und Plausibilität gewann, traten sie aus der Kulisse hervor. Und letzten Endes schossen aus diesen Motiven auch halbwegs konsistente Ideologien zusammen und fanden ihre Anhänger. Damit begann dann die hohe Zeit des Islamismus.

Schon bei ʿAbduh und Riḍā war Apologetik ein wichtiges Motiv. Sie war bei ihnen kombiniert mit der Absicht, die Muslime wachzurütteln, damit sie für eine Verbesserung ihrer Situation einträten, und zwar unter Einsatz der Ratio und Rückgriff auf den Koran. Auch ihnen folgende muslimische Denker haben diese Motive aufgegriffen, aber nicht unbedingt in derselben Kombination. Der apologetische Strang blieb jedenfalls stark. Ein beliebtes Thema war und ist das von der naturwissenschaftlichen Wunderbarkeit des Koran. Der Azhar-Gelehrte Ṭanṭāwī Djauharī breitete es in seinem monumentalen Korankommentar aus. Darin zeigt er sich von der Schönheit der Natur und ihren Wundern begeistert, ebenso von den ständig neuen naturwissenschaftlichen Entdeckungen seiner Zeit, die seiner Meinung nach in bestimmten Texten des Koran schon vorausgesagt werden. Das macht er zu einem neuerlichen Beweis für die göttliche Qualität des Koran, der moderne naturwissenschaftliche Erkenntnisse vorweggenommen habe, von denen zur Zeit seiner Offenbarung niemand zu träumen gewagt hätte. »Seine Grundidee ist, daß der Koran als offenbartes Buch nicht nur in literarischer, sondern auch in wissenschaftlicher Hinsicht ein Wunder ist.«[26] Andere Autoren, nicht zuletzt solche, die selbst eine naturwissenschaftliche Ausbildung hatten, brachten ähnliche Auffassungen vor. Wieder andere widersprachen heftig: Der Koran sei ein Buch mit wesentlich sozialreformerischer und spiritueller Absicht; in ihm naturwissenschaftliche Erkenntnisse zu suchen würdige ihn herab.[27] Dieser Widerspruch hat nicht verhindert, daß die Auffassung vom wissenschaftlichen Wunder des Koran seither und bis heute sehr breit vertreten wird und immer wieder als Argument für die göttliche Qualität und die »Richtigkeit« des Koran und damit des Islam herhalten muß. Die dafür herangezogenen Stellen des Koran sind meist sehr vag und müssen stark strapaziert werden, um sie in Zusammenhang mit neueren Erkenntnissen zu bringen (von anderen Fragwürdigkeiten des Vorgehens ganz abgesehen), aber das stört die Anhänger dieser These offenbar nicht. Wie andere apologetische Argumente kommt sie offenbar dem Bedürfnis vieler Muslime entgegen, ihren durch moderne Entwicklungen erschütterten Glauben zu bekräftigen. Aber auch Widerspruch gegen diese Vorgehensweise wird bis heute vorgebracht; dazu später mehr.

Am Beginn ihrer neueren Phase im 19. Jahrhundert war die islamische Apologetik vielfach Antwort auf antiislamische polemische Literatur christlicher Missionare. Besonders tat sich dabei Karl Gottlieb Pfander von der Basler Missionsgesellschaft hervor. Seinem Buch »Die Waage der Wahrheit«, ins Arabische übersetzt als *Mīzān al-ḥaqq*, antwortete sehr bald ein indischer muslimischer Autor mit einem *Iẓhār al-ḥaqq* (Die Offenlegung der Wahrheit).[28] Auch aus muslimischer Feder gibt es vor allem in den letzten Jahrzehnten beißende antiwestliche Polemik, manchmal solche, die den Westen für christlich nimmt, oft aber auch solche, die ihn von Materialismus, Säkularismus und all ihren angeblichen schädlichen Begleiterscheinungen wie moralische Haltlosigkeit, Promiskuität und ähnlichem bestimmt sieht. Man identifiziert im Westen viele Feinde (Kommunismus, Freimaurertum, die Orientalisten, Zionismus usw.) und sieht diese Feinde oft beseelt von einem enormen Haß auf den Islam. Die entsprechende Literatur ist ausgesprochen umfangreich; ein zentrales Werk ist *Das moderne islamische Denken und seine Beziehung zum westlichen Imperialismus* von Muḥammad al-Bahī, zuerst 1957 erschienen. Darin klagt er nicht nur den Westen und seine Machenschaften an, sondern attackiert auch die muslimischen Denker, die sich zu Vertretern des Westens machen.[29]

Diese polemische Richtung hatte aber kein Monopol über die islamische Literatur jener Zeit. Vielmehr läßt sich eine gewisse Ambivalenz beobachten. Nimmt man beispielsweise die Stellung des Islam zum Christentum, so läßt die weithin vertretene Grundanschauung, die es als Offenbarungsreligion anerkennt, deren Anhänger freilich die Offenbarung nicht unverfälscht bewahrt haben und sich zu anstößigen Glaubenssätzen wie der Trinität bekennen, zwei Optionen: Man kann das Gemeinsame betonen und den Christen Nähe bescheinigen, man kann aber auch die Unterschiede hervorheben und so die Christen zu Ungläubigen machen. Für beide Optionen gibt es Anknüpfungspunkte in den Grundlagentexten und in der islamischen Literatur, beide Vorgehensweisen kommen auch in der jüngeren Vergangenheit häufig vor; Beispiele werden an anderer Stelle in diesem Buch angeführt.

W. C. Smith hat den Inhalt der Monatszeitschrift der Azhar-Universität in den beiden ersten Jahrzehnten ihres Bestehens untersucht und dabei im wesentlichen zwei Haltungen gefunden: diejenige der Traditionalisten, die aus ihrer Glaubensüberzeugung heraus an die Leser appellieren, den Idealen des Islam zu folgen und dazu auch in die beklagenswerte Realität der islamischen Gesellschaften einzugreifen, und die der Modernisten, die unter ständigem Blick auf den Westen die Vorzüglichkeit des Islam beweisen wollen. Smith beklagt bei dieser zweiten Position, die er an der Person des langjährigen Herausgebers der Zeitschrift, Farīd Wadjdī, festmacht, daß er nicht nur die Problemstellung, sondern oft auch die Kriterien seiner Apologie aus dem Westen bezieht, weiter die ausschließliche Konzentration auf die Verteidigung des Islam sowie die Verdinglichung und Instrumentalisierung des Islam, die damit verbunden ist: »Sie [die von Wadjdī angezielten Leser, A. F.] glauben innigst an den Islam 〈...〉, und es bereitet ihnen Entzücken, wenn sie sehen, wie er verteidigt wird. Ein wahrer Moslem jedoch glaubt nicht an den Islam 〈...〉, sondern an Gott.«[30] Smith weist auch darauf hin, daß eine solche Haltung geeignet ist, Passivität zu fördern oder zu rechtfertigen. Einer der von ihm behandelten Artikel Wadjdīs enthält nach seinem Urteil »sehr wenig Aufforderung zum Handeln. Er versucht nicht, anzustacheln, sondern zu trösten, zu beruhigen. Der Leser kann ruhig in seinem Lehnstuhl sitzen bleiben, mit einem behaglichen warmen Gefühl ums Herz.«[31] Und Smith vermißt bei Wadjdī auch – trotz des ständigen Bezugs auf modern westliche Argumente, Urteile und Standards – die wirkliche Beherrschung moderner wissenschaftlicher Analyseinstrumente.[32]

Wir finden also hier – ganz in der Nachfolge von ʿAbduh und Riḍā – islamische Apologetik. Allerdings ist der Impetus zum Wachrütteln diesem Denken offenbar verlorengegangen. Auch den Traditionalisten ist nach Smiths Urteil allerdings etwas abhanden gekommen, nämlich die Bodenhaftung. Bei aller Festigkeit der Glaubensüberzeugung könnten sie die Menschen, die in ihr erschüttert worden sind, nicht verstehen und damit auch nicht auf sie eingehen. Er schließt resigniert: »Es ist allseits bekannt, in der moslemischen Welt wie anderswo, daß die traditionellen Männer der Religion nicht mehr in der Lage sind, verständlich und überzeugend zur modernen Welt oder über sie zu sprechen.«[33]

Beide angesprochenen Gruppen, Traditionalisten wie apologetische Modernisten, können das große Problem, Muslimen den Weg in die Moderne zu weisen, ohne daß dabei ihr Glaube ins Wanken kommt, nicht lösen. Wenn die zweite Gruppe eher reüssiert, liegt das daran, daß ihr Vorgehen einem weithin empfundenen Bedürfnis frustrierter, vom Westen düpierter und desorientierter Muslime entspricht. Es hilft ihnen praktisch nicht, es hilft ihnen auf die Dauer wohl auch nicht emotional, bietet aber, ähnlich wie beispielsweise der Nationalismus, eine Art von Trost.

Das 20. Jahrhundert hat auch zahlreiche Versuche zur Instrumentalisierung des Islam gesehen. Viele Autoren und ideologische Strömungen haben mit islamischen Argumenten bestimmte politische oder soziale Projekte legitimiert bzw. für diese Projekte mobilisiert. Das erschien den Beteiligten um so nötiger, je schwächer bzw. kurzlebiger andere Legitimations- oder Mobilisierungsinstrumente waren. So hat etwa die Regierung Nassers in Ägypten ihre Politik der Landreform und der Verstaatlichungen mit islamischen Argumenten gerechtfertigt – merkwürdigerweise durch Verbreitung des Buchs *Der Sozialismus des Islam* des Führers der syrischen Muslimbrüder Muṣṭafā as-Sibāʿī, und das zu einer Zeit, in der die ägyptischen Muslimbrüder scharf unterdrückt wurden! As-Sibāʿī hat sich denn auch von dieser Benutzung distanziert.[34] Der liberale Religionsgelehrte Khālid Muḥammad Khālid wandte sich mit einem Manifest zur Verteidigung der Demokratie mindestens implizit gegen die diktatorischen Tendenzen des Nasser-Regimes, wobei er religiöse Argumente ins Feld führte.[35] Einige ägyptische und syrische Autoren der sechziger Jahre des 20. Jahrhunderts deuteten die frühe islamische Geschichte im sozialistischen Sinn;[36] andere wandten sich mit islamischen Argumenten heftig gegen sozialistische Tendenzen.[37] Hier fand eine ideologische Auseinandersetzung statt, die Begleiterscheinung eines praktisch-politischen Kampfs war. Dabei waren konservative islamische Kräfte, in einigen Fällen auch Islamisten, bis in die achtziger Jahre hinein durchaus gesuchte Bündnispartner des Westens, der sie auch nach Kräften förderte.

Die Instrumentalisierung des Islam zur Unterstützung von Projekten grundsätzlich säkularer Natur wie Liberalismus, Nationalismus oder Sozialismus, unternommen, um diese einem religiösen Publikum schmackhaft zu machen, mußte nicht unbedingt die gewünschte Folge haben. Denn »das konnte einen auf den Gedanken bringen, der Islam verfüge über ein Korpus von überlegenen Konzeptionen und Rezepten, die es einem erlauben würden, auf die fremden Formen zu verzichten, in denen sie präsentiert worden waren«.[38] Dieses Ergebnis stellte sich vor allem dann ein, wenn die säkularen Rezepte nicht die gewünschten und verheißenen Resultate gebracht hatten, nicht zum Wohlergehen größerer Teile der Bevölkerung geführt hatten. Ein solcher Sachverhalt wurde um 1970 für größere Teile der muslimischen Welt deutlich, und das führte mit einer gewissen Verzögerung zu einem Schub in der Akzentuierung des Islam.

# 8
# ISLAMISMUS, ISLAMISCHE BEWEGUNGEN, SALAFISMUS

## ISLAMISMUS UND ISLAMISCHE BEWEGUNGEN

Das Phänomen, das heute weithin als Islamismus bezeichnet wird, ist in der öffentlichen Diskussion ähnlich oft Stein des Anstoßes wie der Islam selbst. Während viele den Islam grundsätzlich für problematisch halten, machen andere einen Unterschied zwischen Islamismus und Islam und sind bereit, diesen und seine »friedlichen« Anhänger gelten zu lassen, geißeln aber heftig den Islamismus als grundsätzlich problematisch und aggressiv. Und selbstverständlich ist es richtig, Islam und Islamismus zu unterscheiden: Der Islam ist eine große Weltreligion, der Islamismus eine bestimmte, abgrenzbare Bewegung und Ideologie innerhalb dieser Religion. Islamisten sind Muslime; es hat wenig Sinn, ihnen das abzusprechen, wie es manchmal versucht wird. Aber die weitaus meisten heutigen Muslime sind *keine* Islamisten. Angesichts seiner Bedeutung als potentiell problematisches Phänomen ist es unumgänglich, sich den Islamismus und seine verschiedenen Ausprägungsformen, die ich hier als islamische Bewegungen bezeichne, näher anzuschauen. Ob man das Phänomen als Islamismus, islamischen Fundamentalismus oder politischen Islam bezeichnet, halte ich für weniger wichtig. Für bzw. gegen jede dieser Bezeichnungen lassen sich Argumente vorbringen; ich bevorzuge den Begriff »Islamismus«, weil ich ihn für am wenigsten inhaltlich vorbelastet halte.

Der Islamismus ist also eine Bewegung innerhalb des Islam, der eine bestimmte Ideologie entspricht. Diese Bewegung ist historisch neu; sie entstand erst in den zwanziger Jahren des 20. Jahrhunderts. Es ist im Abschnitt »Die Reaktion«

davon die Rede gewesen, daß manche Denker im Mittleren Osten im Zuge der Verschärfung der Vorbehalte gegen den Westen den Islam besonders betont und ihn dazu zugespitzt, politisiert und ideologisiert haben, um ihn zum Instrument der Veränderung der mißlichen Verhältnisse zu machen. Nach dem Ersten Weltkrieg sind aus dieser Situation und in diesem Geist islamische Bewegungen entstanden, und zwar zuerst in Ägypten und unter indischen Muslimen.

Hintergrund, Entstehung, Entwicklung und Charakter islamischer Bewegungen lassen sich gut am Beispiel der *Muslimbrüder* darstellen, der ältesten und für die arabische Welt wichtigsten islamistischen Organisation. 1928 im ägyptischen Ismailiyya von Ḥasan al-Bannā (1906-1949) gegründet, bestehen sie bis heute und spielen in einigen arabischen Ländern, teilweise unter anderem Namen, immer noch eine große Rolle. Die wichtigsten Kennzeichen der ägyptischen Situation in den zwanziger und dreißiger Jahren des 20. Jahrhunderts, die für die Entstehung und Entwicklung der Muslimbrüder bedeutsam wurden, waren folgende: Für lange Zeit herrschte noch die Enttäuschung darüber vor, daß die Unabhängigkeitshoffnungen und -bestrebungen nach dem Ersten Weltkrieg frustriert worden waren und daß die von Großbritannien 1922 einseitig proklamierte ägyptische Unabhängigkeit immer noch empfindlich eingeschränkt war. Diese Enttäuschung hatte sich 1919 in heftigen Unruhen Bahn gebrochen und bestimmte auch weiterhin die politische Atmosphäre im Land. Die Herrschaft wurde nach wie vor unter britischer Dominanz weitgehend von der alten landbesitzenden Aristokratie mit dem König an der Spitze ausgeübt; die Regierung, die aus Wahlen hervorging und in gewissem Maß die Volksmeinung repräsentierte, stand dazu in prekärer Konkurrenz. Das Land war unter der Kolonialherrschaft bis zu einem bestimmten Grad modernisiert worden; dieser Prozeß ging weiter. Auch modernistische Ideologien spielten in der Politik und im intellektuellen Leben nach wie vor eine große Rolle, während der islamische Charakter der politischen und gesellschaftlichen Verhältnisse öffentlich immer weniger sichtbar war. Dem gegenüber stand eine mehrheitlich in traditionellen religiösen Vorstellungen verhaftete Gesellschaft. Das erzeugte eine gewisse Reibung, die sich gelegentlich in Kontroversen über das Verhältnis von Politik und Religion manifestierte. Und schließlich zeigten sich in dieser Zeit zunehmend Tendenzen zur Einbeziehung größerer Teile der Bevölkerung in die Politik. Es gab einen gewissen Aktivismus, es gab Initiativen von unten, es gab eine Tendenz zur Gründung von Massenparteien, es gab die Nachahmung bestimmter europäischer Vorbilder wie der Pfadfinder oder der paramilitärischen Verbände faschistischer Parteien (»Braunhemden« usw.).[1]

Unter diesen Umständen war die Entstehung von Organisationen, deren wesentliches Unterscheidungsmerkmal die Betonung des Islam war, nicht verwunderlich. Die wichtigste dieser Organisationen waren in Ägypten die Muslimbrüder. Die besondere Leistung ihres Gründers Ḥasan al-Bannā war wohl, abgesehen von seiner Beharrlichkeit und Einsatzfreude, daß er erkannte, womit die Muslimbrüder unter den gegebenen Verhältnissen reüssieren würden, und es konsequent in die Tat umsetzte. Bei al-Bannā ist wenig intellektuelle Originalität festzustellen. Seine Ideologie war die der islamischen Reformisten, vor allem von Rashīd Riḍā: Wiedereinsetzung des Islam als Leitlinie des *ganzen* Lebens, dazu seine Wiederherstellung und Reinigung im Geist der islamischen Frühzeit *(salaf)*, ein relativ flexibles, den modernen Verhältnissen angemessenes Verständnis des Islam. Sorgfältig vermied al-Bannā Spezialdoktrinen oder allzu konkrete ideologische Festlegungen. Vieles ließ er absichtlich im unklaren, so etwa die Frage, was der Dschihad (den er ständig predigte!) genau bedeutet, oder das Problem der Diskriminierung von Nichtmuslimen. Er tat das unter Berufung auf die zu bewahrende Einheit der Muslime; es gab ihm und der Organisation aber auch die Möglichkeit, auf gegebene Situationen flexibel zu reagieren, und es diente der Pflege des öffentlichen Image der Muslimbrüder: Wer sich konkret programmatisch festlegt, setzt sich der Kritik aus; eine Organisation, die in der allgemeinen Wahrnehmung nur die Durchsetzung islamischer Belange im Auge hatte, stand in einem Land relativ ungebrochener Religiosität wie Ägypten eher gut da.

In einem Punkt gingen allerdings al-Bannā und die Muslimbrüder über die älteren Reformisten hinaus: Sie erkannten die Bedeutung des Aktivismus sowie der Organisation und verhielten sich entsprechend. Dabei stießen sie auf ein Problem, das die islamischen Bewegungen bis heute verfolgt: die Spannung zwischen der Verweigerung politischen Engagements, welche die Islamisten für sich in Anspruch nehmen, und ihrem unabweisbaren Hineingezogenwerden in politische Auseinandersetzungen. Auf der einen Seite lehnten die Muslimbrüder die Parteipolitik *(ḥizbiyya)* als Spaltung der muslimischen Gemeinschaft ab und nahmen auch selbst nicht die Form einer politischen Partei an. Als »Vereinigung« durften sie sich auch rein rechtlich nicht politisch engagieren. Die traditionelle islamische Politikkonzeption beinhaltet das Akzeptieren auch kritisierenswerter Herrscher; Ḥasan al-Bannā erklärte, offenbar ganz in diesem Geist, oft die Loyalität seiner Organisation dem König gegenüber. Auf der anderen Seite konnte der umfassende Geltungsanspruch des Islam, den die Organisation so vehement betonte, Politik und Staat nicht aussparen, im Gegenteil: »Der Islam ist Glaube und Ritual, Nation und Nationalität, Religion und Staat, Geist und Tat, heiliger Text und Schwert.«[2] So und ähnlich sagte es al-Bannā immer wieder. Wer das ernst nahm, konnte nicht politisch abstinent bleiben. Und in dem Maß, in dem die Bewegung nennenswerte Dimensionen annahm, konnte sie sich ganz unabhängig von ihren eigenen Absichten auch rein praktisch nicht aus dem politischen Kampf heraushalten, und sie tat das dann auch nicht. 1939 gestand sie ihren politischen Charakter offen ein.[3] Parteipolitik lehnte sie aber nach wie vor ab, und sie strebte auch im heftigsten politischen Kampf offensichtlich nicht nach direkter Machtausübung, sondern nach Einfluß als eine Art von religiöser Beratungs- oder Zensurinstanz: Ḥasan al-Bannā äußerte sich wiederholt in Sendschreiben an arabische Politiker, in denen er zur Beachtung islamischer Normen aufrief; nach dem Putsch der Freien Offiziere lehnten die Muslimbrüder eine Beteiligung an der Regierung ab, forderten aber nachhaltigen Einfluß auf sie. Der wurde ihnen nicht gegeben.[4]

Wie sehr Ideologie und Vorgehensweise der Muslimbrüder einem verbreiteten Bedürfnis entsprachen, läßt sich an ihrem Wachstum ablesen. Von den sechs Personen, mit denen al-Bannā nach eigenem Zeugnis die Organisation gründete, wuchs sie bis Ende der dreißiger Jahre des 20. Jahrhunderts (wiederum nach eigenen Angaben) auf 100 000 Mitglieder an, bis Ende der vierziger Jahre wohl auf mehrere Hunderttausend.[5] Dies war eine Größenordnung, bei der sich eine militante Organisation nicht mehr aus dem Handgemenge heraushalten konnte. Und in der Praxis gaben die Muslimbrüder ihre politische Abstinenz auch spätestens Ende der dreißiger Jahre auf. Sie bekundeten beispielsweise Solidarität mit dem Aufstand der Palästinenser gegen britische Herrschaft und Zionismus 1936-1939. Al-Bannā unterdrückte allerdings alle Tendenzen seiner Anhänger, den Kampf der Muslimbrüder um Einfluß auch gewaltsam zu führen. Auch während des Zweiten Weltkriegs hielt das Wachstum der Muslimbrüder an; sie hüteten sich, den Status quo (der die Unterstützung der Wafd-Regierung[6] für die britischen Kriegsanstrengungen einschloß) in Frage zu stellen. Erst nach dem Krieg begannen im Zuge der Agitation gegen die britische Präsenz heftige Auseinandersetzungen, die in der Regel die Muslimbrüder gegen Wafd und Kommunisten in Stellung brachte. Während des Palästinakriegs 1948 verschärften sie sich und nahmen um diese Zeit auch gewaltsamen Charakter an. Schon vorher hatten die Muslimbrüder einen geheimen militärischen Apparat aufgebaut. Ende 1948 löste die Regierung die Muslimbrüder, die einen prominenten Politiker ermordet hatten, auf; im Februar 1949 wurde al-Bannā seinerseits von Polizeiagenten ermordet. Die stark dezimierte Organisation spielte auch in den folgenden Jahren eine Rolle; nach dem Militärputsch vom Juli 1952 vergrößerten sich ihre Bewegungsfreiheit und ihr Einfluß vorübergehend. Aber auch mit der neuen Regierung gerieten sie aus machtpolitischen Gründen zunehmend in Konflikt; nach dem Attentatsversuch eines Muslimbruders auf Nasser im Oktober 1954 wurden sie brutal unterdrückt. Tausende Muslimbrüder wurden inhaftiert, einige hingerichtet, viele ins Exil gezwungen.

Die scharfe Unterdrückung der Muslimbrüder in Ägypten, die von 1954 bis 1971 dauerte, führte bei vielen von ihnen zu einer Radikalisierung ihrer politischen Position, welcher ihr Ideologe Sayyid Quṭb (1906-1966) am konsequentesten Ausdruck gab. Er diagnostizierte die modernen Gesellschaften, einschließlich der nominell islamischen, als *djāhilī* (»heidnisch«), weil in ihnen Menschen über Menschen herrschen und jemand (oder etwas) anderes als Gott verehrt wird. Diesen Zustand brachte er mit allen möglichen Anzeichen von moralischem und zivilisatorischem Niedergang in Verbindung. Um die Herrschaft Gottes *(ḥākimiyya)* wiederherzustellen, sagte er, muß energischer Einsatz der Muslime erfolgen, die Einsicht in diesen Zustand gewonnen haben, wenn nötig mit Gewalt. Die ersten, die hier zu bekämpfen sind, sind die Systeme und Machthaber der islamischen Gesellschaften selbst, die Quṭb unter Berufung auf bestimmte Texte von Ibn Taimiyya als nichtislamische Herrscher bezeichnet, weil sie nicht die Scharia zur Geltung bringen – eine ausgesprochen aggressive Konzeption, die Quṭb aber als defensiv darstellt: Nötig ist zunächst, nach seiner Vorstellung, die Verkündigung der Befreiung der Menschen von jeder nichtgöttlichen Macht. Dem stellt nach aller Erfahrung die »menschliche Realität« mit der politischen Macht an der Spitze alle möglichen Hindernisse entgegen, die, soweit es sich um materielle Hindernisse handelt, dann durch die »aktive Bewegung« beseitigt werden müssen. Was hier verteidigt werden soll, ist nicht das islamische Territorium, sondern die Möglichkeit des Menschen, »frei« von jedem Hindernis die ausschließliche Unterwerfung unter Gott zu wählen. Die apologetische Rechtfertigung des Dschihad als territorialer Verteidigungskrieg, wie sie viele moderne Muslime betreiben, überzieht Quṭb mit beißendem Spott.[7]

Wenn man bedenkt, daß die hier propagierte Befreiung als

ihren letzten Zweck die Unterwerfung unter Gott hat, wie es Quṭb ohne Umschweife sagt, muß sie aufgeklärten Menschen des Westens, denen ja die Freiheit von *solchem* Zwang als mühsam errungenes, hohes Gut gilt, als das genaue Gegenteil von Befreiung erscheinen. Die meisten modernen ägyptischen Muslime haben aber mit der Unterwerfung unter Gott keine größeren Probleme, oder sie glauben sie jedenfalls nicht zu haben. Sie erscheint ihnen vielmehr unabhängig von ihrer sonstigen Haltung als natürliche Gegebenheit (wenn auch keineswegs immer unter dem hohen Anspruch, den Quṭb damit verbindet). Wenn man weiter bedenkt, was hier als Alternative hingestellt wird: die Herrschaft modernistischer Regimes, die sich wenig um islamische Richtlinien kümmern, das Überhandnehmen aller möglichen – tatsächlichen und vermeintlichen – Übel, die man aus dem Westen übernommen hat und die Quṭb sehr beredt und mit einer Stoßrichtung geißelt, die an westliche Kulturkritiker erinnert,[8] dann versteht man, daß diese Konzeption zuzeiten und unter bestimmten Umständen eine gewisse Attraktion ausübte. Als sie entwickelt wurde, in den fünfziger und sechziger Jahren des 20. Jahrhunderts, war das allerdings in Ägypten nicht der Fall. Die Muslimbrüder waren unterdrückt; die meisten Ägypter waren von dem nasseristischen Projekt angezogen und setzten ihre Hoffnungen darein; der damit verbundene Modernismus war populär; die negativen Seiten des Regimes waren noch nicht so deutlich geworden bzw. wurden, wie etwa seine diktatorischen Tendenzen, in Kauf genommen. Die Wirkung der Schriften Quṭbs war da auf das kleine Milieu der Muslimbrüder in Untergrund, Gefängnis und Exil beschränkt. Und auch dort blieben sie nicht unwidersprochen: Die Führung der Muslimbrüder distanzierte sich von seiner offensiven Konzeption.[9] Nach einem 1965 aufgedeckten Umsturzversuch von Muslimbrüdern wurde Sayyid Quṭb mit einigen anderen Beteiligten zum Tod verurteilt und 1966 hingerichtet.

Nassers Nachfolger as-Sādāt wertete ab 1971 die Muslimbrüder in der Absicht, ein Gegengewicht gegen linke und nasseristische Kräfte zu schaffen, wieder auf. Er hob das Verbot nicht auf, gestattete ihnen aber gewisse Aktivitäten und erlaubte auch einigen Mitgliedern, aus dem Exil nach Ägypten zurückzukehren. Seitdem ist die Organisation zwar immer noch offiziell illegal, aber sehr aktiv und konnte sich zur stärksten Kraft der Opposition entwickeln. Dabei verfolgt sie in aller Regel einen gewaltlosen Kurs der Beteiligung am politischen Leben, soweit ihr das unter den Umständen möglich ist. Quṭb wurde durch seine Hinrichtung zu einer verehrten Märtyrergestalt, politisch folgen aber die Muslimbrüder nicht seiner Konzeption, sondern der seiner Gegner in der Führung. Seine Konzeption wurde vielmehr zur Inspiration für radikalere Gruppen von Islamisten, teilweise aus Abspaltungen von den Muslimbrüdern hervorgegangen, die eine Politik der rigorosen Abschottung von der für ungläubig erklärten Gesellschaft und manchmal auch des gewaltsamen Umsturzes der Verhältnisse betrieben. Diese Gruppen wurden aufgrund gewaltsamer Zusammenstöße mit den ägyptischen Autoritäten seit den siebziger Jahren des 20. Jahrhunderts bekannt; eine von ihnen ermordete im Oktober 1981 Anwar as-Sādāt.[10] Die Auseinandersetzungen gingen weiter und eskalierten in den neunziger Jahren des 20. Jahrhunderts in terroristischen Aktionen und regelrechten Aufstandsversuchen; gegen Ende des Jahrzehnts legten diese Gruppen aber die Waffen nieder – offenbar aus der Einsicht in die Untauglichkeit ihres Vorgehens.[11] Unabhängig vom Schicksal dieser und ähnlicher Gruppen in anderen Ländern, die sich an der Konzeption von Sayyid Quṭb orientieren, sind dessen Schriften nach wie vor weit verbreitet; sie sind in mehrere islamische Sprachen und ins Englische übersetzt worden.

Um ein vorläufiges Fazit zu ziehen: Der Islamismus ist ein zeitlich, geographisch und politisch-ideologisch abgrenzbares Phänomen. Er hat bestimmte Hintergründe, Ziele, Organisations- und Bewegungsformen sowie ideologische Züge. Der Hintergrund ist der einer islamischen Weltregion, deren Bewohner sich an den Rand gedrängt sehen und die Hoffnung auf alternative Wege aus der Misere zunehmend verlieren. Das Ziel ist die Reform des Islam und seine Wiedereinsetzung als Leitlinie des persönlichen und gesellschaftlichen Lebens. Die Aktionsformen variieren stark: von intensiver Propaganda, flankiert durch Sozialarbeit, über den Versuch politischer Einflußnahme bis hin zu völliger Abschottung und gewaltsamen Umsturzversuchen. Die Ideologie betont den Gegensatz zwischen dem »wahren« Islam und seinen Feinden, im wesentlichen Modernität, Westen und ihre Parteigänger in den islamischen Gesellschaften. Dabei sind die Islamisten bei aller subjektiven Zurückweisung der Moderne selber als Reaktion auf sie ein integraler Bestandteil der Moderne und lehnen auch keineswegs alle ihre Errungenschaften ab. Der Islamismus ist ein ausgesprochen vielgestaltiges Phänomen, er ist in jedem Land von den dortigen Umständen stark geprägt und kann auch in einem Land sehr unterschiedliche Aktionsformen bevorzugen, er ist in diesem Rahmen wandelbar, d. h., er kann je nach den politisch-gesellschaftlichen Bedingungen von einer zur anderen Aktionsform übergehen. Dabei gilt im allgemeinen, daß eine Organisation um so stärker zu radikalem Vorgehen neigt, je geringer der Raum ist, der ihr zu legaler Aktion gelassen wird.

### DIE »RE-ISLAMISIERUNG«

Zur Zeit seiner Entstehung war der Islamismus kein flächendeckendes Phänomen. In Ägypten entstand die wichtigste Organisation 1928, in Indien 1941. Diese Länder waren wohl Vorreiter, weil sie früh und gründlich mit westlicher Penetration und Dominanz konfrontiert waren. Die Muslimbrüder begannen in den dreißiger Jahren des 20. Jahrhunderts, auch in die Länder des Fruchtbaren Halbmonds (Syrien, Libanon, Palästina/Jordanien und Irak) auszustrahlen, spielten aber dort, außer zeitweise in Syrien,[12] keine prominente Rolle. Anderswo fanden sie vorerst kein Gehör. Es gab ähnliche Phänomene in anderen Ländern, so etwa die »Vereinigung der ʿUlamāʾ« in Algerien, die aber ebenfalls weniger Gewicht hatten und weniger langlebig waren als etwa die Muslimbrüder in Ägypten. Und auch die Muslimbrüder (und ihr Pendant in Indien, später Pakistan, die Djamāʿat-i islāmī) waren trotz ihrer unbestreitbaren Bedeutung von begrenzter Reichweite, stellten nur eine unter vielen politischen Organisationen dar, standen in entsprechender Konkurrenz und hatten je nach dem Verlauf der politischen Entwicklung wechselnde Schicksale. Soweit es länderübergreifende Ähnlichkeiten gab, waren sie in der Vergleichbarkeit der jeweiligen Situation begründet. Bis zu den siebziger Jahren des 20. Jahrhunderts war der Islamismus nicht das massive, flächendeckende und einheitliche Phänomen, das wir heute wahrzunehmen glauben.

Das wurde in gewissem Ausmaß um 1980, in einigen Ländern auch schon etwas früher, anders. Islamistische Organisationen fanden sich nun auch dort, wo sie vorher nicht oder kaum präsent gewesen waren; an anderen Orten verstärkte sich ihr Einfluß; ihre Konzeptionen gewannen an Breitenwirkung. Das islamistische Phänomen fand sich nun fast überall, wo es überhaupt Muslime in nennenswerter Anzahl gab. Das war ein Aspekt einer Entwicklung, die man seinerzeit gern als Re-Islamisierung bezeichnete. Dieser Begriff ist irreführend. Es hatten sich ja vorher nicht Muslime in größerer Zahl vom Islam abgewandt, die sich nun wieder auf ihn besonnen hätten. Allerdings ließ sich eine stärkere Akzentuierung des Islam beobachten: Die Zugehörigkeit zum Islam wurde öffentlich stärker betont (erheblich stärkere Teilnahme an Freitagsgottesdiensten, Beachtung »islamischer« Kleidercodices bei Frauen, »islamischer« Barttracht bei Männern usw.); es gab erheblich stärkere islamische Bezüge im öffentlichen Diskurs, und schließlich vermehrte sich der Einfluß islamistischer Organisationen und Konzeptionen. Prominente Intellektuelle, Journalisten und Künstler, die sich vorher säkularistisch geäußert hatten, bekannten sich nun zu einem integralistischen Verständnis des Islam, d. h. einem solchen, das in ihm die verbindliche Leitlinie für alle Lebenssphären sah. Man sprach von einem Paradigmenwechsel.[13]

Die Akzentuierung des Islam war also real und geographisch weit ausgedehnt. Man würde sich freilich täuschen, wollte man sie als eine einzige und umfassende »islamische Welle« verstehen, welche die ganze muslimische Weltregion erfaßt und unter sich begraben hätte. Alexander Schölch warnte schon 1982 vor der Vorstellung von einem neuen »Pfingstwunder« im Vorderen Orient.[14] Nun ist der islamische (und islamistische) »Schub« um 1980 durchaus auch ohne Pfingstwunder oder andere Spiritismen zu erklären. Säkulare Politikentwürfe waren, beginnend mit der arabischen Niederlage im Krieg vom Juni 1967, gescheitert oder in den Hintergrund gerückt; Ägypten ließ seinen antiimperialistischen Anspruch fallen; das wahhabitische Saudi-Arabien wurde einflußreicher; in Afghanistan wurden islamische Widerstandskämpfer mit Hilfe des Westens in Stellung gebracht, noch ehe das Land überhaupt sowjetisch besetzt wurde; die israelische Invasion im Libanon 1982 unterstrich die Ohnmacht der arabischen Staaten, sich dieser Aggression entgegenzustellen. Insgesamt wurde der Hegemonieanspruch des Westens über wichtige Teile der muslimischen Welt um diese Zeit verschärft; die Hoffnung vieler Bewohner der Region, ihm auf dem bisher verfolgten, im wesentlichen säkularen Weg zu widerstehen, schwand. Der Leiter eines Forschungsteams, das eine der radikal-islamischen Gruppen in Ägypten genauer erforschen konnte, schlußfolgerte: »Mangels einer glaubwürdigen, weltlichen nationalen Perspektive und beim Fehlen wirksamer Mittel, um die Einmischung von außen abzuwehren sowie die gegenwärtigen und zukünftigen sozioökonomischen Aussichten der mittleren und unteren Klassen zu verbessern ⟨...⟩, wird die islamische Militanz zur Alternative.«[15] Das charakterisiert Hintergrund und Motive der weitverbreiteten Akzentuierung des Islam um 1980. Die Art und Weise, wie sie sich durchsetzte, war aber ebenso vielfältig, wie die jeweiligen nationalen Umstände, unter denen das geschah, voneinander verschieden waren. Auch unter den neuen Bedingungen verlor das islamistische Phänomen nichts von seiner Vielfalt – es wurde eher noch vielgestaltiger. »Das distinktive Merkmal der verschiedenen islamistischen Gruppierungen, die seit der

Mitte der siebziger Jahre des 20. Jahrhunderts in verschiedenen Ländern so prominent zu werden begannen, war, daß praktisch jede einzelne von ihnen unverbunden mit anderen in ihrem nationalen Milieu heranwuchs und ihren eigenen Nationalstaat zu transformieren versuchte.«[16]

Die Binsenwahrheit, daß die muslimische Weltregion in sich außerordentlich vielgestaltig ist und damit auch den gelebten Islam in ihren einzelnen Territorien ganz unterschiedlich prägt, muß angesichts der hartnäckig wiederholten Urteile über die enorme kulturelle Prägekraft des Islam (der hier als einheitlicher Islam verstanden wird) immer wieder eingeschärft werden. Sie erweist sich auch im Hinblick auf die Akzentuierung des Islam um 1980. Nur einige Beispiele: In *Iran* stürzte 1978/79 eine Volksbewegung die Regierung des Schah, die wegen ihrer für große Teile der Bevölkerung katastrophalen Sozial- und Wirtschaftspolitik sowie ihrer US-Hörigkeit extrem unpopulär war. In dieser pluralistischen Bewegung konnte nach dem Umsturz ein Teil der schiitischen Geistlichkeit seine Führung durchsetzen, die Revolution nachträglich zur islamischen erklären und das Land in eine »islamische Republik« umgestalten. Das gelang unter anderem, weil die säkulare Opposition jahrzehntelang unterdrückt und dadurch geschwächt worden war, während die religiösen Institutionen eine gewisse Immunität genossen. In *Ägypten* profitierten die Islamisten von der Diskreditierung des nasseristischen Modells durch die Niederlage von 1967 und von ihrer Begünstigung durch as-Sādāt seit 1971. Das galt vor allem für die integrationsbereiten Muslimbrüder, während radikale islamistische Gruppen mehrfach gewaltsam mit dem Regime zusammenstießen; Höhepunkt war die Ermordung von as-Sādāt 1981. Die Unterdrückung der Radikalen tat aber der Islamisierung der Atmosphäre im Land keinen Abbruch. In der *Türkei* formierten sich in den siebziger Jahren des 20. Jahrhunderts zum ersten Mal prominent islamistische Kräfte in Gestalt der Milli-Görüş-Bewegung und der von ihr inspirierten Parteien, und zwar aus Gründen, die in der Auseinandersetzung um die türkische Entwicklungspolitik lagen.[17] In *Afghanistan* wurden bereits nach dem kommunistischen Putsch vom April 1978 islamistische Kämpfer von außen eingeschleust; nach der sowjetischen Besetzung im Dezember 1979 verstärkte sich dieses Engagement, das unter der Ägide der USA vom pakistanischen Geheimdienst orchestriert und unter anderem von Saudi-Arabien finanziert wurde. Die Rolle Usama Bin Ladens bei dieser Operation ist bekannt. In *Pakistan* kam 1977 General Zia' al-Haqq an die Macht, der die Einführung eines »islamischen Systems« zum Staatsziel machte und partiell islamisches Recht einführte – offenbar zur Stützung der eigenen Legitimität und in Koordination mit der Djamāʿat-i islāmī.[18] Diese wenigen Beispiele ließen sich beinahe beliebig vermehren. Sie zeigen, daß die um 1980 unbestreitbar vorhandene Tendenz zur Akzentuierung des Islam stets national vermittelt war und auch im nationalen Rahmen verwirklicht wurde. Das unterstreicht die Vielfalt und Wandelbarkeit des Islamismus sowie die Abhängigkeit seiner Entwicklung von den jeweiligen – in aller Regel nationalen – Rahmenbedingungen.

## SALAFISMUS UND NEO-FUNDAMENTALISMUS

Auch nach 1980 entwickelte sich der Islamismus weiter. Olivier Roy sprach schon 1992 von einer Niederlage des Islamismus. Damit meinte er, daß es den revolutionären Islamisten (mit Ausnahme Irans) nicht gelungen war, die Staatsmacht zu erobern, und daß auch die reformistischen Islamisten, die eine Islamisierung der Gesellschaft von unten anstrebten und damit ebenfalls einen islamischen Staat erreichen wollten, keine Änderung der politischen oder ökonomischen Spielregeln bewirkt hatten. Weil sie sich auf Tugendpredigten beschränkt und bei deren Mißerfolg nur Sünde und Verschwörung am Werk gesehen hätten, ohne sich auf die Politik mit ihren Eigengesetzlichkeiten einzulassen und dafür eine Konzeption zu entwickeln, seien sie in ihrem eigentlichen Ziel gescheitert. »Für die Islamisten kann es nur durch das Politische eine islamische Gesellschaft geben, aber die politischen Institutionen funktionieren nur aufgrund der Tugend derjenigen, die ihr Personal stellen, einer Tugend, die nur allgemein werden kann, wenn es vorher eine islamische Gesellschaft gibt. Man dreht sich im Kreis.«[19] Allerdings hätten sich die islamistischen Ideen in weiten Teilen der Bevölkerung verbreitet und dadurch einen Teil ihrer politischen Schlagkraft verloren, denn nun seien es auch die Staaten selber, die sich an dieser Islamisierung der Gesellschaft beteiligten. Und seit den späten achtziger Jahren des 20. Jahrhunderts machten sich auch Tendenzen einer Verwandlung des Islamismus in einen »Neo-Fundamentalismus« bemerkbar: einen Islamismus, dem der Aktivismus ausgetrieben wurde, der die Öffnung zum *idjtihād* rückgängig gemacht hat und der vornehmlich zur Befolgung der strikten Regeln und zum Nacheifern des Propheten aufruft.[20]

Diese Tendenz zum Neo-Fundamentalismus im Sinne Roys wurde dadurch verstärkt, daß Saudi-Arabien mit seiner erheblichen finanziellen Unterstützung muslimischer Institutionen in der ganzen Welt auch seine eigene religiöse Konzeption zu verbreiten sucht. Diese ist salafistischer Prägung, d. h., sie propagiert den Islam aus der Zeit Muḥammads und der rechtgeleiteten Kalifen als Vorbild, hält sich an den wörtlich genommenen Koran und die *sunna* als Anleitung und lehnt vieles von der islamischen Tradition, vor allem aber Mystik, Volksislam, Heiligenverehrung und ähnliches, scharf ab. Die in Saudi-Arabien offiziell propagierte Version der *salafiyya* wurde von Muḥammad ibn ʿAbdalwahhāb (um 1703-1792) begründet, einem hanbalitischen Gelehrten, der den *tauḥīd* (Bekenntnis der Einzigkeit Gottes) in den Mittelpunkt seiner Konzeption stellte und im Sinne von Ibn Taimiyya eine strenge Auslegung der Lehren seiner Schule propagierte. Dazu gehörten nicht nur die genannten Punkte (die zur Exkommunikation, *takfīr*, der Betroffenen führen konnten), sondern auch die strikte Ablehnung der Schia und der nichtislamischen Religionen. Ibn ʿAbdalwahhāb verband sich mit dem Herrscher eines kleinen Fürstentums im Nadschd, Muḥammad ibn Saʿūd, wodurch seine Lehre gleichsam zur Staatsideologie dieses Fürstentums wurde. Dieses Bündnis hält bis heute: Die Nachkommen von Ibn Saʿūd stellen die Monarchen und die Aristokratie Saudi-Arabiens, die von Ibn ʿAbdalwahhāb spielen unter den vom Staat begünstigten Religionsgelehrten eine große Rolle, seine Lehre ist die offizielle religiöse Konzeption des Staats und wird auf bestimmten Gebieten mit Zwangsmaßnahmen durchgesetzt. Diese Lehre wird nach ihm meist *wahhābiyya*, Wahhabismus, genannt; dies ist aber eine Fremdbezeichnung.

Diese Entwicklung vollzog sich in einem wenig bedeutenden und beachteten Winkel der Arabischen Halbinsel. Erst mit der Ausdehnung des saudischen Herrschaftsbereichs fast auf die gesamte Halbinsel, vor allem aber mit der Entdeckung und Ausbeutung der enormen Erdölreserven des Landes bekam das Land größere Bedeutung und die Mittel, ehrgeizige Pläne zu realisieren, und dazu gehörte die Gewinnung von Einfluß auf die Muslime der ganzen Welt. Diese Politik wurde denn auch unter Einsatz erheblicher Finanzmittel und auf den verschiedensten Wegen, nicht zuletzt durch den »islamischen Internationalismus« (Reinhard Schulze)[21] und die Ausbildung vieler Muslime in saudischen Institutionen, realisiert.

Viele wenig informierte Beobachter haben nach dem 11. September 2001, bei dessen Vorbereitung Wahhabiten eine gewisse Rolle spielten, den Wahhabismus gleichsam entdeckt, ihn in eine enge Verbindung mit islamistisch motivierter Gewalt gebracht und in ihm einen Schlüssel zu deren Verständnis gesehen. In Wahrheit ist der Wahhabismus alt, er ist in seiner offiziell propagierten Version unpolitisch, schärft Gehorsam gegenüber den politischen Autoritäten ein und ruft auch international nicht zu Gewalt auf. Saudi-Arabien ist ja bekanntlich auch ein enger und williger Bündnispartner der USA. Allerdings propagieren die Wahhabiten im Rahmen ihrer eng verstandenen Rechtgläubigkeit xenophobe Vorstellungen, entschiedene Feindschaft gegen Christentum und Judentum, gegen den Westen insgesamt und gegen seine ideologischen und kulturellen Einflüsse. Aus dem Widerspruch zwischen dieser antiwestlichen Ideologie und der strikt prowestlichen Haltung der Regierung ergeben sich starke Reibungen. Ein weiterer Grund für starke innersaudische Spannungen ist der Umstand, daß man den dortigen führenden Gelehrten zwar die Kontrolle über das Feld des öffentlich sichtbaren Sozialverhaltens und der Religionsausübung im engeren Sinn überläßt, wo sie dann der Gesellschaft äußerst restriktive Regeln aufzwingen, daß sich die Herrscher aber von ihnen in die Politik, insbesondere auf den Feldern der Wirtschaft, der Außen- und der Verteidigungspolitik, nicht hineinreden lassen. Diese Spannungen haben dafür gesorgt, daß manche Gelehrte und Intellektuelle die für Salafisten normale politische Abstinenz in Frage gestellt haben; daraus hat sich dann innersaudisch, aber auch in einer Art von Kreuzung mit dem Islamismus der Muslimbrüder, eine dschihadistische Strömung im Salafismus entwickelt. Selbstverständlich spielten bei dieser Entwicklung politische Ereignisse eine große Rolle, vor allem die Golfkrise und der zweite Golfkrieg, in dessen Verlauf Hunderttausende von amerikanischen Soldaten auf saudischem Territorium stationiert wurden. Seit den neunziger Jahren des 20. Jahrhunderts und bis in die ersten Jahre unseres Jahrtausends machten sich diese »Dschihadisten« in terroristischen Aktionen in Saudi-Arabien bemerkbar. Zum Islamismus im engeren Sinn gehören diese Strömungen nicht, es sind aber doch verwandte Phänomene; es gibt immer auch gegenseitige Beeinflussung und Überlappungen.[22]

Auch der Einfluß Irans seit der dortigen islamischen Revolution hat auf die regionalen islamischen Bewegungen gewirkt. Am stärksten war dieser Einfluß in der unmittelbaren zeitlichen Nachbarschaft der Revolution, als man in ihr tatsächlich revolutionären Geist und antiimperialistischen Impetus sah – so sehr, daß diese Ausstrahlung seinerzeit auch die schiitisch-sunnitische Trennungslinie leicht überwand.[23] Diese Revolution wirkte wohl in gewisser Weise auch als Katalysator bei dem islamistischen »Schub« um 1980. Später ließ dann diese Ausstrahlung wegen der verblassenden »utopischen« Anziehungskraft des postrevolutionären Iran nach, der bei allem islamischen Eifer eben auch nur mit Wasser kochte, viele Probleme des Landes nicht lösen konnte und überdies bei der Unterdrückung der Opposition noch brutaler vorging als das Schah-Regime. Dann machte sich auch der Schia-Sunna-Unterschied wieder bemerkbar, der allerdings weit weniger unüberwindlich ist, als das die öffentliche Meinung bei uns wahrhaben will. Es stimmt, daß die Verbindung Irans zu schiitischen islamistischen Gruppen etwa im Libanon und im Irak besonders eng ist. Aber auch zur sunnitischen Ḥamās gibt es gute Beziehungen. In all diesen Fällen spielt wohl politisches Kalkül eine größere Rolle als religiöse Nähe.

In den beiden letzten Jahrzehnten hat sich auch ein weiteres, neues Phänomen herausgebildet: die Verlagerung des Islam und seiner nachvollziehbaren Ausdrucksformen nach Westen, d. h. die Präsenz einer zahlreichen, teilweise höchst aktiven und in ihren Ausdrucksmöglichkeiten relativ freien muslimischen Diaspora in Europa und Nordamerika sowie eine territoriale Entgrenzung des Islam, die sich diesem Umstand und der äußerst intensiven Nutzung moderner Kommunikationsmittel durch islamische Bewegungen und Institutionen, aber auch durch sehr viele einzelne Muslime verdankt. Fast jeder, der glaubt, zu einem großen Kranz von Themen von den banalsten Fragen islamischer Lebensführung bis zu den brennenden Problemen der Weltpolitik und den letzten Spitzfindigkeiten der Theologie aus einem islamischen Blickwinkel etwas zu fragen oder zu sagen zu haben, ist im Internet aktiv. Hier finden auch Diskussionen statt, die in der Öffentlichkeit der meisten muslimischen Länder unmöglich wären, weil sie sensible politische oder religiöse Themen betreffen.[24] Und es ist auch bemerkenswert, daß, abgesehen von der schon genannten saudischen Konstellation, die Dschihadisten hervorbrachte, viele der Terroristen mit islamischer Motivation etwas mit dieser Verwestlichung und Entgrenzung des Islam zu tun haben: meist junge Leute, oft Angehörige der muslimischen Diaspora der zweiten Generation, im

Westen ausgebildet, in ihrer Lebensgeschichte verwestlicht, »born-again-Muslims«, manchmal auch Konvertiten, radikalisiert durch persönliche Beziehungen und/oder im Umfeld bestimmter (europäischer!) Moscheen.[25] Man muß bei all dem aber die Dimensionen im Auge behalten: Diese dschihadistischen Personen und Initiativen, die normalerweise etwas vereinfachend mit al-Qāʿida in Verbindung gebracht werden, entstammen in aller Regel dem salafistischen Spektrum des heutigen Islam. Sie stellen aber in diesem Rahmen eine winzige Minderheit dar. Die weitaus meisten Salafisten haben zwar eine ähnlich manichäische Weltsicht, also eine solche, welche die Welt in ständigem Kampf zwischen Gut und Böse sieht, lehnen aber politische Aktion und Gewaltanwendung strikt ab. Die weltweit wohl erfolgreichste salafistische Bewegung, die Tablighis, lehnt wie die anderen Salafisten politische Betätigung und Gewaltanwendung ab und legt überdies bei aller auch öffentlichen Betonung ihrer islamischen Zugehörigkeit im Unterschied zu anderen Salafisten auch großen Wert auf ideologische Toleranz.[26]

Eine gewisse begriffliche Konfusion hat sich in der Diskussion der letzten Jahre dadurch ergeben, daß man vielfach sowohl die prominenten Vertreter des islamischen Reformismus, also al-Afghānī, ʿAbduh und Riḍā, wie auch die eben erwähnten Strömungen, und hier wieder besonders die Dschihadisten, die spektakuläre terroristische Aktionen durchgeführt haben, als Salafisten bezeichnet. Hier werden doch zwei sehr unterschiedliche Phänomene unter einem Begriff zusammengefaßt. Sicher berufen sich sowohl die Reformisten wie die Dschihadisten auf die *salaf*, die islamische Frühzeit, aber das tun viele moderne Muslime, und auf diesen Umstand beschränkt sich die Gemeinsamkeit weitgehend. Es ist also wohl zweckmäßiger, den Begriff nur auf die eben charakterisierte Strömung anzuwenden und bei den anderen einfach von islamischen Reformisten zu sprechen. Es hat sich übrigens herausgestellt, daß die Bezeichnung *salafiyya* für die Reformisten höchstwahrscheinlich ein Konstrukt westlicher Orientalisten ist.[27]

Mit dem Aufstieg der salafistischen Tendenz im Islam ergaben sich auch Spannung und Konkurrenz zwischen ihr und dem Islamismus etwa der Muslimbruderschaft, der einen flexibleren, pragmatischeren und politischeren Charakter hat und gegenüber der Mystik und nationalistischen Anliegen offener ist.[28] Roel Meijer hält als Daumenregel fest, daß, »wo nationalistische Anliegen dominant sind wie in Palästina oder ethnische Auseinandersetzungen stark sind, wie es in Bale in Äthiopien der Fall ist, oder wo die Politik entwickelter ist wie in Ägypten, die Bruderschaft dominieren wird, während der Salafismus wegen seines entterritorialisierten, entkulturalisierten und apolitischen Charakters in einer Umgebung vorwiegen wird, wo diese Anliegen nicht existieren, sich nicht entwickelt haben oder gescheitert sind und wo die Bevölkerung niedergeschmettert und radikalisiert ist, wie in Algerien in den neunziger Jahren des 20. Jahrhunderts, Tschetschenien während des zweiten Kriegs oder Irak nach der amerikanischen Invasion«.[29] Diese Spannung interpretiert Meijer als Resultat der Inkongruenz zwischen dem politischen Anspruch der islamischen Bewegungen und ihrer Unfähigkeit oder ihrem Unwillen, sich auf die komplizierten Probleme moderner Gesellschaften einzulassen. Was die Muslimbrüder angeht, sieht er bei ihnen in den letzten Jahren die starke Tendenz, sich nach Jahrzehnten der Unentschlossenheit und des Zögerns doch auf die politische Integration in die bestehenden Gesellschaften einzulassen, einschließlich der Parteipolitik *(ḥizbiyya)*, und zwar bei den syrischen Muslimbrüdern noch deutlicher als bei den ägyptischen.[30]

Islamische Bewegungen bieten in der jüngsten Vergangenheit ein sehr vielfältiges Bild. Grob lassen sich drei Tendenzen ausmachen: der gewaltbetonte dschihadistische Salafismus, der quietistische, politisch abstinente Salafismus und der Islamismus der Muslimbrüder und vergleichbarer Organisationen. Diese Bewegungen stehen natürlich in einem nationalen, regionalen und weltpolitischen Kontext. Die immer noch meist autoritären Regierungen der muslimischen Weltregion haben mit ihrer repressiven Politik die Integration der

Islamisten ins politische Kräftespiel verzögert; in letzter Zeit fördern sie als Gegengewicht gegen die Muslimbrüder gern den quietistischen Salafismus. Allzu scharfe Repression hat oft dschihadistische Reaktionen begünstigt. Und auch die Politik des Westens gegenüber dem Nahen Osten und der muslimischen Welt trägt zur Verbreitung eines manichäischen Weltbildes bei Muslimen und in vielen Fällen zur Zustimmung zu, in manchen zur Beteiligung an Gewaltakten bei.

Islamismus und islamische Bewegungen waren in einer mißlichen Situation muslimischer Länder mit dem Anspruch entstanden, diese Situation zu ändern. Sie standen damit keineswegs allein und unterschieden sich nur dadurch von anderen, daß sie ihre Mittel aus der Asservatenkammer der islamischen Tradition entnahmen oder das zumindest behaupteten. Niemand kann Muslimen das Recht absprechen, sich bei dem Versuch, ihre Probleme zu lösen, von ihrer Religion inspirieren zu lassen und sich auf sie zu berufen. Daraus müssen nicht notwendig neue Probleme erwachsen. Sie taten es aber in gewissem Maß. Die Muslimbrüder griffen in den vierziger und fünfziger Jahren des letzten Jahrhunderts zu Gewalt; ihr Ideologe Sayyid Quṭb entwickelte ein aggressives Programm, auf das sich dann radikalere Gruppen bei ihren von den siebziger Jahren des 20. Jahrhunderts bis in die neunziger zunehmend gewaltbetonteren Aktionen beriefen; die syrischen Muslimbrüder führten zu Beginn der achtziger Jahre terroristische Aktionen durch; auch in Algerien, Saudi-Arabien, Afghanistan und Pakistan griffen Islamisten bzw. Dschihadisten zu terroristischer Gewalt, von den spektakulären Aktionen der international agierenden Dschihadisten ganz zu schweigen. Libanon, Palästina und Irak habe ich hier absichtlich nicht genannt, weil dort die Gewalt im Rahmen eines Kampfs gegen fremde Besatzung stattfand und insofern einen etwas anderen Charakter hatte, wenn auch die islamistische Ideologie der beteiligten Gruppen den Übergang zu terroristischen Kampfformen erleichtert haben dürfte. Alle hier angedeuteten Gewaltaktionen fanden im Rahmen von heftigen nationalen Auseinandersetzungen bzw. in dem schon mehrfach charakterisierten internationalen Kontext statt, in dem sich Muslime schwer benachteiligt sehen. Das ändert aber nichts an ihrem hochproblematischen Charakter. Und auch die islamistische bzw. salafistische Ideologie hat durchaus problematische Seiten. Davon wird im nächsten Kapitel die Rede sein.

Wie soll man nun diese Bewegung beurteilen? Es sollte inzwischen klar sein, daß das Bild vom Islamismus als der bei weitem gefährlichsten Erscheinung unserer Zeit, vergleichbar nur mit Faschismus und Stalinismus, enorm übertrieben ist. Die Beobachter, die darauf hinweisen, daß das Gros der Islamisten sich seit geraumer Zeit in ihre Gesellschaften und deren politisches System integriert, haben sicher recht. *Das* global gefährliche Phänomen unseres Zeitalters ist der Islamismus nicht.

Es gibt aber auch Stimmen, die den Islamismus als progressive Erscheinung sehen, weil er sich dem Imperialismus oder, moderner gesprochen, der neoliberalen Globalisierung entgegenstelle. Manche sehen in ihm sogar eine emanzipatorische Kraft im Dienst der sozial Unterdrückten und vergleichen ihn mit der lateinamerikanischen Befreiungstheologie der sechziger und siebziger Jahre des 20. Jahrhunderts.[31] Es ist richtig, daß ein großer Teil der heutigen islamischen Bewegung sich gegen den Imperialismus, gegen die neoliberale Globalisierung und gegen lokale Despoten wendet, für den Westen also ein realer Störfaktor ist, und dies unbeschadet der Tatsache, daß es in der Vergangenheit durchaus Bündnisse westlicher Akteure mit Islamisten gegeben hat. Dieser Gegensatz sollte aber nicht dazu verführen, die Islamisten zu einer progressiven Kraft zu stempeln.

Islamisten geißeln den Angriff der Globalisierung auf kulturelle Vielfalt; sie selber sehen aber für ihre Gesellschaften rigorose Beschränkung kultureller Vielfalt vor. In Europa sollen muslimische Frauen tragen dürfen, was sie wollen, in muslimischen Ländern nicht. Angesichts ihres Programms einer Islamisierung der Gesellschaft steht ihr emanzipatorischer Charakter in Frage. Ein Programm sozialer und wirtschaftlicher Umgestaltung, das sich von dem anderer Akteure unterscheidet, haben Islamisten in der Regel nicht – von einem, das die Emanzipation der weniger Begünstigten als Hauptziel verfolgt, ganz zu schweigen. Also muß man feststellen, daß islamische Bewegungen zwar über weite Strecken mit den Interessen der westlichen Hegemonialmächte kollidieren, aber zur Hoffnung auf wirkliche Emanzipation ihrer Gesellschaften wenig Anlaß geben.

# 9
# DAS HÄSSLICHE GESICHT DES ISLAM

## EIN NEUER ISLAMISCHER DISKURS

Zur richtigen Erfassung des Islam gehört auch ein genauer Blick auf seine heutigen Erscheinungsformen, d. h. die Äußerungen und Verhaltensweisen moderner Muslime. Und da findet man neben vielem Unbedenklichen durchaus auch problematische und anstößige Aspekte. Diese Aspekte werden vielfach übertrieben dargestellt und vorschnell verallgemeinert; das sollte aber nicht dazu führen, daß man sie leugnet, kleinzeichnet oder wegzuerklären versucht. Es gibt diese Seiten, und sie lassen den Versuch, den Islam bzw. die Muslime pauschal zu diskreditieren, vielfach glaubwürdig erscheinen.

Die problematischen Aspekte lassen sich grob einteilen in die (praktische und theoretische) *Aggressivität* mancher Muslime, in die Existenz von Vorschriften und Praktiken, die einem modernen Verständnis der *Menschenrechte* zuwiderlaufen, bzw. die Befürwortung dieser Dinge, in die *Enge* und *Rigidität* eines verbreiteten Islamverständnisses und in die Existenz *obskurantistischer Vorstellungen*, also irrationaler Konzeptionen und Argumentationsweisen, bei vielen heutigen Muslimen.

Da ist also zunächst die mit islamischer Begründung oder Rechtfertigung ausgeübte offensive Gewalt. Davon ist am Ende des vorigen Kapitels schon die Rede gewesen. Die Gewalt nimmt in der jüngeren Vergangenheit oft terroristische Formen an, d. h., sie richtet sich gegen Zivilisten zum Zweck der Einschüchterung und zur Erreichung bestimmter politischer Ziele. Diese Gewaltausübung geschieht oft im Zusammenhang mit Konflikten, die ursächlich mit dem Islam nichts zu tun haben, wie politischen Machtkämpfen, ethnischen Auseinandersetzungen innerhalb eines Landes oder Widerstandsbewegungen gegen fremde Besatzung. Sie sind aber auch dann problematisch, insofern sie im Bewußtsein ihrer Betreiber islamisch motiviert sind und auch in der Öffentlichkeit entsprechend wahrgenommen werden. Und es gibt in der Tat im traditionellen islamischen Recht und in bestimmten Glaubensvorstellungen Konzeptionen, die sich zur religiösen Begründung von Gewaltanwendung hergeben, insbesondere das Konzept des Dschihad und die Vorstellung vom Märtyrertum. Von der Auseinandersetzung um das Dschihad-Konzept wird noch die Rede sein.

Islamisch motivierte offensive Gewalt ist die Sache einer winzigen Minderheit unter den Muslimen. Weit größer ist die Zahl der Muslime, die solche Gewalt befürworten, ihr applaudieren und sie für gerechtfertigt halten, auch wenn sie selbst von Gewaltausübung weit entfernt sind. Die Schriften von Abu-l-Aʿlā al-Maudūdī und Sayyid Quṭb, die beide den Dschihad befürworten, sind weit verbreitet; das Konzept des Dschihad ist auch heute noch Bestandteil der religiösen Erziehung in vielen muslimischen Ländern. Es ist sicher richtig, daß sich viele der so Erzogenen dabei wenig denken; das Wort Dschihad hat in moderner Zeit über seinen primär religiösen Sinn hinaus auch einen säkularen, es kann für jede intensive Anstrengung benutzt werden und wird heute auch gern friedlich interpretiert. Aber primär hat das Wort kriegerische Bedeutung, und wer das ernst nimmt, kann unter bestimmten Bedingungen zu Gewalt greifen und sich dabei religiös legitimiert sehen. Jedenfalls ist die grundsätzliche Bejahung des kriegerischen Dschihad-Verständnisses – wie theoretisch auch immer – weit verbreitet.

Solche Vorstellungen gehen oft mit der Äußerung heftiger Feindschaft gegen bestimmte Gruppen oder Ideologien einher. Im großen und ganzen lassen sich diese Tendenzen im Rahmen der Ablehnung des Westens verstehen, wobei auch der Kommunismus als »westliche« Ideologie verstanden wird. Diese Ablehnung des Westens war und ist unter Bewohnern der muslimischen Weltgegend weit verbreitet, auch ganz ohne islamische Färbung oder Begründung. Angesichts der Erfahrungen mit Kolonialismus und den Kolonialismus überdauernder Abhängigkeit läßt sie sich auch ohne weiteres verstehen. Sie ist bei vielen politisch-ideologischen Richtungen mit der Bemühung um ein analytisches Verständnis dieser Abhängigkeit verbunden und ist dann, wie holzschnittartig auch immer, Antiimperialismus. Bei vielen Muslimen wird dieses Bild entweder nochmals vergröbert, oder die Bemühung um ein analytisches Verständnis fehlt völlig. Khomeinis politisches Hauptwerk *Welāyat-e faqīh* liest sich über weite Strecken wie ein antikolonialistisches Manifest, in das koranische Begriffe wie *mustakbirūn* (»Hochmütige«) und *mustaḍʿafūn* (»Erniedrigte«) hineingeschmuggelt wurden.[1] Auch bei sunnitischen Islamisten, besonders bei den radikalen, kommt ein solcher »islamischer Antiimperialismus« vor, und Versatzstücke davon haben sich weit über die organisierten Kräfte hinaus ausgebreitet. In anderen Milieus fehlen solche analytischen Ansätze weitgehend. Als Feinde werden oft »die Juden« genannt, vielfach einfach in ihrer Eigenschaft als Juden, wobei eine ewige religiöse Feindschaft zwischen Juden und Muslimen als gegeben unterstellt oder mit Hinweis auf ausgewählte Koranstellen begründet wird. Andere beziehen sich eher auf Israel und seine Besetzung muslimischen Territoriums und reden dann von Zionismus; allerdings wird der Unterschied zwischen Judentum und Zionismus selten konsequent durchgehalten. Von der rassistischen Variante der Judenfeindschaft distanziert man sich im allgemeinen, ventiliert aber gern Verschwörungstheorien, in denen Juden bzw. »das Weltjudentum« figurieren, oft anhand der *Protokolle der Weisen von Zion.*[2] Auch gegenüber dem Christentum werden Vorbehalte oder Feindschaft ausgedrückt, allerdings ist hier eine größere Bandbreite von Positionen sowie eine größere Unsicherheit festzustellen. Manchmal wird der kolonialistische oder postkolonialistische Westen als christlich motiviert dargestellt (dann wird regelmäßig auf die Kreuzzüge hingewiesen), dann wieder werden gewisse Gemeinsamkeiten von Islam und Christentum hervorgehoben. In Saudi-Arabien ist es offizielle Politik, christliche Symbole völlig aus der Öffentlichkeit zu verbannen, von

Gottesdiensten ganz zu schweigen. Dies ist allerdings ein Sonderfall. Besonders heftig werden christliche Missionierungsversuche an Muslimen gegeißelt, seien diese nun real oder eingebildet. Nur der Vollständigkeit halber sei noch die Ablehnung der Freimaurer, der Orientalistik, des Kommunismus, des Kapitalismus und mancher anderer »importierter« westlicher Ideologien, insbesondere des Säkularismus, erwähnt.[3]

Ein weiteres Motiv im Denken vieler Bewohner der muslimischen Welt ist die Betonung der eigenen Opferrolle. Sie sehen ihre Weltgegend von Feinden umstellt, und zwar *als einzige* von Feinden umstellt. Statt nach den Zuständen der Welt zu fragen, in denen sie selbst – wie manche andere – benachteiligt sind, und diese Zustände zu analysieren, um nach Auswegen aus dieser Situation zu suchen, führen sie diese angeblich ganz besondere Feindschaft ihnen gegenüber auf einen im Westen (oder bei Christen, oder bei Juden usw.) vorherrschenden Groll gegen den Islam zurück. Wenn das richtig wäre, müßte man annehmen, dieser Groll werde andauern, und dann hätten die Suche nach einem Ausweg und entsprechende Aktivität keinen Sinn.[4] In diese Kategorie gehört auch die enorme Empfindlichkeit vieler Muslime, wenn es um Symbole ihrer Religion geht. Sie äußert sich manchmal in sehr heftigen Reaktionen, wenn tatsächlich oder angeblich solche Symbole angegriffen werden – bis hin zu schrecklichen Gewalttaten (die »Affäre Rushdie«, der Mord an Theo van Gogh, die Morddrohungen gegen Ayaan Hirsi Ali, die Reaktionen auf die Veröffentlichung der Muḥammad-Karikaturen und vieles andere).

Menschenrechtswidrige Praktiken, die in gewissem Maß ausgeübt oder befürwortet werden, sind etwa die *ḥudūd* (die koranischen Körperstrafen), die Diskriminierung von Frauen, die Diskriminierung von Nichtmuslimen und die Einschränkung der Religionsfreiheit. Die *ḥudūd* sind, wie schon beschrieben, bereits in vormoderner Zeit ganz überwiegend außer Gebrauch gekommen; auch für die weitaus meisten heutigen muslimischen Gesellschaften stellt sich das Problem praktisch nicht; nur einige haben diese Bestimmungen selektiv wiederbelebt. Unabhängig von ihrer praktischen Durchführung ist aber schon ihre grundsätzliche Bejahung hochproblematisch. Im islamischen Recht gibt es frauendiskriminierende Bestimmungen, nach heutigen Vorstellungen sind sie eindeutig menschenrechtswidrig. Soweit daran festgehalten wird, bekräftigt es das barbarische Image des Islam. Und auch die Diskriminierung von Nichtmuslimen, sei es rechtlich in muslimischen Ländern, sei es in den Vorstellungen und Verhaltensweisen mancher Muslime, sowie die Einschränkung der Religionsfreiheit, etwa das Verbot oder die gesellschaftliche Ächtung des Abfalls vom Islam, tragen zum negativen Bild bei.

Oft werden Ehrenmorde, also die Ermordung von Frauen oder Mädchen, die nach Auffassung ihrer Familie gegen Moralgebote verstoßen haben, durch Mitglieder dieser Familie, die dadurch ihre befleckte »Ehre« wiederherstellen wollen, auf das Konto des Islam geschrieben. Ebensooft wird dem entgegengehalten, das habe mit dem Islam nichts zu tun, sondern sei kulturell bedingt. Der Fall liegt kompliziert. Es stimmt, daß solche Praktiken nicht durch islamische Texte oder Vorschriften gedeckt werden. Sie kamen schon vor dem Islam vor, sie betreffen auch Angehörige anderer Religionsgemeinschaften, etwa Christen. Andererseits sind sie im Bewußtsein der Täter, soweit es sich um Muslime handelt, religiös gewollt oder zumindest gedeckt. Und die Vorstellung, der solche Taten entspringen, eine geradezu manische Obsession im Hinblick auf die Kontrolle des Sexualverhaltens besonders von Frauen, findet sich auch in zahlreichen islamischen Texten. Also ist ein gewisser Zusammenhang mit dem Islam gegeben. Allerdings muß man sich vor Augen halten, daß solche Taten zwar vorkommen, aber selten sind und noch viel seltener offen gutgeheißen werden.

Enge und Rigidität des Islamverständnisses zeigen sich in manchen der schon genannten Auffassungen, aber auch in der sklavischen Nachahmung islamischer Vorbilder, in erster Linie des Propheten Muḥammad, bis in Einzelheiten der Kleidung, der Barttracht und der Körperhygiene. Hierher gehört auch das prinzipielle Festhalten vieler Muslime an der Scharia bzw. die Forderung nach ihrer »Wiedereinführung«, denn sie ist ja in den meisten muslimischen Ländern nicht geltendes Recht. Das ist einmal problematisch, weil die Scharia so, wie sie nun einmal vorliegt, eine Fülle von Bestimmungen enthält, die in der heutigen Welt keinerlei Sinn haben, und auch viele der übrigen Anweisungen so detailverliebt und formal sind, daß ihr Sinn sich kaum erschließt und es bedenklich erscheint, daß viele Leute in ihrer Befolgung wesentliche Orientierung für ihr Leben suchen. Manche islamischen »Ratgeber«, die ja durchaus beanspruchen, auf der Scharia zu basieren, wirken durch ihr Bestehen auf den unsinnigsten Details der Lebensführung und ihre tiefe Prosa geradezu abstoßend.[5] Noch bedenklicher ist, daß viele Scharia-Bestimmungen (*ḥudūd*, Behandlung von Frauen, eherechtliche Bestimmungen, Diskriminierung von Nichtmuslimen und ähnliches) menschenrechtlich inakzeptabel sind. Das sehen viele Muslime, zögern aber dennoch, sich von der Scharia zu distanzieren, weil sie ihre Befürwortung für einen unabdingbaren Teil des Islam halten.

Ein Kennzeichen vieler heutiger Muslime ist ihr Bestehen auf scharfer Abgrenzung gegen alle anderen. Das können alle Nichtmuslime sein; es gibt aber auch viele, die nur ein ganz bestimmtes Verständnis des Islam für richtig halten und auch, manchmal sogar besonders, diejenigen Muslime ausgrenzen, die nicht diesem Verständnis anhängen. Das trifft für manche Sunniten und Schiiten im gegenseitigen Verhältnis zu, wobei aber gleich hinzugefügt werden muß, daß es auch starke Bemühungen gibt, die alten gegenseitigen Feindschaften und Empfindlichkeiten in einer Art von »muslimischer Ökumene« zu überwinden. Solche »innermuslimischen« Abgrenzungsbestrebungen, aber auch solche gegen Nichtmuslime, sind insbesondere in salafistischen Kreisen präsent. Die betonte Verwendung islamischer Grußformeln und ihre ebenso betonte Vermeidung im Verkehr mit »Nichtmuslimen«, überhaupt die Vermeidung solchen Verkehrs, die Ermahnung, nach Möglichkeit Reisen in die »Länder des Unglaubens« zu vermeiden und, wenn Notwendigkeit sie gebietet, Haß gegen ihre Bewohner im Herzen zu hegen, und ähnliches waren bis vor einiger Zeit bei saudischen Gelehrten, die meist salafistische Auffassungen vertreten, gang und gäbe, und sie sind es in einigen Kreisen noch immer. Aber auch außerhalb von Saudi-Arabien finden sich diese Vorstellungen und Verhaltensweisen bei bestimmten Muslimen. Auch die Vorstellung, daß man enge soziale Kontakte und gegenseitige Hilfe auf Muslime beschränken soll, gehört zu diesem Komplex, der übrigens durchaus seine Vorgeschichte hat und normalerweise unter dem Stichwort »*walāʾ* und *barāʾ*« gefaßt wird (Freundschaft mit Muslimen, Abgrenzung gegen Ungläubige).

Das Vorkommen obskurantistischer Vorstellungen ist in der Geschichte der Religionen (wohlverstanden: nicht nur des Islam!) ein weites Feld. Hier nur ein Beispiel: die schon erwähnte Auffassung von der naturwissenschaftlichen Wunderbarkeit des Koran, die auch heute noch verbreitet ist und welche die angebliche koranische Vorwegnahme naturwissenschaftlicher Erkenntnisse der neuesten Zeit als Beweis für den göttlichen Ursprung des Koran wertet. Eine vor wenigen Jahren in Saudi-Arabien hergestellte islamische Propagandabroschüre für ein westliches Publikum führt gleich mehrere solcher Stellen an und läßt sie durch moderne Erkenntnisse »bestätigen«.[6] Prüft man die dafür angeführten Belege, findet man Metaphern, die nur mit Hilfe blühendster Phantasie mit wissenschaftlichen Erkenntnissen in Verbindung zu bringen sind – so etwa den Vergleich von Bergen mit Pflöcken (Koran 78,7), was die Erkenntnis vorwegnehmen soll, daß Berge in der Erdkruste »verwurzelt« sind.[7] Auf solche Metaphern konnte jeder halbwegs gewitzte Mekkaner im 7. Jahrhundert kommen – ohne göttliche Eingebung oder moderne wissenschaftliche Erkenntnisse. Gern werden auch westliche Wissenschaftler zu Zeugen für die Plausibilität solcher Herleitungen gemacht.[8] In gewissem Kontrast zu der hier behaupteten völligen Übereinstimmung von Islam und Wissenschaft haben sich muslimische Kreise auch die heftige Opposition gegen die Evolutionstheorie, die von christlichen Fundamentalisten zuerst formuliert wurde und auch hierzulande noch gelegentlich gepredigt wird, zu eigen gemacht.

Eine häufig als anstößig empfundene Auffassung vieler Muslime ist auch die von der Natur des Koran als wörtlich durch Gott inspiriertem Text, der daher in Gänze akzeptiert und, wo es sich um Handlungsanweisungen handelt, auch befolgt werden muß. Das ist anstößig, weil man in Europa inzwischen normalerweise etwas anders mit religiösen Texten umgeht, vor allem aber, weil manche koranischen Anweisungen nach völker- und menschenrechtlichen Standards völlig inakzeptabel sind. Nun haben die Muslime manche (nicht alle) dieser Stellen über weite Strecken gerade ihrer vormodernen Geschichte unbeachtet gelassen. Die *ḥudūd*, also die Körperstrafen, sind selten angewandt worden, und auch vom offensiven Dschihad sind die Muslime wegen des für sie ungünstigen Kräfteverhältnisses längst abgekommen, wenn man einmal von den heutigen Dschihadisten absieht. Es fällt vielen aber sehr schwer, das offen auszusprechen und die Konsequenzen daraus zu ziehen. Selbst der bekannte muslimische Ideologe Tariq Ramadan, der als reformorientiert und offen gilt, konnte sich im Hinblick auf die *ḥudūd* nicht zu ihrer Abschaffung, sondern lediglich zur Empfehlung eines Moratoriums durchringen, denn man müsse die Mehrheit der Muslime da abholen, wo sie nun einmal sei.[9]

Ein weiterer Komplex, der in den Äußerungen heutiger Muslime eine große Rolle spielt, ist die oft vorgetragene Überzeugung von der Überlegenheit der eigenen Religion nicht nur über andere Religionen, sondern über alle Ideologien, wobei der Islam implizit, aber oft auch explizit als Ideologie verstanden wird. Auf der religiösen Ebene wird der Koran mit der Bibel (in ihren beiden Teilen) verglichen und ihr bei weitem vorgezogen; es wird behauptet, die letztere sei von Juden bzw. Christen verändert worden (z. B., um alle Ankündigungen Muḥammads, die nach verbreiteter muslimischer Auffassung in ihnen enthalten waren, aus ihnen zu entfernen). Auf der ideologischen Ebene wird behauptet, der Islam sei der dritte, richtige Weg, nachdem die Ideologien des Kapitalismus und des Kommunismus getestet worden und gescheitert seien. Es ist ein ganz normaler Umstand, daß jemand, der fest einer religiösen Überzeugung anhängt, seine Religion für die einzig richtige hält. Was hier auffällt, ist die beinahe exhibitionistische Penetranz, mit der viele Muslime ihre Überzeugungen vortragen. Das Phänomen ist in dieser Intensität wohl neu. Natürlich hat jeder das Recht, seine Religion und seine religiöse Zugehörigkeit auch nach außen hin zu unterstreichen. In den europäischen Gesellschaften, die sich daran gewöhnt haben, daß religiöse Zugehörigkeit und religiöse Symbole in der Öffentlichkeit weitgehend im Hintergrund bleiben, fällt das aber auf und erregt gegebenenfalls Anstoß.

## WOHER KOMMT DER DISKURS?

Der Islam bietet also in vielen seiner heutigen Ausdrucksformen kein erfreuliches Bild. Hier wurde ein islamischer Diskurs beschrieben, der manche Motivkomplexe gemeinsam hat und sich selbst auch meist für klar konzipiert und abgegrenzt hält, der aber, wenn man genau hinschaut, diffus ist. Für jeden der hier genannten Motivkomplexe ließen sich beliebig viele Belegstellen anführen – allerdings mit dem Nachteil, daß jede nur für ihre jeweiligen Autoren stehen könnte. Bei aller zur Schau gestellten Überzeugung von der Einheitlichkeit und Klarheit des »richtig verstandenen« Islam – tatsächlich ist der islamische Diskurs enorm vielfältig. Die forcierte Betonung seiner Homogenität ist wohl Folge des Bewußtseins oder Gefühls, daß diese Homogenität, die immer mehr Fiktion als Tatsache war, durch reale Entwicklungen an Glaubwürdigkeit verliert. Ohnehin ist dieser islamische Diskurs Sache nur eines Teils der Muslime. Wer seine Religion als selbstverständlichen, integralen Bestandteil seines Lebens versteht und sie vornehmlich als Beziehung zu Gott sieht, braucht sie nicht ostentativ zu betonen. Das ist vielmehr Sache derjenigen, die durch moderne Entwicklungen in ihrem Muslimsein zutiefst verunsichert sind und es daher (aufgrund individueller Entscheidung!) gleichsam in einen neuen Aggregatzustand versetzen, in dem nach meinem Eindruck nicht Gott, sondern vielmehr *der Islam selbst* die zentrale Rolle spielt. Der islamische Diskurs in dem hier beschriebenen Mischungsverhältnis ist ein historisch *neues* Phänomen. Er ist entstanden als Folge von Modernisierung und unter dem Eindruck vieler Muslime, daß sie bei dieser Modernisierung zu kurz gekommen, marginalisiert und unterdrückt worden sind. Er nimmt selektiv Elemente der islamischen Tradition auf.

Einen salafistischen Diskurs gab es immer in der islamischen Geschichte. Sein prominentester Kronzeuge ist Ibn Taimiyya, der so ziemlich gegen alle vorstellbaren »Abweichungen« gewettert hat; manche seiner Zeitgenossen hielten ihn daher für stark überspannt.[10] Von heutigen Salafisten, vielen Islamisten und manchen anderen wird er positiv aufgenommen, von wieder anderen heftig gegeißelt.[11] Auch in Saudi-Arabien, wo Ibn Taimiyyas Werk offiziell stark gefördert wird, wenden sich manche gegen seine Thesen.[12] Fast der ganze Rest der islamischen Tradition – das Erbe der Glanzzeit der islamischen Zivilisation mit ihren ungeheuren kulturellen Leistungen, ihrer Bandbreite der Wissensbereiche auch jenseits des Religiösen und ihrer ganzen Vieldeutigkeit – wird in diesem Diskurs ausgeblendet. Abgesehen von Elementen der Tradition enthält der Diskurs aber auch durchaus Neues. Teilweise ist das schlicht aus dem Fundus europäischen Denkens übernommen, wie etwa die scharfe Ablehnung der Evolutionstheorie oder bestimmte Elemente der viktorianischen Moralvorstellung, z. B. die Verdammung der Homosexualität, die es in dieser umfassenden Form vor dem 19. Jahrhundert im islamischen Denken nicht gab. Typischerweise entfalten diese Entlehnungen ihre öffentliche Wirkung in einer Zeit, in der die Ursprungsvorstellungen im westlichen Denken (nicht ganz, aber offiziell doch weitgehend) nach heftigen Auseinandersetzungen überwunden sind. Wer sich bei uns über solche Restriktionen mokiert, klagt also etwas an, was hier noch bis vor kurzem gang und gäbe war. Damit will ich nicht die sehr realen Diskriminierungen und Verfolgungen von Homosexuellen und andere menschenrechtswidrige

Praktiken schönfärben. Es dient aber ihrer Überwindung nicht, wenn man sie im Brustton der Überzeugung dem Islam anlastet. Andere Neuerungen sind unter dem Einfluß der Moderne bzw. in Auseinandersetzung mit europäischer oder amerikanischer Dominanz entwickelt worden. Dazu gehören die Formel, der Islam sei »Staat und Religion«, die Forderung nach einem »islamischen System« oder einer »islamischen Regierung« und ähnliches.

Thomas Bauer schreibt zu diesem Diskurs:

> Der moderne Islam, so muss man feststellen, ist nicht eine kontinuierliche Fortsetzung des traditionellen Islams, sondern ein Cluster von höchst diversen modernen Weltanschauungen und Ideologien. Viele Ausprägungen des modernen Islams haben gemeinsam, dass sie der modernen, ursprünglich westlichen Forderung nach Eindeutigkeit gehorchen. Traditionelle Elemente werden in diese Systeme je nach Ausrichtung selektiv eingefügt. Das Neue, das entsteht, ist mindestens ebensosehr westlich, wie es islamisch ist.[13]

Also: ein islamischer Diskurs, der Antwort auf die Einbeziehung von Muslimen in die moderne Welt ist, insofern ein Diskurs des Ressentiments, der neu ist, der sowohl traditionelle wie neue, vom Westen übernommene Elemente enthält, der nicht der Diskurs aller Muslime ist und der schließlich im Gegensatz zu seiner Selbstwahrnehmung durchaus heterogen ist. Warum ist dieser Diskurs, der ja ein durchaus unvorteilhaftes Bild des Islam vermittelt, in den letzten Jahrzehnten so dominant geworden, daß er vielen als einzig möglicher islamischer Diskurs erscheint? Es gibt doch alternative, reformistische, säkularistische islamische Diskurse, die auch früher viel sichtbarer waren als heute! Die ganz knappe Antwort lautet wohl: weil die Kräfte der Beharrung, denen dieser konservative Diskurs entgegenkommt, in wichtigen muslimischen Ländern die Oberhand gewannen und für lange Zeit bewahrten. Den progressiven, antiimperialistischen Regimes wurde die progressive und antiimperialistische Spitze abgebrochen; sie haben nur ihren autoritären Charakter bewahrt und bei aller

Feindschaft gegen den umstürzlerischen Islamismus mit dem quietistischen Salafismus ihren Frieden gemacht. Die anderen, die nie progressiv, geschweige denn antiimperialistisch gewesen waren, erhielten für lange Zeit unangefochtene Hegemonie.

Der bei weitem stärkste Akteur war und ist hier Saudi-Arabien. Es ist an der Verbreitung der quietistisch-salafistischen Orientierung interessiert und hat sie mit seinen beträchtlichen Mitteln nach Kräften gefördert. Es unterstützt viele islamische Institutionen in der ganzen Welt, läßt Moscheen und islamische Zentren bauen und macht dabei seinen ideologischen Einfluß geltend. Es gibt zahlreiche Bildungsinstitutionen in Saudi-Arabien, aber auch, von Saudi-Arabien finanziert, in anderen Ländern, wo Muslime aus aller Welt in Kursen zu salafistischen Predigern ausgebildet werden, die gegenüber der klassischen Gelehrtenausbildung zeitlich stark reduziert sind. Entsprechend holzschnittartige Ideologien werden vermittelt.[14] Publikationen salafistischen Inhalts werden in großer Zahl, hohen Auflagen und prächtiger Ausstattung preiswert auf den Markt geworfen. Die Islamische Weltliga und andere internationale islamische Organisationen werden zur Verbreitung dieser Inhalte genutzt; verschiedene Fernsehsender dienen demselben Zweck. Und die Saudis sind so geschickt, daß sie bei der Verbreitung ihrer Ideologie nicht auf dem Bekenntnis zum Wahhabismus bestehen.

All das würde aber wenig fruchten, wenn es nicht Publikum und Bedarf für diese Inhalte gäbe. Es gibt sie: Weite Teile des Mittelstands in muslimischen Ländern, die durch die Entwicklung der letzten Jahrzehnte deklassiert wurden, bildungs- und karrierebeflissene junge Leute, die keine angemessene Beschäftigung finden, die allgemeine kulturelle Desorientierung, die vor allem sensible junge Leute frustriert nach Halt suchen läßt – alles das trägt dazu bei, daß das beschriebene Angebot auf Nachfrage stößt.

Und doch: Auch dieser Diskurs ist nicht unwandelbar. Er ist diffus, er hat bestimmte Themen und Thesen, er hat bestimmte Grenzen, über die er normalerweise nicht hinausgeht, er hat aber keine Autoren, an deren Schriften man ihn festnageln kann. Wohl aber hat er Stichwortgeber, einflußreiche Gelehrte und Intellektuelle, die das Publikum beeinflussen und ihrerseits auf die Resonanz, die sie finden, reagieren. Bei einem Blick auf solche Stichwortgeber kann man etwas über die Tendenzen und Perspektiven heutigen muslimischen Bewußtseins erfahren. Der weltweit sicher einflußreichste unter ihnen ist der Scheich Yūsuf al-Qaraḍāwī, ein Azhar-Absolvent, der wegen seiner ideologischen Nähe zu den Muslimbrüdern Schwierigkeiten mit den ägyptischen Behörden bekam und seit Anfang der sechziger Jahre des 20. Jahrhunderts im Exil in Qatar lebt. Seinen Einfluß verdankt er seiner Stellung in verschiedenen Medien, heute vor allem dem Satellitensender al-Djazira, und seiner Fähigkeit, dem Publikum die von ihm beabsichtigten Inhalte rhetorisch geschickt nahezubringen. Seine Position ist im großen und ganzen islamistisch; in diesem Rahmen tritt er gern als Vertreter einer gemäßigten Position *(wasaṭiyya)* auf. Ich habe mich relativ früh, in den späten achtziger Jahren des 20. Jahrhunderts, mit ihm beschäftigt und hatte den Eindruck, daß er trotz seines gemäßigten Auftretens ein knochenharter islamistischer Ideologe war, der im Zweifelsfall auch *takfīr* (Feststellung von Unglauben) aussprach und nicht einmal davor zurückschreckte, auf die in der Scharia vorgesehene Strafe für Apostaten, nämlich den Tod, hinzuweisen. Das war im Rahmen seiner Auseinandersetzung mit den seinerzeit in Ägypten offen auftretenden Säkularisten.[15] Tilman Nagel kam in der Analyse von zwei Sendungen al-Qaraḍāwīs zu einem ähnlichen Eindruck, notierte aber auch dessen Versuche, seine Position angesichts der ihm wohlbewußten potentiellen Kritik zu rechtfertigen.[16] Wissenschaftler, die sich in den letzten Jahren mit ihm beschäftigt haben, sehen seine Bemühung, sich bei allem Festhalten an den Grundlagen eines textorientierten Islamverständnisses modernen Fragestellungen zu öffnen und dabei das Prinzip des *taisīr* (Leichtmachen der Befolgung der Vorschriften) zur Geltung zu bringen.[17] Ähnlich ist es bei Tariq Ramadan, der den einen als Islamist gilt, der einem antiintellektualistischen Islamverständnis verhaftet bleibt,[18] während die anderen ihn als, wenn auch konservativen, Reformer verstehen.[19]

Wir sind hier an einem zentralen Punkt. Wenn man sich die Schriften der genannten Autoren anschaut, kommt man aus der Innenperspektive zu dem Schluß, daß sie im Beharren auf unhinterfragbaren *essentials* des Glaubens weit von einem aufgeklärten Islamverständnis entfernt sind. Die aufwendigen Turnübungen, zu denen sie sich genötigt sehen, um ihre Konzeption zu retten,[20] deuten andererseits auf die Stärke der Einflüsse der modernen Welt hin, denen die muslimische Jugend, die sie wesentlich zu erreichen versuchen, unterliegt. Ludwig Ammann meint, Ramadan verfechte seine konservative Position, um »die Mehrheit der Muslime da abzuholen, wo sie steht«![21] Das ist sicher richtig. Die große Frage ist aber, wo es mit dieser Mehrheit hingeht, wenn sie einmal abgeholt ist. Und die Beantwortung dieser Frage geht über den sicherlich großen Einfluß al-Qaraḍāwīs oder Ramadans weit hinaus. Sie ist heute Gegenstand einer breit geführten Debatte, deren Ergebnis keineswegs feststeht. Sehr viele Institutionen und Intellektuelle, noch die konservativsten Rechtsgelehrten und viele interessierte Einzelpersonen unterhalten Internetseiten und beteiligen sich an den dort geführten Diskussionen. Und die Positionen sind vielfältig. Die dort gestellte Frage ist die nach dem Muslimsein in einer modernen Welt, der man zugehören will, in der man aber nicht gut zurechtkommt, wenn man starr an traditionellen islamischen Konzeptionen festhält. Also relativiert man sie, klammert sie ein, modifiziert sie oder erklärt sie im besten Interesse der Muslime für obsolet. Manche halten sogar gerade in einer Situation der Unsicherheit krampfhaft an ihnen fest. Jedenfalls ist das heutige islamische Denken weder homogen noch unwandelbar.[22] Wenn es beim Kontakt mit Vertretern des eben charakterisierten »islamischen Diskurses« so erscheint, ist das ein Irrtum.

## EINSPRÜCHE

Der Islamismus und der hier charakterisierte islamische Diskurs sind also nicht »der« Islam, und sie folgen auch keineswegs zwingend aus dem Islam; sie sind in dem breiten Spektrum von Möglichkeiten *eine* Variante islamischen Handelns und Denkens. Es gibt viele andere, darunter ausgesprochen friedliche; die weitaus meisten Muslime haben nicht nur mit Terrorismus nichts im Sinn, sondern können auch mit dem Konzept des Dschihad, geschweige denn mit seiner Praxis, nichts anfangen. Vielmehr sind sie mit dem täglichen Überleben in schwieriger Situation vollauf beschäftigt. Und es gibt auch Stimmen, die sich sehr heftig gegen den Islamismus und das oben angedeutete vermeintlich islamische Zerrbild vom Westen aussprechen.

Ich möchte hier nur einige – in ihrem Charakter sehr unterschiedliche – Beispiele anführen, zunächst das von Fuʾād Zakariyyā, einem ägyptischen aufklärerischen, säkularistischen Philosophen, der über die islamistischen Vorstellungen folgendes schreibt:

> Alle glauben, daß der europäische Mensch in einem Zustand fortwährender moralischer Zerrüttung lebt, an nichts anderes als an völlig freizügig praktizierte Sexualität denkt und in seinem Leben keinen Raum für irgendwelche moralischen Werte hat, daß die Gesetzgebung in den europäischen Staaten auf den Schutz Perverser abzielt und die Unzucht verteidigt; und dergleichen Wahnvorstellungen und falsche Bilder, die das ganze intellektuelle Marschgepäck von Millionen von Leuten bilden.[23]

Naṣr Ḥāmid Abū Zaid lieferte eine ausführliche Analyse des »religiösen Diskurses«, in der er Mechanismen und Methoden bestimmter muslimischer Intellektueller wie Sayyid Quṭb und Yūsuf al-Qaraḍāwī beispielhaft untersuchte und beißender Kritik unterzog.[24] Abdelwahab Meddeb versuchte die »Krankheit des Islam« zu diagnostizieren; auch er sprach sich heftig gegen bestimmte zeitgenössische Erscheinungen im islamischen Bereich aus.[25] Und in den Jahren, in denen islamistisch motivierter internationaler Terror häufiger wurde, mehrte sich auch die Zahl der Stimmen arabischer Autoren, die leidenschaftlich dagegen Stellung nehmen. So hat der libanesische Autor Riḍwān as-Sayyid im Sommer 2005 Selbstmordanschläge gegen Zivilisten heftig gegeißelt. Er endet sein Statement in der Zeitung ›al-Ḥayāt‹ so:

> Es gibt keinen Dschihad in Scharm el-Scheich und auch keinen in London, Madrid, New York, Riyad, Casablanca oder Bali usw. Diese Dinge werden von einer kleinen Gruppe junger Männer getan, die ihr eigenes Leben und die Menschen verabscheuen, und wenn wir uns nicht zusammenschließen und ihnen entgegenstellen, verlieren wir uns völlig.[26]

Derselbe Autor setzte sich äußerst kritisch mit der Auffassung von der naturwissenschaftlichen Wunderbarkeit des Koran auseinander.[27] Einige der kritischen Beiträge von as-Sayyid wurden in einem Buch mit dem bezeichnenden Titel *Der Kampf um den Islam* veröffentlicht.[28]

Es gibt auch sehr explizit säkularistische Kritiker heutiger islamischer Phänomene. Sie rufen die Muslime offen dazu auf, mit den angedeuteten Konzeptionen und Praktiken zu brechen und sie zugunsten eines modernitätskonformen, menschlich orientierten, spirituellen Islamverständnisses beiseite zu schieben, das insbesondere eine klare Trennung von Religion und Politik vornimmt. Als Beispiel nenne ich den tunesischen Denker Lafif Lakhdar (Al-ʿAfīf al-Akhḍar). Er ist ein scharfer Gegner der Islamisten und ihrer Konzeptionen, aber auch des in Saudi-Arabien weithin gelehrten Islam und der wesentlichen Lehrinhalte der Azhar-Universität. Diese Inhalte, die er auch in den Lehrplänen vieler arabischer Schulen wiederfindet, betonen die oben angedeuteten Teile der islamischen Ideologie und propagieren den Dschihad sowie die Abgrenzung gegen Andersgläubige usw. Dies soll durch eine Reform der Inhalte der allgemeinen Schulbildung und derjenigen der religiösen Schulen und Hochschulen geändert werden, wie es teilweise schon in Tunesien geschieht. Selbst wenn dieses Vorgehen erfordert, bestimmte Passagen des Koran wie die den Kampf gegen die Ungläubigen betreffenden gleichsam auf Eis zu legen, soll dies geschehen. Grundsätzlich soll der medinensische, also der »offensive« Islam gegenüber dem mekkanischen, friedlichen, auf die Predigt beschränkten in den Hintergrund treten.[29]

Solche Autoren erhalten durchaus Morddrohungen, und diese sind ernst zu nehmen, wie die Erfahrung lehrt. Der ausgesprochen mutig auftretende säkularistische ägyptische Autor Faradj Fōda wurde 1992 wegen seiner scharfen Kritik an den Islamisten von einer islamistischen Gruppe ermordet. Es hilft diesen Autoren auch wenig, daß sie »Rückendeckung« der US-Regierung und ihrer Propagandisten erhalten und immer wieder als deren Kronzeugen herhalten müssen, denn die US-Regierung ist wegen ihrer Nahostpolitik aus gutem Grund in der Region nicht beliebt. Wie dem auch sei: Es gibt in der Region heftige, auch intellektuelle Auseinandersetzungen zwischen unterschiedlichen Positionen – der libanesische Wissenschaftler Georges Corm hat das einmal so beschrieben:

> Ideenkämpfe toben vor allem in Ägypten, aber auch im Libanon. Leider nimmt Europa diese Kämpfe nicht zur Kenntnis, und der übertriebene Raum, den die Erscheinungen des gewalttätigen islamischen Integrismus, die alles in allem im lokalen Rahmen Randerscheinungen sind, in den europäischen Medien und der europäischen Wissenschaft einnehmen, lenkt den Beobachter oder den Politiker von all denen ab, die im Orient immer noch demokratisch und vernünftig ihre Ideen zu Gehör bringen, ohne den Terrorismus der Ideen oder des Gewehrs zu praktizieren.[30]

## ›CIRCULUS VITIOSUS‹, CLASH OF CIVILIZATIONS

Das hier gezeichnete Bündel von Verhaltensweisen und Äußerungen von Muslimen bietet ein äußerst unerfreuliches Bild. Die öffentliche Wahrnehmung im Westen spitzt es zu: Erstens tendiert sie ohnehin dazu, die Wahrnehmung unerfreulicher Erscheinungen zu privilegieren – ein Selbstmordattentäter oder Haßprediger ist nun einmal schlagzeilenträchtiger als der wohlintegrierte türkische Gemüsehändler von nebenan; und zweitens tendiert sie zur Verallgemeinerung – die häßlichen Züge dominieren dann das Bild von den Muslimen. Aber auch ohne die Zuspitzung gibt es aggressives Verhalten von Muslimen und als Begleitmusik dazu oft schreckliche Äußerungen. Das kann leicht zu aggressiven Gegenreaktionen führen; auf jeden Fall führt es zur Verstärkung genereller antiislamischer Vorurteile. Je stärker diese dann verbreitet werden und westliches Verhalten bestimmen, um so mehr sehen sich Muslime in westlichen Gesellschaften und in der Welt insgesamt verkannt und an den Rand gedrängt. Die daraus resultierende Frustration speist dann wieder Aggression. Da antiislamische Vorurteile und daraus erwachsendes Verhalten keine feinen Unterschiede machen und sich potentiell gegen alle Muslime richten, erfaßt auch die reflexhafte Aggression viele Muslime, nicht bloß diejenigen, die am Anfang Stein des Anstoßes waren. Diese können dann um so besser ihre aggressive Konzeption als defensiv darstellen, zumal sie ja auf die real schwache Position der muslimischen Weltgegend und einige besonders skandalöse Benachteiligungen von Muslimen verweisen können. Diese Konstellation führt zu einem gegenseitigen Aufschaukeln von Feindseligkeit, zu einem *circulus vitiosus.*

Hier könnte man fragen, ob es sich bei dieser sich aufschaukelnden Feindseligkeit um den berühmten *clash of civilizations* handelt. In den letzten ungefähr 15 Jahren wird ja viel Lärm um einen solchen »Zusammenstoß der Kulturen« gemacht. Kulturen im Sinne der Vertreter dieser These sind verschiedene große Weltregionen, die gemeinsame kulturelle Traditionen haben und sich ebendadurch von anderen Weltregionen abheben. Die Aufteilung der Welt unter diesem Gesichtspunkt läßt sich unterschiedlich vornehmen; Samuel Huntington hat folgende »Kulturen« vorgeschlagen: westliche, lateinamerikanische, slawisch-orthodoxe, islamische, konfuzianische, hinduistische und japanische Kultur.[31]

Diese Sicht auf die Welt ist nicht neu. Sie entspricht dem Bedürfnis des menschlichen Denkens nach analytischer Aufgliederung und Zuordnung, und sie entspricht auch einer Tendenz des menschlichen Sozialverhaltens zur Orientierung an solchen Kategorien und Zuordnungen. Sie muß überdies, indem sie den Finger auf historisch gewordene Gemeinsamkeiten und Unterschiede legt, sachlich keineswegs falsch sein.

Bedenklich wird das Konzept, wenn es zugespitzt wird, wenn es als Erklärungsansatz weltpolitischer Vorgänge einseitig hervorgehoben wird und wenn dementsprechend ganz bestimmte politische Nutzanwendungen vorgeschlagen werden. All das geschieht in den letzten Jahren. Huntington begnügt sich nicht mit der Feststellung, Kulturen seien voneinander abgegrenzt und unterscheidbar, sondern behauptet darüber hinaus, sie seien aufgrund der in ihnen vorherrschenden unterschiedlichen, ja gegensätzlichen religiösen Vorstellungen, Weltsichten und Wertekataloge dazu prädestiniert, feindlich aufeinanderzuprallen. Demgemäß prognostiziert er denn auch, daß Konflikte – einschließlich militärischer Konflikte – zunehmend an den Grenzen von Kulturkreisen ausgetragen werden.

»Kultur« definiert Huntington so: »Eine Kultur beschreibt 〈...〉 den am weitesten gefaßten Rahmen der Identität von Menschen – abgesehen von jenen Besonderheiten, die den Menschen von anderen Lebewesen unterscheiden.«[32] Daß gerade diese und nicht etwa Einheiten geringerer Reichweite eine so bestimmende Rolle spielen werden, versucht er mit folgenden Argumenten plausibel zu machen: Kulturen sind alt und stabil, sie lassen sich nicht einfach von ihren Angehörigen »wechseln«. Sie werden gestärkt durch einen zunehmenden wirtschaftlichen Regionalismus. Das »Kleinerwerden« der Welt verstärkt Kulturkonflikte und das entsprechende Bewußtsein. Die Modernisierung der Welt läßt Zugehörigkeiten geringerer Reichweite erodieren, Kulturen dagegen um so stärker hervortreten. Die »Doppelrolle« des Westens verstärkt das alles noch, indem er einerseits hegemonial auftritt, andererseits aber gerade dadurch antiwestliche Reaktionen in der ganzen übrigen Welt hervortreibt.[33]

Die Fadenscheinigkeit sowohl der Definition wie auch der Argumentation Huntingtons liegt auf der Hand; sie ist oft hervorgehoben worden.[34] Als analytische Kategorie sind »Kulturen« wenig hilfreich; ihre Abgrenzung gegeneinander ist schwierig und oft – das wird auch bei Huntington selbst deutlich – ausgesprochen willkürlich. Ihre Gegeneinandersetzung ist um so problematischer, als sich heute auf den verschiedensten Gebieten praktisch alle Weltregionen an *einem* Standard orientieren. Gewiß ist die Welt außerordentlich zersplittert und wird es seit dem Ende der bipolaren Weltordnung immer mehr, aber wenig spricht dafür, in dieser zerfurchten Landschaft gerade den Gräben zwischen den Kulturen einen privilegierten Platz zuzuerkennen. Und auch ein Blick auf die kriegerischen Konflikte der jüngsten Vergangenheit bestätigt die große Bedeutung der Kulturen nicht.

Die beiden Weltgegenden, um deren Verhältnis es in diesem Buch geht, sieht Huntington als besonders aussichtsreiche Kandidaten für Konflikt: »An der Frontlinie zwischen der westlichen und der islamischen Kultur gibt es seit 1300 Jahren Auseinandersetzungen. Die jahrhundertealten Spannungen könnten noch bösartiger werden.«[35] Hier folgen ihm viele. In Europa und Nordamerika wird wohl am häufigsten die Beziehung zwischen der eigenen Region (dem »Westen«) und dem islamischen Bereich als Kulturkonflikt verstanden. Wenn aber die These vom Kampf der Kulturen, wie hier argumentiert, so fadenscheinig ist, daß viele Beobachter sie bereits nach kurzer Prüfung zu den Akten legen – warum ist sie dann auf ein so enormes Echo gestoßen?

Im Westen wird oft der Nahe Osten, die arabische Welt oder auch die ganze islamische Welt als eine Region hingestellt, der es aufgrund bestimmter kultureller Eigentümlichkeiten an Respekt für Menschenrechte, Fähigkeit zur Demokratie, rigoroser Rationalität und manch anderem mangelt. Oft sieht man den Grund dafür in der Religion des Islam. Diese Auffassung ist hier schon öfter angesprochen worden. Sie ist übrigens erheblich älter als Samuel Huntington, der sie nur neuerlich aufgegriffen, für die heutige weltpolitische Situation zugerichtet und wirksam popularisiert hat. Im Nahen Osten wiederum wird vielfach behauptet, die Dominanz des Westens sei Ausfluß einer ideologisch, kulturell oder religiös motivierten Verschwörung gegen den Islam, die Araber, den Osten oder ähnliches. Die Gegnerschaft gegen den Westen, die ja nach den Erfahrungen der neueren Geschichte durchaus nachzuvollziehen ist, wird da nicht begründet mit dessen interessengeleiteter Politik, sondern mit einem vermeintlich unwandelbaren, letztlich kulturellen Gegensatz. In beiden Fällen handelt es sich um ein essentialistisches Verständnis des Konflikts.

Mag sein, daß die Vertreter solcher Auffassungen selbst von ihnen überzeugt sind. Vielfach propagieren sie aber wohl das Konzept vor allem, um eigene interessengeleitete Handlungsweisen zu rechtfertigen, Leute in ihrem Sinn zu mobilisieren oder aus anderen pragmatischen Rücksichten. So ist etwa die Feindschaft zwischen Israel und den Palästinensern (und anderen Arabern) ohne Zwang aus der Konstellation des Palästinakonflikts zu verstehen – mit einem Kulturkonflikt hat das nichts zu tun. Wohl aber hat sich Israel oft als Vertreter westlicher Interessen in einer undurchschaubaren und potentiell feindlichen Region dargestellt, seit dem Ende der bipolaren Weltordnung oft mit dem Hinweis auf die »Gefahr des Islam«. Und das wird ihm auch oft abgenommen – nicht zuletzt von vielen Arabern, die das ganze dann allerdings unter negativem Vorzeichen sehen: Israel als Vorposten des Westens in der arabischen Welt.[36]

Ein anderes Beispiel: Der zweite Golfkrieg hatte ganz reale, auf scharfen Interessengegensätzen beruhende Hintergründe, was den meisten Akteuren auf beiden Seiten klar war. Der Erzsäkularist Saddam Husain fühlte sich dennoch genötigt, den Krieg in essentialistischer Sicht als einen zwischen »dem« Westen und »dem« Islam zu deuten und die Muslime zum Dschihad aufzurufen – in der Praxis zwar weitgehend erfolglos, wirksam aber im Hinblick auf die Mobilisierung von Solidaritätsgefühlen. Und auch auf der anderen Seite fehlte es nicht an Stimmen, die den Konflikt als einen kulturell bedingten deuteten.

Solche Sichtweisen, wie weit sie auch immer von der Realität entfernt sein mögen, kommen einem verbreiteten Bedürfnis nach einfachen Formeln entgegen und sind wohl auch deshalb so populär. Überdies erleichtern sie es politischen Akteuren, ihre Interessen zu verfolgen und gleichzeitig deren profanen Charakter hinter einem Vorhang kultureller Identität zu kaschieren. Wenn solche Sichtweisen dominant werden, können sie reale Konflikte im Bewußtsein vieler Beteiligter zu kulturellen, ewigen und damit letztlich unüberwindlichen Konflikten hochstilisieren und so die bestehenden Gegensätze verschärfen.

Da ist es denn wichtig, der Auffassung von Huntington und anderen scharf und lautstark entgegenzutreten. Abgesehen von den bereits angeführten Überlegungen kann dazu der Hinweis auf den Umstand dienen, daß Kulturen, oder besser gesagt: die Regionen, die ihren wahren Kern darstellen, nicht monolithisch oder homogen sind und daß sie vor allem keine unabhängigen Akteure sind. In diesen Regionen gibt es Kräfte, die aus Gründen, die mit Kulturprägung wenig zu tun haben, die Auseinandersetzung mit der jeweils anderen betreiben. Die Rede vom *clash of civilizations* ist da nicht der Hinweis auf deren reale Gründe, sondern Teil ihrer ideologischen Begleitmusik.[37]

# 10
# PROBLEMFELDER

Es gibt eine Reihe von Feldern, auf denen immer wieder Probleme bei der gedeihlichen Integration von Muslimen in die heutige Welt ausgemacht werden. Die wichtigsten dieser Felder sind wohl der *Dschihad*, das Verhältnis von Muslimen zur *Demokratie*, zu einem modernen Verständnis der *Menschenrechte*, zu den Rechten von *Frauen* und zu Angehörigen *anderer Religionen*. Darum hier einige Bemerkungen zu diesen Problemfeldern.

## WELTEROBERUNG?

Eine im Rahmen der grundsätzlichen Kritik am Islam oft vorgebrachte Behauptung ist, daß der Islam tendenziell auf die Eroberung der ganzen Welt abzielt.[1] Zur Begründung wird angeführt, daß es schon im Koran Aufrufe zur offensiven Ausbreitung des Islam gibt, daß die muslimischen Araber schon sehr früh tatsächlich einen großen Teil der Erde erobert haben und daß es im islamischen Recht die Vorstellung von *dār al-islām* und *dār al-ḥarb* gibt, also solcher Territorien, wo Muslime herrschen, und solcher, wo sie das nicht tun, und daß die ersteren, wo immer möglich, auf Kosten der letzteren ausgeweitet werden sollen, bis schließlich die ganze Welt von Muslimen beherrscht wird.

Ist diese Auffassung stichhaltig? Die enorme und rasche Ausweitung seines Einzugsgebiets weit über die Arabische Halbinsel hinaus verdankt der Islam in der Tat Eroberungskriegen. In dem so eroberten Gebiet waren Muslime zunächst nur eine kleine Minderheit, denn Zwangskonversionen waren verpönt. Immerhin waren sie die herrschende und damit tonangebende Minderheit, und das führte zu Konversionen und im Lauf der Zeit zur Umkehrung der Mehrheitsverhältnisse, die ohne die ursprüngliche militärische Expansion so nicht stattgefunden hätte. Die Expansion war sicherlich partiell religiös motiviert; jedenfalls wurde sie religiös legitimiert. Der Koran hat Stellen, die zum offensiven Kampf ohne dessen Legitimation als Verteidigung oder Vergeltung aufrufen (z. B. Koran 9,5; 2,193). Er hat aber auch ganz andere Stellen: solche, die friedliche Predigt anraten (z. B. Koran 88,21 f.), und solche, welche die Aufforderung zum Kampf an zeitliche, örtliche und situative Bedingungen knüpfen (z. B. Koran 2,191; 22,39). Im Hinblick auf militärische Aktion nach außen war also koranische Beglaubigung für durchaus unterschiedliche Verhaltensweisen möglich. Wenn hier früh offensives Vorgehen privilegiert wurde, dann, weil eine solche Konzeption dem tatsächlichen Gang der Dinge entsprach: ausgesprochen erfolgreiche Eroberungskriege. Aus dieser Konstellation erwuchs die Vorstellung des *Dschihad*, der religiös gebotenen militärischen Anstrengung zur Ausweitung und gegebenenfalls Verteidigung des islamischen Herrschaftsbereichs. Sie wurde im Lauf der Entstehung des islamischen Rechts formuliert, wobei es am Beginn des Prozesses durchaus Juristen gab, die den Dschihad nicht als Verpflichtung sahen.[2] Unter dem Eindruck der Eroberungskriege, aber vielleicht mehr noch getrieben von der Notwendigkeit, die Gegenangriffe an der byzantinischen Front zurückzuschlagen und dazu alle Kräfte anzuspannen, behielt schließlich die Auffassung von der Pflicht zum Dschihad die Oberhand und wurde für lange Zeit maßgeblich. Im islamischen Recht gibt es Regeln für den Dschihad. Zwangskonversionen sollen nicht mit ihm verbunden sein. Im Kampf müssen Nichtkombattanten, Frauen, Kinder und Greise, geschont werden.

Die Theorie des Dschihad wurde nicht aus dem Koran (oder anderen Grundlagen wie dem *ḥadīth*) entwickelt und dann auf die Realität angewandt, sondern aus dem tatsächlichen Gang der Dinge abgeleitet, an Koran und *ḥadīth* rückgebunden und in islamrechtliche Vorschriften gegossen, die dann wieder bis zu einem gewissen Grad das Verhalten von Muslimen beeinflußten. Umayyadische und abbasidische Kalifen bemühten sich, in regelmäßigen Abständen Dschihad-Feldzüge durchzuführen; die bevorzugte Stoßrichtung waren Konstantinopel und das unter byzantinischer Herrschaft stehende Anatolien. Oft gerieten die Muslime, denen zu jener Zeit kein nachhaltiger Durchbruch nach Anatolien gelang, an dieser Front auch in die Defensive.

Nach den enorm raschen und dynamischen Eroberungszügen der frühen Zeit gelang Muslimen später noch einmal mit dem Vorrücken auf einen großen Teil des indischen Subkontinents und der Inbesitznahme Anatoliens durch muslimische Türken sowie dem osmanischen Vorrücken in Südosteuropa weiträumige militärische Expansion. An den meisten Fronten wurde ihnen Einhalt geboten, an einigen wurden sie zurückgedrängt. Auf der Iberischen Halbinsel gelang es christlichen Fürsten, die Muslime in Jahrhunderte dauerndem Kampf wieder zu vertreiben; in der Levante gründeten europäische Kreuzfahrer ihre kleinen Staaten und konnten erst nach etwa 200 Jahren wieder ganz vertrieben werden; aus dem Osten drangen Mongolen in mehreren Wellen an. Es fand also keineswegs eine stetig weitergehende Expansion des islamischen Herrschaftsbereichs statt, sondern Vorstoß und Rückzug der Muslime je nach dem wechselnden Kriegsglück. Wenn sie dazu in der Lage waren, dehnten islamische Staaten ihren Machtbereich kriegerisch aus – ein weltgeschichtlich höchst normaler Vorgang. Auch daß die gegenseitigen Kämpfe ideologisch begleitet wurden und daß dabei religiöse Motive eine große Rolle spielten, war in vormoderner Zeit die Regel. Auf muslimischer Seite war das lange Zeit die Vorstellung vom Dschihad.

Mit dem Erstarken Europas im Gefolge der industriellen Revolution geriet aber die islamische Weltregion nachhaltig ins Hintertreffen; die beiden letzten islamischen Großreiche, das Mogulreich in Indien und das Osmanische Reich, mußten immer mehr Niederlagen einstecken. Der islamische Herrschaftsbereich schrumpfte und geriet dann in großen Teilen unter nichtmuslimische Dominanz. An Dschihad als Ausweitung des islamischen Bereichs war unter diesen Umständen nicht zu denken. Ganz aufgeben wollte man das Konzept aber nicht – dazu war es zu fest in der muslimischen Vorstellungswelt verankert. Schon die traditionelle Vorstellung vom Dschihad hatte diesen an die Bedingung geknüpft, daß in ihm Erfolg zu erwarten war. Stand ein solcher Erfolg nicht in Aussicht, brauchte, ja sollte er nicht geführt werden. Das war nun, bei verändertem Kräfteverhältnis, klar der Fall. Also waren die jeweiligen Herrscher, soweit sie sich überhaupt noch an das Dschihad-Gebot gebunden fühlten, von seiner tatsächlichen Befolgung auch nach den Maßgaben des islamischen Rechts dispensiert.

Eine andere Möglichkeit, den Vollzug dieses Gebots zu umgehen, ohne es offen außer Kraft zu setzen, war eine Akzentverschiebung im Verhältnis des »großen« zum »kleinen« Dschihad. Das Konzept des »großen Dschihad« tauchte zum ersten Mal im 9. Jahrhundert auf, und zwar in einem Muḥammad zugeschriebenen Ausspruch, in dem er vom Kampf zurückkehrenden Muslimen bescheinigt, sie seien vom kleinen zum großen Dschihad zurückgekehrt. Gefragt, was denn der große Dschihad sei, soll er geantwortet haben: »Der Kampf des Gottesdieners gegen seine Leidenschaften.«[3] Dies wurde in der frühen Zeit so verstanden, daß der Dschihad außer dem rein militärischen auch einen spirituellen Aspekt habe, der aber den militärischen nicht ersetzen, sondern ergänzen sollte. Erst in der modernen Zeit haben muslimische Autoren (und nichtmuslimische Islam-Apologeten) den »großen Dschihad« einseitig auf Kosten des anderen Verständnisses hervorgehoben – in der Absicht, den friedlichen Charakter des Islam zu betonen.

So begrüßenswert es auch ist, daß viele Muslime sich bemühen, ihre Religion als ausschließlich friedlich zu verstehen und zu leben – wenn das mit der Behauptung einhergeht, das sei das im Islam einzig mögliche Verständnis des Dschihad, stimmt es nicht. In der frühen Zeit hat man den Dschihad ohne irgendwelche apologetischen Gesten militärisch und oft auch offensiv militärisch verstanden. Dieses Verständnis ist mit Koranstellen gestützt worden; das islamische Recht hat das so festgehalten. Dieses Verständnis entsprach dem tatsächlichen Gang der Dinge, es kam den Interessen der Muslime entgegen, und es war auch nach den Maßstäben der Zeit nicht sonderlich anstößig. Kriegerische Expansion war keine islamische Besonderheit, und auch die religiöse Rechtfertigung eines solchen Verhaltens war nicht auf Muslime beschränkt. Als das Kräfteverhältnis sich umkehrte und islamische Staaten zu solcher Expansion nicht mehr in der Lage waren, betonte man stärker das – ebenfalls koranisch begründbare – friedliche Außenverhalten, und dazu paßte dann die Umdeutung des Dschihad. Der schon genannte indische Gelehrte Sayyid Aḥmad Khān, der sich nach der Niederschlagung des indischen Aufstands durch die Briten 1857 bemühte, dem Islam eine friedliche und tolerante Form zu geben, nahm als Kernstück dieser Aufgabe auch eine Neuinterpretation des Dschihad-Konzepts vor. Danach sei »der *jihad* nur dann Pflicht ⟨...⟩, wenn Muslime in ihrer Eigenschaft als Gläubige unterdrückt und davon abgehalten würden, ihren religiösen Vorschriften nachzukommen«. Es handle sich beim Dschihad »um ein religiöses Konzept ⟨...⟩, das nicht für bloße politische Zwecke benutzt werden dürfe«.[4]

Als dann westliche Mächte fast die ganze islamische Welt unterworfen hatten, und dies mit durchaus kriegerischen Mitteln, rief das Widerstand hervor – in vielen Fällen auch gewaltsamen Widerstand. Da lag es bei einer im großen und ganzen ungebrochenen Religiosität nahe, religiöse Argumente in der Mobilisierung für den antikolonialen Kampf einzusetzen, und dazu wurde das Konzept des Dschihad im militärischen Sinn wiederbelebt und oft sogar zugespitzt; die Gelehrten, welche eine andere Position vertraten, wurden heftig gegeißelt. So warf etwa der »Vater« des indo-pakistanischen Islamismus, Abu-l-Aʿlā al-Maudūdī, Sayyid Aḥmad Khān vor, er habe sich bei seiner friedlichen Dschihad-Konzeption von den Briten zum Narren halten lassen, ohne ihn allerdings namentlich zu nennen:

> Es ist doch sehr verwunderlich, daß diejenigen, die dieses Bild [nämlich das vom Dschihad als grausamem Eroberungskrieg, A. F.] geschaffen haben und zu seiner Verbreitung nicht genug tun konnten, sich selber über Jahrhunderte und Generationen hinweg gegenseitig bekämpft und zerfleischt haben, um ihre niedrigen Gelüste zu befriedigen und ihre unersättliche Habgier zu stillen. Sie haben mit ihrem verfluchten und keineswegs heiligen Krieg die schwachen Nationen der ganzen Welt überzogen 〈...〉 auf der Suche nach Märkten für ihre Waren und Territorien für ihre Kolonien 〈...〉, Rohstoffquellen und Produkten, mit denen sie die Bäuche ihrer Fabriken und Werkstätten füllen konnten. 〈...〉 Dabei fuhren sie schwere Panzer auf, über ihren Köpfen flogen Flugzeuge in der Luft, und im Rücken hatten sie Hunderttausende gut ausgebildeter Soldaten. 〈...〉 Und nun wir in unserer Naivität und Dummheit! Wir fallen auf das falsche Bild herein, das sie von unseren Ruhmestaten gezeichnet haben, und beginnen es für wahr zu halten. 〈...〉 Wir verfälschen das Wort Gottes, nehmen ihm seinen wahren Sinn und sagen zu ihnen: Meine Herren, Kampf haben wir nicht im Sinn! Wir sind bloß missionarische Rufer, wir rufen zur Religion Gottes auf, der Religion von Ruhe und Frieden, und dies in Weisheit und durch Mahnung im Guten![5]

Hier wird 1938 aus der kolonialen Situation, in der Sayyid Aḥmad Khān früher, unter dem Eindruck der Niederlage von 1857, eine qietistische Interpretation des Dschihad geliefert hatte, die genau entgegengesetzte Schlußfolgerung gezogen: Da diejenigen, die uns beherrschen, ohne Skrupel militärische Macht einsetzen, werden wir sie ohne bewaffneten Kampf nicht loswerden. Als Islamist verzichtet al-Maudūdī selbstverständlich nicht auf religiöse Mobilisierung in diesem Kampf, und zu diesem Zweck aktualisiert er das Konzept des Dschihad bzw. gibt ihm seine primäre Bedeutung zurück. Um dies richtig zu verstehen, muß man sich vor Augen führen, daß er dabei weniger mit Gottes Gebot argumentiert als mit der realen Lage der Muslime. In den Kämpfen von Muslimen gegen das europäische Eindringen im 19. und den Kolonialismus im 20. Jahrhundert ließ sich das Konzept des Dschihad gut einsetzen, weil es sich bei den Gegnern um Nichtmuslime handelte. Allerdings ging die Führung der antikolonialistischen Bewegungen im Lauf des 20. Jahrhunderts immer mehr in die Hände säkularistischer Nationalisten über, die ihre Kämpfe zwar oft noch Dschihad nannten, sie aber nicht mehr religiös verstanden.[6]

Viele Islamisten, besonders spektakulär Sayyid Quṭb und seine Epigonen, haben ähnlich argumentiert wie al-Maudūdī, dabei aber den Dschihad nicht gegen koloniale Mächte, sondern gegen die Machthaber der eigenen Länder ausgerufen. Die international operierenden Dschihadisten geben dem Kampf wieder eine globale Dimension. Die große Mehrheit der heutigen Muslime versteht den Dschihad friedlich,[7] wenn sie sich überhaupt für dieses Konzept interessiert. Wir stellen also auch in diesem Punkt eine Pluralität muslimischer Auffassungen fest.

In der Diskussion um islamisch legitimierte Gewalt taucht immer wieder die Gestalt des Märtyrers (arab. *shahīd*) auf. In der öffentlichen Wahrnehmung im Westen gelten Selbstmordattentäter als wesentlich motiviert durch die Vorstellung, ihnen sei nach ihrem Tod das Paradies sicher, einschließlich der dort versprochenen Belohnungen unter besonderer Betonung und genüßlicher Ausmalung der »Paradiesjungfrauen«. Es ist richtig, daß im Koran (3,169) denjenigen, die »auf dem Weg Gottes« (dies die dort übliche Bezeichnung der Dschihad-Beteiligten) sterben, das Paradies ohne die sonst vorgeschriebenen Umschweife versprochen wird[8] und daß man daraus ein islamisches Konzept des Märtyrers entwickelt hat. Es ist weiter richtig, daß dieses Konzept bei der Rekrutierung und Vorbereitung von Selbstmordattentätern eingesetzt wird. Für deren Bereitschaft, ihr Leben bei solchen Aktionen zu opfern, spielt das auch sicher eine Rolle. Das Hauptmotiv dürfte es kaum sein, insbesondere nicht bei denen, die solche Aktionen planen und für die sie Bestandteil eines politischen Kampfs sind, der andere Ziele hat als das Seelenheil von Attentätern. Die Beurteilung solcher Attentate durch Muslime zeigt wieder große Pluralität. Normalerweise verurteilen Religionsgelehrte sie, mit dem Argument, daß Selbstmord im islamischen Recht verboten ist und daß daher die absichtliche Suche des Todes im Kampf jemanden von der Belohnung für Märtyrer ausschließt. Ein weiteres Argument ist, daß islamische Vorschriften ohnehin die Tötung von Menschen, abgesehen von wenigen, genau umschriebenen Fällen, verpönen und daß, selbst wenn man Dschihad annimmt, Zivilisten nicht geschädigt werden dürfen, was ja bei Selbstmordanschlägen meist ausdrücklich bezweckt ist. Es gibt aber auch Gelehrte und sonstige Personen, die bei Dschihad unter bestimmten Umständen, nämlich bei großer Waffenungleichheit, Selbstmordanschläge rechtfertigen, weil das Ziel anders nicht zu erreichen wäre. Da wird dann explizit oder implizit das Prinzip des *fiqh* zugrunde gelegt, das in Notsituationen Verbote außer Kraft setzt. Ob eine solche Notsituation besteht und welche Kämpfe überhaupt als Dschihad zu verstehen sind, ist eine Frage der Interpretation, die wieder außerordentlich unterschiedlich ausfällt. Anders als die zitierten Gelehrten hat etwa Yūsuf al-Qaraḍāwī Selbstmordanschläge im Rahmen des palästinensischen Kampfs gegen die israelische Besatzung als eines defensiven Dschihad ausdrücklich gerechtfertigt, die Angriffe vom 11. September 2001 aber verurteilt.[9] Also auch hier haben wir es mit einer großen Vielfalt muslimischer Auffassungen zu tun.

## ḤAMĀS

Ich habe oben bei der Behandlung islamistischer Gewalt Palästina und andere Länder, in denen sie in kolonialen und ethnischen Auseinandersetzungen eingesetzt wird, weggelassen. Hier nun ein Blick auf Palästina stellvertretend für diese Kategorie, denn die Betrachtung der problematischen Aspekte heutiger islamischer Theorie und Praxis kann das nicht ausklammern. Als eklatanter Fall einer von dschihadistischer Ideologie getriebenen Organisation wird oft die palästinensische *Ḥamās* thematisiert. Man unterstellt ihr, sie kämpfe gegen Israel, weil »der Islam« den Muslimen verbiete, die Herrschaft von Nichtmuslimen – und nun auch noch Juden! – auf früher muslimischem Territorium zu akzeptieren.[10]

Ḥamās ist eine *islamistische* Organisation *in Palästina*. Sie ist 1987/88 aus den palästinensischen Muslimbrüdern hervorgegangen. Diese gibt es seit den vierziger Jahren des 20. Jahrhunderts; bis 1967 waren sie in den beiden palästinensischen »Restgebieten« aktiv – im Gazastreifen im Untergrund, da sie unter der dortigen ägyptischen Besatzung das Schicksal ihrer ägyptischen Brüder teilten, in der Westbank legal, weil sie dem jordanischen Königshaus relativ nahestanden. Nach 1967 setzten sie ihre Tätigkeit (Predigt und Sozialarbeit zum Zweck der Verankerung in der eigenen Gesellschaft) fort. Wie andere Islamisten pflegten sie eine scharf antiisraelische, ja antijüdische Rhetorik, taten aber praktisch nichts gegen die israelische Besatzung. Diese honorierte das, indem sie die Muslimbrüder völlig in Ruhe ließ – ganz im Gegensatz zu den palästinensisch-nationalistischen Gruppen. Es war den Besatzungsbehörden sehr recht, daß den Nationalisten in Gestalt der Muslimbrüder eine Konkurrenz erwachsen war, denn das schwächte den Kampf gegen die Besatzung.[11]

Erst im Zuge der ersten *intifāḍa* (»Erhebung«) gegen die Besatzung (1987 bis etwa 1992) und ihrer enormen nationalistischen Mobilisierung änderte sich das. Bei Strafe ihrer völligen Marginalisierung konnten die Muslimbrüder ihren alten Kurs nicht beibehalten; sie klinkten sich in die *intifāḍa* ein und änderten ihren Namen in *Ḥamās* (*ḥarakat al-muqāwama al-islāmiyya*, »islamische Widerstandsbewegung«). Sie paßten sich damit einer wesentlich national geprägten Situation und ihrer Dynamik an, standen aber nach wie vor in Konkurrenz zu den anderen Gruppen, den genuinen Nationalisten. Als deren Gros durch die grundsätzliche Einigung mit Israel auf eine friedliche Lösung des Konflikts (Oslo 1993) als Widerstandskraft weitgehend wegfiel, stieß Ḥamās in die so gegebene Lücke. Sie unterstrich durch gezielte terroristische Anschläge ihre Fähigkeit, den Gegner empfindlich zu treffen, betonte ihre fundamentale Opposition gegen den Verhandlungsprozeß, weigerte sich, Israel offiziell anzuerkennen, und stellte in ihrer »Charta« von 1988 eine ausgesprochen antijüdische Haltung zur Schau (auch Versatzstücke des europäischen Antisemitismus wie Hinweise auf die *Protokolle der Weisen von Zion* fehlten nicht). Besonders problematisch war dabei, daß die Auseinandersetzung mit Israel als Teil eines angeblich ewigen Gegensatzes zwischen Juden und Muslimen aufgefaßt wurde.

Ḥamās stellte sich also nun ganz im Gegensatz zu seinem Selbstverständnis als islamistischer und damit eigentlich antinationalistischer Organisation als radikal nationalistische Kraft dar. Und in dem Maß, in dem die Palästinenser vom Verlauf des »Friedensprozesses«, der ihre reale Lage erheblich verschlechterte, enttäuscht wurden, honorierten sie diese Haltung durch Zustimmung. Im Verlauf des Prozesses, und insbesondere, wenn eine Verhandlungslösung in Sicht schien, hat sich Ḥamās aber auch immer offen für Kompromißregelungen gezeigt, hat Waffenstillstände geschlossen, an die sie sich auch gehalten hat, und hat ihre Bereitschaft bekundet, Israel *de facto* anzuerkennen, wenn es sich aus den besetzten Gebieten zurückzieht.[12]

Ḥamās bewegt sich im Rahmen des Widerstands gegen eine als sehr drückend und einzwängend empfundene Besatzung. Ihre Entwicklung und ihre Resonanz bei der Bevölkerung lassen sich nur so verstehen. Die israelische Besatzung hat zu ihrer Statur erheblich beigetragen, indem sie die Muslimbrüder bis 1988 ungeachtet ihrer Äußerungen hat gewähren lassen und indem sie dann später trotz des »Friedensprozesses« eisern an der Besatzung festgehalten und dabei die Bevölkerung so brutal unterdrückt hat, daß sie denen, welche sich im Widerstand am kompromißlosesten gebärdeten, am ehesten zustimmte.[13] Je brutaler die Unterdrückung, um so rückhaltloser die Zustimmung zu Ḥamās und um so größer die Versuchung für diese, in ihrem Kampf terroristische Mittel einzusetzen. Das tat sie nur zeitweise. Die Selbstmordattentate in Israel hat sie im März 2005 eingestellt. Ihr Verhalten folgte recht genau dem Verlauf der Auseinandersetzung. Mit dem Islam hat das alles ursächlich nichts zu tun; islamisch daran ist nur – teilweise – die Sprache der Akteure. Mit diesen Hinweisen will ich nicht Ideologie und Verhaltensweisen von Ḥamās rechtfertigen. Ihre Charta enthält antijüdische Elemente; sie hat keine Strategie für die Lösung des Konflikts; auch ihr zur Schau gestellter Irredentismus und ihr gewollt militantes Auftreten komplizieren eine Regelung; sie hat zeitweise massiv moralisch scheußliche und politisch schädliche terroristische Kampfmittel eingesetzt; und ihre Versuche, der palästinensischen Gesellschaft »islamische« Verhaltensnormen aufzuzwingen, sind kritikwürdig. Man muß alles das, und insbesondere die Dynamik der Gewaltanwendung, freilich im Kontext sehen und erkennen, daß es keinem islamischen Impuls entspringt, sondern den gesellschaftlichen und politischen Rahmenbedingungen der Besatzung.

Ähnliches gilt für andere Fälle, in denen sich islamistische Organisationen an nationalen und ethnischen Auseinandersetzungen beteiligen: Irak, Tschetschenien, Kaschmir, Somalia und andere. Im Irak hat sich seit 2003 eine besonders komplizierte Situation ergeben: die Etablierung der amerikanischen Besatzung, die als solche Widerstand hervorgerufen und gleichzeitig den islamistischen Organisationen, die unter Saddam Husain eisern unterdrückt worden waren, Betätigungsfreiheit gegeben hat, die Konfessionalisierung der politischen Landschaft, das Eingreifen international agierender Dschihadisten (»al-Qāʿida«) und anderes – alles das hat eine ebenso blutige wie unübersichtliche Entwicklung ausgelöst. Ich kann das hier mangels Raum, Überblick und Kompetenz nicht darstellen, ebensowenig wie die anderen genannten Fälle.[14] Auch in diesen Fällen kann ich aber keine Muslime ausmachen, die sich in dieser Eigenschaft in einem ganz bestimmten Sinn verhalten. Auch die in den letzten Jahren verbreitete Vorstellung, die im Nahen und Mittleren Osten ein »sunnitisches Viereck« (Ägypten, Jordanien, Saudi-Arabien und das sunnitische Establishment im Libanon) gegen eine »schiitische Achse« (Iran, Syrien, Ḥizballāh und – die sunnitische Ḥamās!) in Stellung bringt, erscheint mir als Mystifikation und Selbsttäuschung.

## DEMOKRATIE

Auch die Unvereinbarkeit von Islam und Demokratie wird gern behauptet.[15] Oft führt man wenig demokratische Zustände in Ländern mit muslimischer Bevölkerungsmehrheit schlicht auf den Faktor »Islam« zurück. Das wird mal theoretisch, mal praktisch begründet, nämlich einerseits mit dem islamischen Ideal, in einem muslimischen Land solle eben Gott herrschen, andererseits mit der geschichtlich feststellbaren Tatsache, daß in muslimischen Ländern autoritäre und diktatorische Herrschaft überwogen habe und dies eine sehr zähe Tradition sei. Nun war dies ja auch in anderen Teilen der Welt vormoderne Normalität, und auch das Gottesgnadentum von Herrschern (denn darauf läuft ja »Gottes Herrschaft« in der Praxis hinaus) fehlte anderwärts nicht. Aber abgesehen von geschichtlichen Vergleichen: Wie steht es heute mit dem Verhältnis von Islam und Demokratie? Wie verhalten und äußern sich moderne Muslime in dieser Frage?

Wir stellen fest, daß zumindest die Forderung nach Demokratie in muslimischen Ländern massiv und sehr verbreitet ist. Das wußte man schon vor dem »arabischen Aufbruch« von 2011;[16] er hat es kräftig unterstrichen. Bei Autoren, die soziale und politische Fragen von einem betont islamischen Standpunkt aus beurteilen, findet man zur Demokratie Unterschiedliches. Nur sehr wenige Autoren lehnen die Demokratie aus islamischer Perspektive ab. Sie argumentieren mit der absoluten Souveränität Gottes, die mit der Souveränität des Volks oder irgendwelcher Entscheidungsbefugnis von ihm gewählter Gremien, wie eingeschränkt auch immer, nicht zu vereinbaren sei. Ein Autor spricht von der Übernahme der Demokratie aus dem Westen als von einer »politischen Krankheit«, denn »sie macht das Volk zum Ursprung der Gewalten und damit zum Gesetzgeber und Souverän«.[17] Die große Mehrheit der Autoren und politischen Kräfte befürwortet jedoch die Demokratie, manche ohne eine spezifisch islamische Begründung (aber diese sollten wohl auch nicht zu den Autoren mit betont islamischer Perspektive gezählt werden), die meisten mit einer solchen Begründung.

In aller Regel kreist diese Begründung um die sogenannte Schura *(shūrā)*, die »Beratung«. Dabei handelt es sich um einen Begriff, der im Koran mehrfach vorkommt und der einer bei den Arabern der vor- und frühislamischen Zeit üblichen Praxis entspricht, wichtige Fragen zu beraten und auf diese Weise zu lösen. In der frühen islamischen Politikkonzeption spielte die Schura eine gewisse, aber keine bedeutende Rolle. Ein Herrscher sollte sich bei seiner Amtsführung mit geeigneten Personen beraten; auch bei der Auswahl der Herrscher sollte das Prinzip eine Rolle spielen. Wie verpflichtend das Gebot zur Schura war, wie weit der eingeholte Rat den Herrscher band, wer genau die Berater waren, wurde nie verbindlich festgelegt. Instrument einer quasi-demokratischen Einbindung despotischer Macht, wie es muslimische Apologeten gern behaupten,[18] ist das Konzept nie gewesen.

Wichtiger geworden ist das Konzept erst im 20. Jahrhundert, als es die Möglichkeit zu bieten schien, die politische Partizipation größerer Bevölkerungsgruppen, die man zumindest in Erwägung ziehen wollte, an eine islamische Tradition anzuschließen und damit akzeptabel zu machen. Das Konzept wurde und wird intensiv diskutiert, aber über die Ausgestaltung der Schura, die Kompetenz der entsprechenden Gremien sowie ihre Zusammensetzung ergab sich auch jetzt keine Einigkeit.[19]

Als 1985 der bekannte Religionsgelehrte Khālid Muḥammad Khālid, ein früherer Säkularist, der sich zum Islamisten gewandelt hatte, aber nach wie vor glühender Demokrat war, zur Einführung der Scharia aufrief, in diesem Zusammenhang auch die Schura zur Geltung bringen wollte und sie inhaltlich als Demokratie in einem westlichen Verständnis definierte, gab es mehrere Reaktionen, welche die ganze Unterschiedlichkeit in der Haltung von Muslimen zur Demokratie zeigten. Der Säkularist Faradj Fōda kritisierte den Versuch, den Menschen die Demokratie als Teil der Scharia zu verkaufen und damit den islamischen Staat näherzubringen, der, wenn einmal akzeptiert, viel repressiver verwirklicht werden würde als von Khālid angenommen. Der meist islamistisch argumentierende ›Ahrām‹-Journalist Fahmī Huwaidī begrüßte Khālids Vorgehen: In Ägypten sei es nötig, menschenfreundliche Konzepte islamisch zu begründen und zu formulieren, sonst würden die Bürger sie nicht akzeptieren. Der prominente Muslimbruder Djamāl Sulṭān zitierte Khālids Gleichsetzung der Schura mit der westlichen Demokratie und fragte, wann er denn wohl Großbritannien oder die USA als islamische Staaten bezeichnen werde.[20]

Hier zeigten sich drei grundsätzliche Positionen: Die »islamische Mitte«, wie sie Khālid und Huwaidī vertraten, ist weit verbreitet; die säkularistische Auffassung etwa von Fōda wird nur selten offen geäußert, und auch die radikal islamistische von Sulṭān kommt weniger häufig vor – auch für die Mehrheit der Muslimbrüder konnte er damit nicht sprechen. Jedenfalls wirft der Fall ein Schlaglicht auf die Heterogenität und Bandbreite islamischer Auffassungen in der Demokratiefrage.

Diese Haltungen sind aber nicht nur vielgestaltig, sondern auch wandelbar. Das gilt sogar für die Islamisten, die in einem früheren Stadium ihrer Entwicklung die größten Vorbehalte gegen die Demokratie als ein von außen eingeführtes Phänomen gehegt hatten. In ihrer 1999 erschienenen Studie hat Gudrun Krämer bei den ägyptischen Muslimbrüdern zunehmende Tendenzen zu einem Sich-Einlassen auf das politische Kräftespiel im Land und damit auch abnehmende Vorbehalte gegen die Demokratie festgestellt.[21] In den letzten Jahren ging diese Entwicklung weiter, auch bei den syrischen Muslimbrüdern.[22] Die Aussicht, daß diese Tendenz sich fort- und durchsetzt, hängt freilich davon ab, welche Chancen dem entsprechenden Vorgehen in den jeweiligen politischen Systemen gegeben wird. In vielen muslimischen Ländern haben wir es noch mit autoritären Systemen zu tun, die die Opposition stark einschränken. Je schwerer es unter den gegebenen Verhältnissen für islamistische Organisationen ist, sich legal zu betätigen, um so plausibler erscheinen in ihnen grundsätzliche Vorbehalte gegen die Demokratie und die Beteiligung am politischen Prozeß.

Die Betrachtung des Verhaltens und der Äußerungen heutiger Muslime zur Demokratie zeigt, daß ihre Haltung vielgestaltig ist, daß sie sich wandelt und daß sie stark von den jeweiligen politischen Bedingungen abhängt. Von einer grundsätzlichen Unvereinbarkeit von Islam und Demokratie kann keine Rede sein.

## MENSCHENRECHTE

In vielen muslimischen Ländern steht es um die Wahrung der Menschenrechte schlecht. Das hat oft Gründe, die mit der Religion nichts zu tun haben; es gibt aber auch solche Menschenrechtsverletzungen bzw. systematische Einschränkung der Menschenrechte, die mit dem Islam oder einem bestimmten Verständnis des Islam zusammenhängen. Die wichtigsten davon betreffen die Diskriminierung von Frauen, die Einschränkung der sexuellen Freiheit, die Diskriminierung religiöser Gruppen sowie die Einschränkung von Meinungs- und Glaubensfreiheit.

Der Hintergrund, vor dem diese Restriktionen diskutiert und beurteilt werden, sind im allgemeinen die modernen Menschenrechtsvorstellungen, wie sie etwa in der »Allgemeinen Erklärung der Menschenrechte« der UNO von 1948 niedergelegt sind. Die Menschenrechte werden hier naturrechtlich begründet und universell verstanden. In diesem Verständnis wurden sie zuerst in Europa entwickelt; in ihrem universellen Anspruch sind sie relativ jung. Sie stellen auch eine Herausforderung für die Muslime dar, deren Maßstäbe und Beurteilungskriterien ja stark von westlichen Vorstellungen beeinflußt sind. Da sie universalistisch formuliert und naturrechtlich,

d. h. ohne Bezug auf die Religion, begründet ist, haben viele Muslime Vorbehalte gegen die »Allgemeine Erklärung«. Um die durch sie gegebene Herausforderung dennoch anzugehen, haben verschiedene islamische Gremien »islamische Menschenrechtserklärungen« formuliert.[23] In der Substanz, also in den Artikeln, die Menschenrechte positiv formulieren, sind sie beinahe identisch mit der »Allgemeinen Erklärung«. Das Problem liegt darin, daß sie in ihren Präambeln die Menschenrechte in einen islamischen Begründungszusammenhang stellen und einige der Rechte in ihrer Absolutheit durch die Formulierung »im Rahmen der Scharia« einschränken. Wenn man unter der Scharia hier den überkommenen *fiqh* versteht, widersprechen manche ihrer Bestimmungen den modern verstandenen Menschenrechten eklatant. Ein besonders gravierender Fall ist das Apostasieverbot, das ja im *fiqh* durch die Androhung der Todesstrafe eingeschärft wird.

Mit diesen »islamischen Menschenrechtserklärungen« und der Diskussion darüber wird eine Spannung deutlich, die auch häufig thematisiert wird.[24] Einerseits gibt es Menschenrechtsbefürworter, die gegenüber Muslimen ihre Konzeption oft mit großem Nachdruck geltend machen und bei diesen dann gelegentlich Abwehrreaktionen (»Menschenrechtsimperialismus«) hervorrufen – eine Spannung aber auch unter den Muslimen selber, denn das Thema wird auch bei ihnen durchaus kontrovers diskutiert; es gibt sehr unterschiedliche Standpunkte. Da gibt es diejenigen, die sich um Menschenrechte, geschweige denn deren modernes Verständnis, nicht kümmern und beispielsweise die Wiedereinführung der diskriminierenden Bestimmungen für Nichtmuslime fordern, die mit der Abschaffung der Scharia aufgegeben worden waren.[25] Manche Autoren behaupten, der Islam sei auch im Hinblick auf den Schutz der Menschenrechte anderen Konzeptionen überlegen, weil die entsprechenden Bestimmungen göttlich stipuliert und damit verfälschendem menschlichem Eingriff unzugänglich seien.[26] Viele andere Autoren bemühen sich zu zeigen, daß der »richtig verstandene« Islam auch mit einem modernen Menschenrechtsverständnis vereinbar ist. Offenbar sind solche Autoren stark von einem apologetischen Impuls getrieben. Heikle Punkte werden hier oft umgangen oder entschärft. Auf einen islamischen Rahmen für die Stellung der Menschenrechtsfrage wollen diese Autoren aber nicht verzichten. Eine dritte Position erkennt den grundsätzlichen Widerspruch zwischen dem modernen Menschenrechtsverständnis und dem Festhalten an einem spezifisch islamischen Verständnis, das sich an der Scharia orientiert, und ist bereit, den islamischen Begründungszusammenhang preiszugeben. Fōda wies in diesem Zusammenhang auf bestimmte Widersprüche in der ägyptischen Verfassung hin, die einerseits den Staat als islamisch definiert, andererseits aber die rechtliche Gleichheit aller Bürger proklamiert.[27] Abdullahi an-Na'im und Mohamed-Chérif Ferjani konstatierten den Widerspruch zwischen Scharia und universalistisch konzipierten Menschenrechten; sie sprachen sich darum gegen eine Wiedereinführung der Scharia aus.[28]

Es zeigt sich auch hier, daß es weder einen muslimischen Konsens in der Frage der Menschenrechte noch einen unüberbrückbaren Gegensatz zwischen »dem« Westen und »den« Muslimen gibt. Vielmehr gibt es auf diesem Gebiet unter Muslimen ebenso wie unter Intellektuellen im Westen selbst eine große Bandbreite von Haltungen. Von einem intellektuellen *clash of civilizations* in diesem Punkt kann also keine Rede sein.

## FRAUEN

Die Unterdrückung von Frauen ist sicherlich der gravierendste und häufigst genannte Punkt der Anklage gegen den Islam. Musliminnen und Muslime sind sich dessen bewußt und äußern sich dazu – sehr unterschiedlich. Die Texte von Kritik und Apologie, die Behandlungen des Themas »Frauen und Islam« unter den verschiedensten Aspekten sind kaum überblickbar. Hier nur einige grundsätzliche Bemerkungen.

Im Koran gibt es eine merkwürdige Spannung in der Behandlung von Frauen. Als Religionssubjekte, in ihrem Verhältnis zu Gott, erscheinen hier Frauen als den Männern gleichgestellt. Beide sind für sich selbst verantwortlich, oft werden die weiblichen Gläubigen zusammen mit den männlichen angesprochen, aber dabei gesondert genannt (das Arabische macht da auch im Plural einen Unterschied zwischen den Geschlechtern). Was die Anweisungen für das praktische Leben angeht, behandelt der Koran allerdings in vieler Hinsicht die Geschlechter unterschiedlich, wobei die Frauen den Männern unter- oder nachgeordnet werden. Die deutlichste Koranstelle ist 4,34, wo es heißt:

> Die Männer stehen über den Frauen, weil Gott sie ausgezeichnet hat und wegen der Ausgaben, die sie von ihrem Vermögen gemacht haben. Und die rechtschaffenen Frauen sind demütig ergeben und geben acht auf das, was verborgen ist, weil Gott acht gibt. Und wenn ihr fürchtet, daß Frauen sich auflehnen, dann vermahnt sie, meidet sie im Ehebett und schlagt sie! Wenn sie euch gehorchen, dann unternehmt nichts gegen sie! Gott ist erhaben und groß.

Diese Unterordnung findet sich auch in anderen diskriminierenden Bestimmungen. Frauen sind im Hinblick auf das Erbe benachteiligt; sie erhalten im Regelfall die Hälfte von dem, was ein im Hinblick auf den Erblasser gleich situierter männlicher Erbe bekommen würde. Das Zeugnis einer Frau gilt vor Gericht nur halb so viel wie das eines Mannes; in manchen Fällen sollen Frauen als Zeugen gar nicht herangezogen werden. Die Frau soll ihrem Ehemann uneingeschränkt sexuell zur Verfügung stehen; sie trägt die Hauptlast bei den Vorkehrungen zur Verhinderung der »Unzucht« (arab. *zinā'*, »illegitimer Geschlechtsverkehr«). Dadurch ist ihre Freiheit stark eingeschränkt. Frauen müssen sich auch gegebenenfalls mit der Polygamie des Mannes abfinden, der bis zu vier Frauen heiraten darf.

Von muslimischen Apologeten wird das alles in der Regel mit dem naturgegebenen Unterschied der Geschlechter erklärt, der ihnen auch unterschiedliche Rollen zuweise: dem Mann die des Ernährers der Familie und ihres Vertreters nach außen, der Frau die der sorgenden Ehefrau, Mutter und Erzieherin der Kinder. Zwischen der Verpflichtung des Mannes zur materiellen Versorgung der Frau bzw. der ganzen Familie und der Gehorsamspflicht der Frau besteht nach dieser Auffassung ein Ausgleich; der Islam behandle so beide Geschlechter zwar nicht gleich, aber gerecht. Es wird auch gern behauptet, die so stipulierten Rechte der Frau hätten eine deutliche Besserstellung im Vergleich mit ihrer Lage im vorislamischen Arabien bedeutet.

Der deutsche Muslim Murad Hoffmann formuliert diese Auffassung so:

> [Der Islam] hält an der Ehe fest und strukturiert sie unter Berücksichtigung objektiver Rollenunterschiede zwischen Mann und Frau. Für ihn sind Mann und Frau von gleicher Würde, aber unterschiedlichen Aufgaben; von gleichem Wert, aber unterschiedlichen Fähigkeiten; von gleicher Stellung vor Gott, aber unterschiedlichen Rollen im Leben.[29]

Im *ḥadīth*, im islamischen Recht *(fiqh)* und in der gelehrten Literatur wurden die Rechte und Pflichten von Frauen in größerem Detail ausgearbeitet; der diskriminierende Charakter der Bestimmungen wurde dabei in der Regel noch erheblich verschärft. Die Gelehrten, die diese Literatur verfaßten, hatten offenbar ein noch weitaus patriarchalischeres Menschenbild, als es aus dem Koran spricht. Die Texte betonen das Bestreben nach rigoroser Kontrolle des Sexuallebens – offenbar zwecks genauer Zuschreibung der Nachkommenschaft; ihre Verfasser gingen anscheinend davon aus, daß der Sexualtrieb fast unbezähmbar ist, so daß ihm nur durch schärfste Maßnahmen Fesseln angelegt werden können; sie sehen die Frauen als ständige Quelle der Versuchung *(fitna)*, rücken sie in die Nähe des Satans, der ja dieselbe Qualität haben soll, und legen ihnen eine Fülle von drückenden Verpflichtungen auf: Sie sollen nach Möglichkeit das Haus nicht verlassen; wenn es sich gar nicht vermeiden läßt, soll das nur mit Zustimmung des Ehemanns, in züchtiger Kleidung und unter züchtigem Benehmen geschehen. Auch öffentliche Badehäuser sollen Frauen nur im Fall dringender hygienischer Notwendigkeit aufsuchen.[30] Illegitimer Geschlechtsverkehr war als *ḥadd* (Singular von *ḥudūd*) für eine bestimmte Kategorie von Delinquenten mit Steinigung zu bestrafen. Diese Bestimmung wurde zwar, wie wir gesehen haben, praktisch nie durchgesetzt, stand aber als Drohung und massive Warnung im Raum. Sexuelle Befriedigung, und zwar für beide Geschlechter, war gewünscht, denn unbefriedigte Menschen galten als Quelle der Versuchung. Sie sollte ausschließlich in der Ehe gesucht werden; für Männer waren allerdings auch Sklavinnen als Konkubinen erlaubt.

Der berühmte Moraltheologe al-Ghazālī schreibt dazu:

> Der zweite Vorteil der Ehe besteht darin, daß sie eine Schutzwehr gegen den Teufel ist, die Begierlichkeit dämpft, die Gefahren des sinnlichen Triebes beseitigt, die unlauteren Blicke und die körperliche Ausschweifung hintanhält. 〈…〉 Der Geschlechtstrieb ist mit der Forderung, Nachkommenschaft zu erzielen, betraut. Die Ehe nun gewährt ihm Betätigung, beruhigt seinen Drang und verhindert, daß er übel ausartet.[31]

Hier zeigt sich ein frauenfeindliches Menschenbild, besessen vom Gedanken an die Macht der Sexualität, die vor allem an die verführerische Qualität von Frauen geknüpft wurde und zu der Vorstellung führte, diese müßten mit allen Mitteln gezügelt und kontrolliert werden. Der Verfasser eines Handbuchs mit Urteilen über »Frauenangelegenheiten« aus dem 12. Jahrhundert schreibt in der Vorrede: »Als ich erkannte, daß die Frauen der Erkenntnis mehr bedürfen als die Männer, beschloß ich, Lohn im Jenseits erhoffend, dieses Buch zu schreiben, das sich mit ihren Angelegenheiten beschäftigt.«[32]

Diese Literatur wurde in der Regel in den größeren Städten des abbasidischen Herrschaftsbereichs produziert und spiegelt die Präferenzen und Gewohnheiten der dortigen Gesellschaft wider. Diese unterschied sich auch im Hinblick auf die Stellung der Frauen erheblich von derjenigen der islamischen Frühzeit. Während aus dieser über die aktive Teilnahme von Frauen an allen Aspekten des Lebens und über einen verhältnismäßig freien Umgang der Geschlechter miteinander berichtet wird, war das etwa im abbasidischen Bagdad ganz anders, wo öffentliche Rolle und Sichtbarkeit der Frauen eingeschränkt waren. Hannelies Koloska vermutet, daß hier byzantinische und persische Verhaltensmuster als Vorbilder gewirkt haben.[33]

Man muß sich klarmachen, daß es sich bei den hier herangezogenen Texten um moralische Erbauungsliteratur oder rechtliche Bestimmungen handelt, die den Charakter eines Ideals hatten. Die realen Verhältnisse wichen erheblich davon ab. Davon zeugt schon die schöne Literatur der Zeit, die von Anspielungen auf und Schilderungen von Vergnügungen, die al-Ghazālī als Ausschweifungen bezeichnet hätte, geradezu lebt. Auch das ist natürlich kein Beweis dafür, daß sich größere Teile der Gesellschaft solchen Ausschweifungen ständig hingegeben hätten, wohl aber dafür, daß sich führende – und hochangesehene! – Geister über die restriktiven Bestimmungen zumindest mental souverän hinwegsetzten. Auch manche Stellen in den hier herangezogenen Texten selbst deuten darauf hin, daß sich ihre Autoren über deren Charakter als Ideal im klaren waren. In dem Frauenhandbuch von Ibn al-Djauzī wird ausführlich darüber gehandelt, »was die Frau tun muß, wenn sie Ehebruch begangen hat«. Da ist von allen möglichen Details die Rede, an einer Stelle auch von der Notwendigkeit der Reue, da finden sich Anzeichen moralischer Empörung. Es findet sich aber nicht der kleinste Hinweis darauf, daß auf diesem Delikt ja offiziell die Drohung mit einer *ḥadd*-Strafe (in diesem Fall Steinigung) lastet.[34]

Die Lebensrealität muslimischer Frauen etwa in der abbasidischen Zeit läßt sich also sicherlich nicht getreu aus dem *fiqh*, aus Moraltraktaten und aus der schönen Literatur erschließen. Wie mehrdeutig, flexibel und partiell realitätsfern der *fiqh* war, haben wir schon gesehen; der hier zitierte Moraltraktat stammt von al-Ghazālī und ist Teil des schon mehrfach erwähnten *Iḥyāʾ ʿulūm ad-dīn*, eines Werks, das er nach einer großen Lebens- und Glaubenskrise verfaßte – in einem Geisteszustand, in dem er »die Hölle hinter sich herbrüllen« hörte.[35] Und die schöne Literatur gibt einen – allerdings gewichtigen – Hinweis darauf, daß sich viele nicht durch die Auffassungen von Juristen und Moraltheologen gebunden fühlten.

So viel sagen die Quellen aber unzweifelhaft: Frauen waren den Männern untergeordnet,[36] und sie wurden nach Möglichkeit von der Öffentlichkeit abgeschottet, besonders in den Städten (auf dem Land war das nicht im selben Ausmaß möglich). Das war nicht islamisch *bedingt*: Die betreffenden Gesellschaften waren auch schon vor der islamischen Eroberung patriarchalisch; Frauen wurden auch damals schon entsprechend behandelt; nachdem die Gesellschaften mehrheitlich muslimisch wurden, verfuhren auch ihre nichtmuslimischen Teile so. Die Diskriminierung und Unterdrückung von Frauen hat auch Aspekte, die vom islamischen Recht keineswegs gedeckt sind und sich dennoch hartnäckig hielten bzw. noch halten – ein Hinweis darauf, daß hier auch ganz andere Mechanismen und Traditionen wirken als ein islamisch determiniertes Verhalten.

Allerdings gaben die *fiqh*-Bestimmungen und die Moralpredigten der Gelehrten den Vorstellungen und Praktiken der abbasidischen Gesellschaft auf eine bestimmte Weise *Ausdruck*, und sie *sanktionierten sie religiös*. Das trug zu einer gewissen Resistenz dieser Vorstellungswelt gegen Veränderungen bei. Heute noch werden wir mit solchen Vorstellungen konfrontiert, manchmal sogar noch verschärft. Im Umbruch zur Moderne wurden viele Bereiche der Gesellschaft zumindest partiell modernisiert und säkularisiert. Die Trennung der Geschlechter ließ sich nicht mehr so strikt durchhalten, was übrigens manchmal dazu führte, daß den Frauen in der Öffentlichkeit ein noch dichterer Schleier verpaßt wurde als vorher. Auf den meisten Gebieten wurde auch das Recht säkularisiert, d. h., der traditionelle *fiqh* wurde als »Gesetz des Landes« durch modernes, positives Recht abgelöst. In dem rechtlichen Bereich, der den Status von Frauen regelt, geschah das aber nicht oder inkonsequent: Es wurden Personenstandsgesetze in Kraft gesetzt, die in ihren Regelungen die alten *fiqh*-Konzepte, wenn auch in gewisser Anpassung an moderne Vorstellungen, fortsetzen. So gibt es immer noch Bestimmungen, insbesondere im Eherecht, welche die Rechte der Frauen bzw. die rechtliche Gleichheit von Frauen und Männern gravierend einschränken. Im einzelnen ist das für verschiedene muslimische Länder ganz unterschiedlich: Die Türkei hat den Anschluß an Scharia-Bestimmungen auch auf diesem Gebiet gekappt; Tunesien ist im Hinblick auf die Abschaffung der diskriminierenden Bestimmungen am weitesten gegangen und hat z. B. die Polygamie verboten.[37] In vielen Ländern gibt es Bestrebungen von Regierungen, die Rechte der Frauen auszudehnen, aber auch heftige Opposition dagegen von seiten konservativer muslimischer Kräfte; der Ausgang der entsprechenden Auseinandersetzungen steht nie von vornherein fest, es gibt Rückschläge usw.[38]

Jenseits dieser rechtlichen Bestimmungen und der Auseinandersetzung um sie läßt sich feststellen, daß Frauen in vielen muslimischen Ländern auf vielen Gebieten massiv benachteiligt sind. Um nur die arabischen Länder als Beispiel zu nehmen: Schon der *Arab Human Development Report* von 2002 hat versucht, die Beteiligung von Frauen an sozialer Macht zu erfassen, indem er das Einkommen, den Anteil von Frauen in qualifizierten Berufen sowie die Quote von weiblichen Abgeordneten als Gradmesser nahm. Es ergab sich, daß die Gruppe von 14 arabischen Ländern, für die Daten vorlagen, unter den verschiedenen Weltregionen beinahe am schlechtesten dastand – nur Schwarzafrika schnitt noch schlechter ab.[39] Es gibt bei Frauen immer noch eine hohe Quote von Analphabetinnen (viel höher als bei Männern!); im Berufsleben sind Frauen in vielen Sparten kaum vertreten und konzentrieren sich auf bestimmte lehrende Berufe, auf das Gesundheitswesen, die Sozialarbeit, die Textilverarbeitung, Schreib- und untere Verwaltungstätigkeiten, auf die Landwirtschaft und die Hausarbeit. Um keine völlig falschen Vorstellungen zu verbreiten: Der Anteil weiblicher Dozenten an arabischen Universitäten ist im allgemeinen viel höher als in Deutschland; bei den Spitzenpositionen sieht es allerdings – ähnlich wie in Deutschland – schlechter aus. Es gibt immer noch eine Tendenz, Frauen aus dem öffentlichen Leben auszuschließen – eklatant und spektakulär in Saudi-Arabien,[40] aber weniger gravierend auch anderswo. Alles das ändert sich, aber langsam; die Resultate lassen immer noch sehr zu wünschen übrig.[41]

Alles das ist keineswegs vornehmlich oder gar ausschließlich auf den Islam zurückzuführen. Allerdings werden Widerstände gegen positive Veränderungsversuche häufig unter islamischem Vorzeichen und mit dem Hinweis auf islamische oder vermeintlich islamische Traditionen vorgebracht. Es gibt also im Hinblick auf die Frauenemanzipation in muslimischen Ländern erhebliche und reale Defizite. Die gibt es auch anderswo, aber das macht die Situation nicht besser. Allenfalls ist es ein Warnhinweis gegen Arroganz und Selbstgerechtigkeit. Vor diesen strotzen die gängigen Darstellungen, die aus bestimmten islamrechtlichen Vorschriften und Berichten über haarsträubende Unterdrückung und Mißhandlungen muslimischer Frauen ein in sich stimmiges Bild von flächendeckender Totalunterdrückung der Frau im Islam zusammenbasteln.[42] Ein Autor, der bei der Friedrich-Ebert-Stiftung den Interkulturellen Dialog leitet, glaubt zu wissen, daß »wir ⟨...⟩ in puncto Homosexualität und in der Frauenfrage um Lichtjahre weiter [sind] als jene muslimischen Verbände, die hierzulande den Ton angeben«.[43]

Auch in seiner realen Dimension ist das Defizit aber ein großes Problem. Es wird seit langem wahrgenommen – und angegangen. Es gibt eine große Anzahl von Autorinnen, Gruppen und Initiativen, die es analysieren und versuchen, Abhilfe zu schaffen. Das geschieht aus den verschiedensten Perspektiven, manchmal aus feministischem Impuls, der sich am westlichen Feminismus orientiert. Manche distanzieren sich gerade davon, um nicht in eine bestimmte Schublade geschoben und damit marginalisiert zu werden. Viele Frauen argumentieren mit ausgesprochen islamischen Argumenten gegen eine Unterdrückung, die islamisch gerechtfertigt wird. Auch das geht natürlich: Neben den diskriminierenden Stellen in Koran und *ḥadīth* gibt es auch solche, mit deren Hilfe man gegen Diskriminierung argumentieren kann.[44] Ein oft vorgebrachtes Argument ist, daß die diskriminierenden Bestimmungen zu einer Zeit im *fiqh* verankert worden sind, als das gängige gesellschaftliche Praxis war, und daß sie qua *idjtihād* in einer Zeit ganz anderer menschenrechtlicher Vorstellungen ad acta gelegt werden sollten.[45] Jedenfalls: Die Auseinandersetzungen sind heftig, das Bild einer unwandelbaren islamischen Frauenunterdrückung ist falsch.

## ANDERE RELIGIONEN: DIE CHRISTEN

Ein Konfliktfeld, das sich aus der Spannung zwischen traditionell islamischen Vorstellungen und Vorschriften einerseits, einer humanen Grundauffassung andererseits ergibt, ist das Verhältnis von Muslimen zu den Angehörigen anderer Religionen. Hier gibt es mehrere prominente »Steine des Anstoßes«: die Behinderung freier Religionsausübung und generell mindere Rechte für Angehörige anderer Religionen in muslimischen Ländern, das Apostasieverbot im Islam, die Unmöglichkeit von Eheschließungen »in die falsche Richtung«, die Diskriminierung von Religionsgemeinschaften, die nach dem Islam entstanden sind, usw.

Von der Vorstellung einer grundsätzlichen Überlegenheit des Islam über alle anderen Überzeugungen, die im Verhältnis zum Judentum und zum Christentum damit einhergeht, daß man Juden und Christen die Verfälschung ihrer Offenbarungsschriften unterstellt, war schon die Rede. Wie verhalten sich nun Muslime in der Praxis zu anderen? Wie verhalten sie sich insbesondere, wenn sie die Mehrheit bzw. im Besitz der Staatsmacht sind? Auch hier muß man wieder unterscheiden zwischen der grundsätzlichen, islamrechtlich geronnenen Position, den vormodernen Verhältnissen und den neueren Entwicklungen. Hier soll zunächst von den Christen als größter betroffener Gruppe die Rede sein.[46]

Die Christen gehören nach islamischer Auffassung zu einer

größeren Gruppe von Menschen, den *ahl al-kitāb* oder »Leuten des Buchs«, d. h. den Angehörigen der Religionen, die eine Offenbarungsschrift haben. Es wird oft von der Toleranz des Islam gegenüber den Angehörigen dieser Religionen, manchmal auch im Gegenteil von seiner Intoleranz in dieser Hinsicht gesprochen. Im Koran gibt es Anknüpfungspunkte für beide Haltungen. Er spricht Juden und Christen gelegentlich als Besitzer früherer Offenbarungen an, die an solchen Stellen als mit der Botschaft Muḥammads identisch erscheinen. Auf der anderen Seite werden sie oft kritisiert als Leute, welche die ihnen gegebene Botschaft nicht richtig verstanden oder sie gar verfälscht haben, sie jedenfalls nicht hinreichend in die Praxis umsetzen; und bis sie sich den Muslimen unterwerfen »und demütig Tribut entrichten«, sollen sie nach koranischer Anweisung (9,29) durchaus bekämpft werden.[47] Von daher lassen sich also sowohl Toleranz wie Intoleranz in diesem Punkt begründen.

Die Lage der Christen in der traditionellen islamischen Gesellschaft war aber nicht die Folge von grundsätzlicher islamischer Toleranz oder Intoleranz, sondern ergab sich aus – oder korrespondierte mit – dem wohldefinierten rechtlichen und politischen Status, den sie als Gemeinschaft von Schriftbesitzern hatten. Dieser Status, so sehr er auch koranisch »verankert« werden mußte, folgte in erster Linie aus den praktischen Umständen bei der Entstehung und Ausdehnung des islamischen Gemeinwesens. Die frühen islamischen Eroberungen brachten die Muslime in den Besitz von sehr ausgedehnten Territorien, deren Bevölkerung ganz überwiegend aus *ahl al-kitāb* bestand, und dieser Zustand blieb auch noch lange nach der Eroberung bestehen. Sowohl die Eroberung wie auch die reibungslose Verwaltung dieser Gebiete wurde durch die Flexibilität der Eroberer erleichtert. Sie machten das Verbleiben der *ahl al-kitāb* in den eroberten Territorien nicht von ihrem Übertritt zum Islam abhängig. Sie mußten sich zwar unterwerfen, aber wenn sie die Aufforderung zur Annahme des Islam ablehnten, konnten sie gegen Zahlung von Abgaben an ihrer Religion festhalten und wurden ihnen

Leben, Besitz und freie Religionsausübung garantiert. Dieses Vorgehen kontrastierte positiv mit der Politik der bisherigen byzantinischen und sassanidischen Oberherren, die durchaus störend in die Religionsausübung ihrer Untertanen eingegriffen hatten und deren Steuern teilweise höher gewesen waren als die neue Abgabe. Also leistete die betroffene Bevölkerung keinen erbitterten Widerstand gegen die islamische Eroberung und soll sie manchmal sogar begrüßt haben. Das galt ähnlich für Christen wie für Juden.[48] Die Bedingungen für die Behandlung der Schriftbesitzer wurden in der Regel in Verträgen festgehalten. Auf diese Weise entstand allmählich das rechtliche Konstrukt der *dhimma*, eines vertraglichen Verhältnisses, aufgrund dessen »die muslimische Gemeinschaft den Angehörigen anderer offenbarter Religionen Gastfreundschaft und Schutz gewährt, unter der Bedingung, daß sie die Oberherrschaft des Islam anerkennen«.[49] Ein Motiv, Dhimmis (d. h. die betroffenen Nichtmuslime) nicht allzu eifrig zur Konversion aufzufordern, war für islamische Herrscher die größere Höhe der Abgaben, die sie von ihnen im Verhältnis zu den Muslimen erheben konnten – Massenkonversion hätte einen Aderlaß für die Staatseinnahmen bedeutet.

Die Christen hatten also in der Frühzeit des Islam in dessen Herrschaftsbereich einen zwar untergeordneten, aber wohldefinierten, im allgemeinen gesicherten und im großen und ganzen hinnehmbaren Status. Im einzelnen schwankte ihre Behandlung durch die Autoritäten und die muslimische Bevölkerung je nach den konkreten Umständen. Es trug sicherlich zu ihrer erträglichen Situation bei, daß sie zu dieser Zeit noch – zusammen mit anderen Schriftbesitzern – im Fruchtbaren Halbmond und in Ägypten die große Mehrheit der Bevölkerung darstellten. Das änderte sich im Lauf der Zeit. Mit der festen Etablierung des Islam als herrschender Macht, welche der Verwaltung ein eigenes Gepräge gab, seine eigenen rechtlichen Vorschriften herausbildete und wo überhaupt das islamische Element ein größeres spezifisches Gewicht erhielt, erfuhren die Dhimmis eine stärkere Eingrenzung und wurde mit einschränkenden Maßnahmen ihr untergeordneter Status deutlicher dokumentiert. Und im Lauf der Zeit wurden sie auch durch Konversionen zum Islam zur Minderheit – offenbar nicht wegen gezielter Verfolgung, sondern wegen der so zu erlangenden materiellen und sozialen Vorteile.

Die einschränkenden Bestimmungen, mit denen die untergeordnete Position von Dhimmis befestigt und auf manchmal demütigende Weise dokumentiert werden sollte, waren unter anderem folgende: Kleidungsvorschriften, mit denen Muslime von Nichtmuslimen unterschieden werden sollten, das Verbot, feine Stoffe zu tragen, edlere Reittiere zu benutzen, usw. Kirchen, die bereits vor der Ankunft der Muslime bestanden, waren zu schützen, neue durften nicht gebaut werden. Manche Rechtsgelehrte waren der Auffassung, nicht einmal baufällig gewordene Kirchenbauten dürften erneuert werden. Von der besonderen Abgabe war schon die Rede; auch Zölle waren für Dhimmis höher als für Muslime. Generell sollte kein Muslim in eine untergeordnete Position gegenüber einem Dhimmi kommen. Das implizierte, daß Mischehen, in denen der Mann Muslim war, möglich waren, der umgekehrte Fall aber nicht. Auch hohe Staatsämter und andere hoheitliche Funktionen sollten Dhimmis nicht bekleiden. Die meisten dieser Vorschriften wurden nur sporadisch angewandt bzw. oft durchbrochen; das änderte aber nichts daran, daß sie offiziell als Rechtsvorschriften bestanden.

Im Osmanischen Reich wurde diese Struktur unter der Bezeichnung *millet*-System besonders ausgebaut. Die Millets, anerkannte religiöse Minderheiten, genossen ein hohes Maß an innerer Autonomie; ihre Führer waren angesehene Würdenträger des Reichs. Dieses System bot den Christen einen ziemlich effektiven Schutz; es kam hinzu, daß viele von ihnen die Protektion europäischer Mächte genossen, die seit dem 18. Jahrhundert erheblichen Einfluß im Reich gewannen. Die osmanische Zeit gilt insgesamt als Epoche einer bemerkenswerten »Symbiose zwischen Muslimen und Dhimmis« (Cahen).[50]

Gegen einen breiten wissenschaftlichen Konsens, der die

Lage religiöser Minderheiten in vormodernen muslimischen Gesellschaften, wie hier angedeutet, differenziert beschreibt, behaupten andere, besonders prominent die Schriftstellerin Bat Ye'or, daß sie stets scharf unterdrückt und verfolgt wurden und diese Unterdrückung und Verfolgung nur dank ihrer extremen Unterwürfigkeit, ihrer *dhimmitude*, überlebten. Unterdrückung und Verfolgung zeichnet sie als Folge des Zusammenwirkens von Dschihad und *dhimma* und hält sie für praktisch unwandelbar. Für die Gegenwart behauptet sie eine gigantische Verschwörung aus muslimischer Dschihad-Besessenheit und europäischer *dhimmitude*-Nachgiebigkeit, in deren Folge sie ein islamisch beherrschtes Europa – »Eurabia« – heraufziehen sieht.[51] Leider finden solche Phantasien Absatz und Nachbeter.

Durch den Umbruch zur Moderne änderte sich die Lage der Christen. Einerseits wurden die Angehörigen religiöser Minderheiten im Osmanischen Reich durch die Reformdekrete des 19. Jahrhunderts den Muslimen rechtlich gleichgestellt. Überdies profitierten sie weiter von der nun noch effizienter werdenden europäischen Protektion. In der Zeit der direkten Kolonialherrschaft, die in vielen Gebieten die osmanische Herrschaft ablöste, waren Christen generell privilegiert. Sowohl in der osmanischen wie in der Kolonialzeit wurden viele Christen zu Trägern eines säkularen Nationalismus und zu »Agenten der Moderne«, kamen damit aber auch in den Ruch von Kollaborateuren Europas.[52]

Der Anstoß zur Modernisierung war im Nahen und Mittleren Osten von außen, von Europa, gekommen, und sie erfolgte oft auch direkt auf europäischen Druck bzw. durch die Aktion der Europäer als Kolonialmächte. Die Christen der Region waren nicht nur als Angehörige ihrer Gesellschaften von der neuen Situation herausgefordert, sondern auch, weil sie in einem besonderen Verhältnis zu Europa standen: Sie hatten größere Affinität zum Westen; sie waren lange Zeit von Europa hofiert, protegiert und instrumentalisiert worden; und sie fanden sich in der eigenen Gesellschaft in der Position der Minderheit – noch durch die historische Umbruchsituation kompliziert. Sie standen darum im Hinblick auf den Westen und auf die eigenen Gesellschaften vor einer schwierigen Entscheidung: Sollten sie sich konsequent in ihre Gesellschaften und deren Kampf gegen europäische Hegemonie bzw. Herrschaft integrieren (bei gleichzeitiger Einforderung voller Bürgerrechte in diesen Gesellschaften), oder sollten sie auf ihre Existenz als abgesonderte Gruppe Wert legen und dabei in Kauf nehmen, sich gegen ihre Gesellschaft zu stellen und im Extremfall Emigration bzw. die Rolle von Agenten für den Westen zu akzeptieren?

Die meisten Christen verstanden sich als integralen Bestandteil der eigenen Gesellschaft, sahen sich in derselben Situation der kolonialen Unterdrückung wie ihre muslimischen Landsleute und reihten sich daher in den Kampf gegen den Kolonialismus ein – oft sogar an prominenter Stelle. Viele Christen waren Vordenker des arabischen Nationalismus bzw. anderer Nationalismen der Region. Unter den ersten Vorläufern des arabischen Nationalismus in osmanischer Zeit waren viele Christen; als der arabische Nationalismus zwischen den Weltkriegen seine entwickelte Gestalt annahm, waren zwei syrische Christen – Qustantin Zurayq und Edmond Rabbath – unter seinen Vordenkern.

Christen engagierten sich in der Nationalbewegung, weil sie vollwertige Bürger in einem unabhängigen Staat sein wollten. Sie forderten also gleichzeitig den ungeschmälerten Bürgerstatus für sich selbst ein.[53] Das setzte gleiche Rechte für alle und die Beseitigung der Grenze zwischen den Konfessionsgemeinschaften voraus, also in letzter Konsequenz vollständig säkularisierte, durchhomogenisierte Gesellschaften. Dieses Ziel wurde aber nicht erreicht. Zwar entstanden im Nahen Osten säkulare Staaten, in denen die meisten individuellen Rechte nicht mehr an die Konfessionszugehörigkeit gebunden sind, aber die gesellschaftlichen Verhältnisse sind nicht völlig säkularisiert. Die Konfessionsgemeinschaften spielen für ihre Angehörigen immer noch eine große Rolle nicht nur im Hinblick auf die spirituelle Orientierung, sondern auch auf die Statuszuweisung, auf die soziale Versorgung und auf die Protektion. Es ist leicht auszumachen, ob jemand Christ, Muslim oder etwas anderes ist. Und es hat fühlbare praktische Konsequenzen. In aller Regel sind Christen in den nahöstlichen Ländern weit in der Minderzahl, und das macht sich gerade in theoretisch homogenisierten Gesellschaften in vieler Hinsicht negativ bemerkbar, so z. B. bei Wahlen, bei der Vergabe von Ämtern, Jobs usw., vor allem in den Bereichen, für die der Staat zuständig ist. In all diesen Punkten wird auf die Mehrheit Rücksicht genommen. So wird bei den ägyptischen Parlamentswahlen in aller Regel nicht ein einziger Kopte gewählt. Überdies sind auf bestimmten, nicht unwichtigen Gebieten wie dem Familien- und Erbrecht immer noch die traditionellen, für die unterschiedlichen Konfessionen verschiedenen religiös begründeten Vorschriften in Kraft – für die Muslime *fiqh*-Bestimmungen, für die Christen kirchliches Recht. Diese Regelwerke sind zu einer Zeit unangefochtener islamischer Oberhoheit formuliert worden und schreiben diese für den Verkehr der Konfessionen untereinander fest.[54] Trotz der offiziellen rechtlichen Gleichstellung der Nichtmuslime kann etwa in den arabischen Ländern noch keine Ehe geschlossen werden, bei welcher der Mann Nichtmuslim, die Frau aber Muslimin ist. So wird in gewisser Weise die alte untergeordnete Position der Christen fortgeschrieben. *Individuell* sind sie emanzipiert, *sozial* nicht.

So erleben die Christen die Nachteile der Homogenisierung, die aus der Aufhebung des *millet*-Systems resultiert und sie gleichsam ungeschützt der Konkurrenz mit der muslimischen Bevölkerungsmehrheit aussetzt, und wünschen sich daher einen Pluralismus, der die soziale Rolle der Konfessionsgemeinschaften und damit auch ihre Schutzfunktion bewahrt. Der tatsächlich bestehende Pluralismus ist aber die Fortsetzung des früheren und tendiert damit notwendig zu einer Hierarchisierung, in der die Christen einen untergeordneten Platz einnehmen. Das Festhalten an der eigenen Gemeinschaft, ihrer sozialen Funktion und ihren Eigenheiten wird aber dann oft als Störfaktor für die nationale Einheit denunziert.[55] Und überdies wird den Christen oft immer noch die frühere Kollaboration einiger von ihnen mit den Kolonialmächten vorgeworfen. Solche Vorwürfe verstärken natürlich ihrerseits christliche Vorbehalte gegen die muslimische Mehrheit, und diese Konstellation führt zu ausgesprochenem gegenseitigem Mißtrauen.

Die prekäre Situation der Christen steht im Zusammenhang mit der mißlichen Lage der nahöstlichen Gesellschaften insgesamt. Die mit ihrer Modernisierung verbundenen Erwartungen wurden enttäuscht, denn sie brachte nur für wenige die erwünschten Verbesserungen ihrer Lage. Die meisten Regimes der Region sind heute autokratisch und streng darauf bedacht, alle gesellschaftlichen Regungen und Organisationen an der Basis einzuzwängen und unter ihre Kontrolle zu nehmen. Daher rührt eine weitverbreitete Frustration, die sich vor allem dann Bahn bricht, wenn die Regierungen mit den drängendsten wirtschaftlichen und sozialen Problemen nicht fertig werden, wie das heute weithin der Fall ist. In dieser Situation stehen Christen und Muslime gleichermaßen, aber die Christen, deren Empfindlichkeit durch ihre Position als Minderheit geschärft ist, reagieren wohl stärker auf sie. Und zu allem Überfluß kommt noch hinzu, daß in vielen Ländern der Region die stärkste Kraft der Opposition gegen die despotischen Regimes die Islamisten sind, deren Erstarken ungünstige Perspektiven für nichtmuslimische Minderheiten zeichnet. Nun geben zwar gemäßigte islamistische Propagandisten beruhigende Versicherungen an die Adresse der Christen ab – man wolle sie auch in einem islamischen Staat keineswegs zu Bürgern zweiter Klasse herabwürdigen.[56] Aber es gibt bei manchen Islamisten auch die Forderung, zum *dhimma*-Status für die Nichtmuslime zurückzukehren,[57] sowie Fälle von übler antichristlicher Hetze.[58] Alles das trägt zu einem Klima der Verunsicherung bei, das auch dafür sorgt, daß etwa aus den ostarabischen Ländern prozentual erheblich mehr Christen als Muslime auswandern. Es kommt auch immer wieder zu Übergriffen auf Christen, in den letzten Jahren vor allem im Irak und in Ägypten, aber auch in Pakistan.

In der Kommentierung dieser Situation finden sich die verschiedensten Positionen. Im allgemeinen wird sie bedauert – von Angehörigen beider Konfessionen! Unterschiede zeigen sich vor allem in der Zuweisung der Verantwortlichkeiten.[59] Es gibt aber auch ausgesprochen mutige Äußerungen des Protests gegen die Benachteiligung von Christen. In den siebziger und achtziger Jahren des 20. Jahrhunderts wurde in Ägypten die Wiedereinführung der Scharia, die von Islamisten und anderen Integralisten gefordert wurde, intensiv diskutiert. Kaum jemand wagte dieser Forderung offen zu widersprechen. Die koptische Kirche äußerte immerhin Bedenken, aber koptische Intellektuelle hielten sich eher bedeckt, wie sie denn überhaupt zu dieser Zeit zögerten, ihre modernistischen und säkularistischen Überzeugungen offen zu äußern – Modernismus bzw. Säkularismus bei Christen wird allzuoft als Verfolgung christlicher Partikularinteressen abgetan, und gelegentlich klingt dabei auch die Verdächtigung als fünfte Kolonne im Dienst des Imperialismus an.[60] In dieser Situation meldeten sich dann muslimische Säkularisten zu Wort, um gegen die Einführung der Scharia auch das Argument vorzubringen, damit werde den Interessen der Kopten – und damit auch der Sache der nationalen Einheit in Ägypten – geschadet. Der konsequenteste und mutigste dieser Säkularisten, Faradj Fōda, begründete sein Eintreten für die Kopten so:

> Ich bin fest davon überzeugt, daß mir mein Muslimsein unter dem nationalen Gesichtspunkt nur in einer Hinsicht eine Vorrangstellung gegenüber den Kopten gibt, und dies ist, daß ich eher als sie in der Lage bin, die Sache der nationalen Einheit zur Sprache zu bringen und zu sagen, was sie nach meiner festen Überzeugung in der Brust tragen und aus Sorge um die nationale Einheit sagen wollen, was sie sich aber gleichzeitig zu sagen fürchten – ebenfalls aus Sorge um die nationale Einheit.[61]

## JUDEN UND JUDENFEINDSCHAFT[62]

In der westlichen Wahrnehmung ist die Haltung vieler Muslime zu Juden besonders problematisch. Tatsächlich finden sich bei Muslimen Vorbehalte gegen Juden, antijüdische Vorurteile und Äußerungen, aber auch massive antisemitische Ausfälle und Gewaltakte gegen Juden oder jüdische Einrichtungen. Nach den Erfahrungen des deutschen Massenmordes an den Juden sind wir im Westen – und ganz besonders in Deutschland – im Hinblick auf antijüdische Aktionen und Äußerungen, ja schon auf entsprechende Zungenschläge, äußerst empfindlich. Da wirken die oft groben Äußerungen von Muslimen auf diesem Gebiet, von Aktionen ganz zu schweigen, widerwärtig und verstärken antimuslimische Haltungen.

Nun liegt der Gedanke nahe, daß diese Äußerungen und Aktionen mit dem Palästinakonflikt im Zusammenhang stehen: Viele Muslime sehen, daß Israel den Palästinensern schweres Unrecht zufügt, und kritisieren dann nicht so sehr Israel, sondern in grober Vereinfachung die Juden schlechthin – ein völlig inakzeptabler Vorgang. Oft wird dieser Zusammenhang aber geleugnet und eine andere Erklärung gesucht. Danach werde im Koran und in der islamischen Tradition ein besonders negatives Bild von Juden gezeichnet und sei dieser Umstand hauptverantwortlich für die heute vielfach bei Muslimen anzutreffende Judenfeindschaft. Auch manche Muslime selber sehen in der negativen Zeichnung von Juden im Koran ihre eigene Judenfeindschaft begründet und/oder legitimiert.

Dieser Gedankengang ist falsch. In der Tat gibt es im Koran eine negative Charakterisierung von Juden bzw. von bestimmten Juden. Aber es findet sich dort auch das genaue Gegenteil: ein Bild der Juden als Empfänger der göttlichen Botschaft, die den Muslimen als Vorbild dienen und das Seelenheil erlangen können. Und der Gang der islamischen Geschichte zeigt, daß koranische Texte keineswegs zwingend

Weltbild und Verhalten der Muslime determinieren, und das gilt für die Haltung zu den Juden ebenso wie für vieles andere.

Der Koran zeichnet ein ausgesprochen zwiespältiges Bild von Judentum und Juden, das wohl mit seiner Entstehungsgeschichte – also nach muslimischer Auffassung: seiner sukzessiven Offenbarung – zusammenhängt. In der Zeit vor der Hidschra sah Muḥammad offenbar seine eigene Mission als konsequente Fortsetzung älterer Offenbarungen, darunter der jüdischen. Große Teile der Heilsgeschichte, wie sie der Koran zeichnet, sind abgesehen von leichten Veränderungen mit der des Alten Testaments identisch. Besonders ausführlich, eindringlich und mehrfach wiederholt geht der Koran auf die Rolle Moses als Prophet und ihren Kontext, den Auszug der Juden aus Ägypten, ein, die in diesem Zusammenhang meist als »Kinder Israels« bezeichnet werden: »Und wir haben dem Mose die Schrift gegeben und sie zu einer Rechtleitung für die Kinder Israels gemacht.« (Koran 17,2) Die »Kinder Israels« werden mehrfach als Kronzeugen für die Wahrheit der Muḥammad gegebenen Offenbarung angerufen.

Im Koran finden sich allerdings auch zahlreiche judenfeindliche Wendungen. Nach dem Erhalt der Offenbarung sollen manche Juden von deren richtigem Verständnis abgekommen sein: »Und wir haben doch die Kinder Israels in aller Form eingewiesen und ihnen gute Dinge beschert. Und sie wurden erst uneins, nachdem das Wissen zu ihnen gekommen war. Doch dein Herr wird am Tag der Auferstehung zwischen ihnen entscheiden über das, worüber sie uneins waren.« (Koran 10,93) Manchen Juden wird auch regelrecht die Verfälschung und Verdrehung der ihnen gegebenen Offenbarungsschrift vorgeworfen; dafür und für andere Freveltaten seien sie von Gott beispielsweise mit der Verschärfung der Speisegebote bestraft worden. Meist wird die Verurteilung auf die Juden beschränkt, die so vom richtigen Weg abgewichen sind; dementsprechend wird öfter betont, daß die Juden, die sich an ihre Offenbarung halten, das Heil erlangen können. Oft ist aber das Urteil auch so formuliert, daß es alle Juden zu umfassen scheint. So wird etwa in einer langen Passage von Sure 2 zunächst die große Gnade Gottes gegenüber den Kindern Israels betont, um dann zu beklagen, sie hätten sich ihrer als nicht würdig erwiesen, sich vielmehr undankbar und widersetzlich gezeigt. Sie vergäßen die Wohltaten Gottes, vergölten gerade sie mit Undank, verlangten immer mehr Wohltaten, forderten Zeichen zur Bestätigung der Botschaft und glaubten selbst nach deren Vorliegen nicht an sie, sie beteten das Goldene Kalb an, drangsalierten die Propheten, mißachteten die Gebote, akzeptierten Muḥammads Offenbarung nicht, obwohl sie doch Bestätigung der ihnen gegebenen sei, liebten das Leben übermäßig usw. (Koran 2,40-105).

Die so inkriminierten Juden werden verflucht (z. B. Koran 5,64), ihnen werden Höllenstrafen in Aussicht gestellt, manchmal plastisch ausgemalt. Es ist auch davon die Rede (Koran 17,4-7), daß die »Kinder Israels« zweimal auf der Erde Unheil anrichten und dafür zweimal schwer bestraft werden – wohl eine Anspielung auf die zweimalige Zerstörung des Tempels. Die heute oft zitierte Stelle, die vom Fluch Gottes und von einer Verwandlung in »Affen und Schweine und Götzendiener« spricht (Koran 5,60), bezieht sich allerdings nicht nur auf Juden, sondern auf *ahl al-kitāb* (alle Angehörige von Offenbarungsreligionen), und zwar auf solche, die den Muslimen wegen ihres Glaubens grollen und die freveln. Überhaupt werden die Juden im Koran oft als Teilgruppe dieser größeren Kategorie angesprochen. An einer Stelle werden sie zusammen mit den Heiden als die den Gläubigen feindlichsten bezeichnet, während den Christen freundliche Nähe bescheinigt wird (Koran 5,82). Die Gläubigen werden auch davor gewarnt, sich Juden (und in diesem Fall auch Christen) zu Freunden zu nehmen (Koran 5,51).

Diese zwiespältige Haltung zu den Juden findet in der Realgeschichte der Offenbarungszeit ihre Parallele (und wohl auch ihre Erklärung): Trotz der positiven Haltung Muḥammads zu den Juden weigerten sich die Juden Medinas nach der Hidschra, ihn als Propheten anzuerkennen und den Islam anzunehmen, wie er sich das vorgestellt hatte. Darauf wandte er sich gegen sie und unterdrückte, vertrieb und massakrierte sie – in dieser Reihenfolge zunehmender Härte. Dementsprechend wurden dann wohl auch die eher judenfeindlichen Passagen des Koran konzipiert (nach muslimischer Auffassung offenbart). Auch in der Prophetenbiographie und im *ḥadīth* finden sich ausgesprochen judenfeindliche Passagen.

Die negativen Passagen in Koran, Prophetenbiographie und *ḥadīth* sind gegenüber den positiven Bezügen die späteren Aussagen; im Gesamteindruck bleibt ein negativer Akzent. Das ändert nichts daran, daß schon von den so gegebenen Grundlagen her sowohl eine positive wie eine negative Haltung gegenüber Juden gerechtfertigt werden kann, ja daß ein ganzes Spektrum von Haltungen und Verhaltensweisen möglich erscheint. Der Verlauf der islamischen Geschichte zeigt, daß der negative Akzent im Verhältnis zu den Juden in aller Regel latent blieb. Es gab zwar Mißtrauen und gelegentliche antijüdische Ausschreitungen, aber keinerlei konsequent durchgehaltene generelle Judenfeindschaft. Die heilsgeschichtliche Aufladung der traditionellen christlichen Judenfeindschaft fehlt hier. Die Grundlagentexte zeichnen die Juden entweder als hochgeschätzte Vorläufer oder als – überwundene! – Störfaktoren; im Lauf der vormodernen islamischen Geschichte waren sie eine wenig bedeutende religiöse Minderheit, weniger zahlreich als die Christen und anders als diese außerhalb des islamischen Bereichs nirgendwo an der Macht. Gerade weil die Juden als Gruppe so harmlos waren, aber auch, weil man die Gelehrsamkeit und die Fähigkeiten vieler Juden zu würdigen wußte, wurden einzelne Juden öfter zu Verwaltungsaufgaben herangezogen und bekleideten gelegentlich hohe Posten.

Grundsätzlich wurde für die Behandlung von Juden – und anderen Nichtmuslimen – in islamischen Staaten das rechtliche Konstrukt der *dhimma* entwickelt, eines Vertragsverhältnisses, das den Betroffenen Leben, Eigentum und Freiheit der Religionsausübung gegen die Zahlung von Sondersteuern sicherte, aber gleichzeitig ihren gegenüber den Muslimen minderen Status festschrieb. Die Juden in der vormodernen islamischen Welt waren unter diesen Umständen im allgemeinen besser gestellt und sicherer als im christlichen Europa, aber es ging ihnen keineswegs so gut, wie das viele Apologeten wahrhaben wollen. Im übrigen war ihre Behandlung durch die Autoritäten und die Mehrheitsbevölkerung sehr unterschiedlich – abhängig eher von den jeweiligen politisch-sozialen Umständen als von vermeintlich unwandelbaren religiös bedingten Haltungen oder Vorschriften.

Halten wir fest: Der Koran setzt in vielen Passagen einen durchaus positiven Akzent im Verhältnis zu den Juden, den man zum Ausgangspunkt für ein brüderliches Verhältnis der beiden Religionen machen könnte. Es gibt aber auch die Passagen ganz anderen Inhalts. Wie bei anderen Komplexen (Frauen, Dschihad) sprechen die islamischen Grundlagentexte auch in der Haltung zu den Juden keine eindeutige Sprache. Ob sie an den judenfreundlichen oder den judenfeindlichen Strang der islamischen Tradition anknüpfen wollen, müssen die Muslime selbst entscheiden. Sie werden das entsprechend ihrer Situation und ihrem Verständnis dieser Situation tun. Die vormoderne islamische Geschichte zeigt, daß es keinen Automatismus islamischer Judenfeindschaft gibt.

Wenn man bei heutigen Muslimen vielfach ein negatives Bild von Juden feststellen kann, ist das nicht Fortsetzung traditioneller Judenfeindschaft im Islam, sondern Folge ihrer gegenwärtigen Situation bzw. jüngsten Vergangenheit: Viele Muslime sehen ihre Weltregion zu ihrem Schaden vom Westen dominiert; in den Abwehrreflex gegen diese Dominanz mischen sich aus dem modernen europäischen Antisemitismus übernommene judenfeindliche Motive. Das von Israel im Palästinakonflikt begangene Unrecht treibt viele Muslime auch dann in eine heftige Feindschaft gegen Israel, wenn sie selbst nicht unmittelbar betroffen sind. Allzuoft wird diese Feindschaft als kruder Antisemitismus geäußert. Und zu dessen vermeintlicher Legitimation werden dann vielfach auch die judenfeindlichen Passagen der islamischen Grundlagentexte reaktualisiert, verabsolutiert und zur Zeichnung eines ausschließlich negativen Bildes von Juden benutzt, wie es so einseitig und eindeutig im Koran nicht vorkommt.

Selbstverständlich ist auch eine so in den Kontext gestellte Judenfeindschaft höchst kritikwürdig. Kritik an Israel ist angesichts von dessen Verhalten berechtigt; ihre gelegentlich vorgenommene Vergröberung und Zuspitzung muß ihrerseits kritisiert werden. Kritik, die sich als generelle Judenfeindschaft äußert, sollte man in jedem Fall scharf zurückweisen. Freilich sollte auch diese Zurückweisung präzis erfolgen und tatsächlichen Antisemitismus von den schrillen Tönen unterscheiden, in denen die Empörung über Unrecht oft geäußert wird.

## 11
## ZIVILISATION ODER BARBAREI?

Ist der Islam insgesamt ein problematisches Phänomen, das wir uns im Westen so weit wie möglich vom Leib halten sollten, um nicht die Verfassung unseres Gemeinwesens und die wesentlichen Errungenschaften der kulturellen Moderne zu gefährden? Stimmt das Bild von einer Religion mit einem *im Unterschied zu anderen* prononciert theozentrischen Weltbild, mit einer vom jüdisch-christlichen Wertekatalog scharf abweichenden ethischen Ausrichtung und mit Mechanismen (islamischer Staat, Scharia, gegenseitige soziale Kontrolle), die das der ganzen Gesellschaft unabweislich aufzwingen? Hat dieser Umstand die Muslime daran gehindert, sich fortzuentwickeln, die Moderne in all ihren Dimensionen aufzunehmen und damit auch dem Individuum Rechte, Wert und Würde zu geben? Macht sie das aggressiv? Bringt der Islam in Gestalt der Scharia seine Anhänger in einen unauflöslichen Gegensatz zu unserer Rechtsordnung?

Fehlanzeige. Von seinem Grundcharakter, seinen Glaubensinhalten, seinem mythischen Bestand und seiner ethischen Ausrichtung her unterscheidet sich der Islam nicht wesentlich von Judentum und Christentum; in seinem Selbstverständnis ist er deren Fortsetzung. Der sogenannte *islamische Staat* der vormodernen Zeit war entgegen einer weitverbreiteten Auffassung nicht wirklich islamisch. Er ließ sich keine religiösen Vorschriften machen; er setzte keine religiösen Bestimmungen um. Das einzige, was an ihm religiös war, war sein Anspruch: Er zog den Islam zu seiner Legitimation heran und gab manchen seiner Handlungsweisen religiöse Namen, indem er beispielsweise seine Eroberungsfeldzüge als Dschihad bezeichnete. Letzten Endes blieb von den islamischen Rechtfertigungsversuchen nur, daß der Staat das Territorium verteidigte und geordnete Verhältnisse aufrechterhielt, damit ordnungsgemäße Religionsausübung möglich sei. Das konnte aber jeder halbwegs effiziente Staat, in den Worten von ʿAlī Abdarrāziq 1925 auch ein bolschewistischer.[1]

Was nun die so gern geschmähte *Scharia* angeht, so besteht sie zum größten Teil aus Vorschriften und Orientierungshilfen, die dem muslimischen Individuum ein gottgefälliges Leben erleichtern sollen. Auf solchen Vorschriften liegen keine irdischen Sanktionen, mit ihrer Durchsetzung hat der Staat nichts zu tun. Die anderen, die er offiziell hätte durchsetzen sollen, setzte er höchst partiell und nur nach eigenem Gutdünken um. Das Verhältnis zwischen Staat und Scharia war äußerst gebrochen. Hinzu kommt der Charakter der Scharia. Sie war nur als *fiqh*, als Ergebnis der Herleitung fehlbarer Rechtsgelehrter aus den Grundlagen, greifbar. Sie zeigte in dieser Form eine große Bandbreite der Meinungen und Vorschriften und war daher flexibel, pluralitätsfreundlich und »ambiguitätstolerant« (Thomas Bauer).

Und auch die vormodernen muslimischen *Gesellschaften* waren nicht »islamisch«. Sie waren nicht durchweg von der Religion beherrscht, nicht bis in alle Poren von ihr durchdrungen, wie es ein hartnäckiges Urteil wahrhaben will.[2] Sie waren in hohem Maß funktionell ausdifferenziert; in den meisten ihrer Funktionsbereiche hatte die Religion nichts zu sagen, und die Menschen verhielten sich nach den Vorgaben dieser Bereiche, ohne sich um religiöse Gesichtspunkte zu kümmern. Das ist im menschlichen Leben ganz normal und wird hier nur hervorgehoben, weil es in der muslimischen Weltgegend besonders stark der Fall war, gerade im Hinblick auf sie aber immer wieder geleugnet wird. Der Islam – hier verstanden als Lebensrealität der Muslime – soll ganz besonders »islamisch« gewesen sein, und er soll es immer noch sein.

Die Zivilisation der muslimischen Weltregion war unter der genannten Voraussetzung für lange Zeit enorm vielfältig, reich und kreativ. Sie nahm Anregungen und Errungenschaften auf, wo sie nur konnte, verarbeitete sie, oft in intensivsten Diskussionen, profitierte von den Produkten dieser Tätigkeit, genoß sie und gab sie gegebenenfalls auch an andere weiter. Alles das wäre ohne große Offenheit, kreativen Geist und erhebliche gedankliche Freiheit nicht möglich gewesen. Und das alles hervorzubringen und zu leben und gleichzeitig sein Leben als gläubiger Muslim zu führen, denn das taten wohl die weitaus meisten Leute zu jener Zeit, ebendarin bestand die Ambiguitätstoleranz, die Thomas Bauer so plastisch zeichnet.

Das wurde freilich anders. Die muslimische Weltregion geriet gegenüber den erstarkenden Staaten Europas zumindest kräftemäßig ins Hintertreffen; sie wurde daraufhin von ihnen unterjocht. Die damit gegebene Herausforderung war doppelgesichtig: brutale Kolonialherrschaft hier, die positiven Potenzen der Moderne da. Die Antwort war ebenso janusköpfig: feindselige Reaktion und Abwehr- bzw. Befreiungskampf, aber auch Anpassung, Übernahme europäischer Errungenschaften und Standards sowie Herjagen hinter der europäischen Entwicklung. Im Zuge dieser Reaktion wurden islamische Überzeugungen zu einem Kampfinstrument umgeschmiedet; der Islam wurde ideologisiert und politisiert. Er wurde aber auch geöffnet und aufgefächert, Teile der Tradition wurden preisgegeben, er wurde mit allen möglichen anderen Überzeugungen amalgamiert, darunter vielen aus Europa übernommenen Versatzstücken. Im Namen des Islam oder in Hinzufügung zum Islam war jetzt vieles möglich; es entstand ein großer Ideologiemischmasch. Bei Muḥammad ʿAbduh, Rashīd Riḍā und ihren Epigonen haben wir das andeutungsweise gesehen. Gleichzeitig behaupten alle so entstandenen Ideologieversionen, selber der einzig wahre Islam zu sein, ist man um Eindeutigkeit bemüht und jagt auch hier dem Westen mit seiner Wertschätzung der Eindeutigkeit nach. Die Pluralitätspflege und Ambiguitätstoleranz, die früher bei Muslimen so entwickelt waren, wurden zerstört. Früher nahm man die Mehrdeutigkeit und Interpretierbarkeit etwa von Korantexten als Gnade Gottes wahr; heute will man davon nichts mehr wissen. In Wahrheit ist aufgrund der genannten Entwicklung das islamische Gedankengebäude heute vielfältiger denn je; aber viele Ideologen behaupten im Brustton der Überzeugung das Gegenteil und erklären den Islam (sie meinen natürlich: ihre Version) zu einer eindeutigen, widerspruchsfreien Ideologie.

Und wir im Westen sitzen vielfach diesen Ideologen auf. Wir nehmen wie sie die ganze Realität der Muslime unter dem ausschließlichen Gesichtswinkel des Islam wahr, und wir glauben ihnen oft sogar, daß ihre verbiesterten Predigten der einzig mögliche Islam sind. Wir bilden uns so viel auf unseren Säkularismus ein – die Islambrille vor unseren Augen, die uns dieses Bild suggeriert, säkularisieren wir nicht. Und ein Rückspiegel, der uns zeigen könnte, wie vieles von der heutigen islamischen Ideologie (und muslimischen Praxis) aus dem Westen stammt, fehlt uns offenbar auch.

Was wir sehen, ist grauenhaft: eine muslimische Welt in Unordnung, in desolatem Zustand, deren Bewohner religiösem Fanatismus erlegen sind und sich von diesem zu aggressivem Verhalten und manchmal zu Terrorismus treiben lassen. Was wir als Realität der Muslime annehmen dürfen, wenn wir den obligaten Islambezug unserer Optik herausrechnen, ist immer noch unerfreulich genug. Es gibt große wirtschaftliche und soziale Probleme; es gibt reale Defizite der demokratischen Entwicklung; es hapert bei der Durchsetzung der Rechte von Frauen; viele tun sich mit einem universalistisch verstandenen Konzept der Menschenrechte schwer; und so kann man einen ganzen Katalog von unerfreulichen Erscheinungen zusammenstellen, die teilweise mit dem Fortleben traditioneller Vorstellungen zusammenhängen, teilweise aber auch Ergebnis der Modernisierung sind, wie sie sich tatsächlich vollzogen hat. Aber alles das ist nicht nur unerfreulich; es ist auch *vollkommen normal und erwartbar*. Die meisten muslimischen Länder gehören zu den weniger begünstigten Teilen dieser Welt; sie befinden sich gleichsam in den unteren Schubladen unserer Weltordnung. Sie sind aber gleichwohl integraler Bestandteil dieser Welt und partizipieren an all ihren Aspekten, auch an den häßlichen. Die Moderne ist keineswegs ein durchweg menschenfreundliches Phänomen.

Sie hat ihre barbarischen Seiten: Despotie,[3] schreckliche Menschenrechtsverletzungen, die großen Massaker des 20. Jahrhunderts. Dabei waren weder Hitler noch Stalin oder Pol Pot Muslime, der Vietnamkrieg wurde nicht von Muslimen geführt, in den Kriegen der letzten Jahrzehnte im Mittleren Osten waren Muslime weit eher Opfer als Täter. Als Opfer waren sie aber in diese Kriege – und damit in die »neue Weltordnung« – einbezogen, und einige von ihnen drückten ihre heftigen Reaktionen islamisch aus und sahen sich selbst als Opfer eines kulturell bedingten Angriffs des Westens.

Da zeigte sich dann das häßliche Gesicht des Islam – Islam natürlich wieder verstanden als Äußerungen und Aktionen von Muslimen. Kein schöner Anblick: obsessives Bestehen auf dem Muslimsein in der strengsten Befolgung von Vorschriften, penetrante Zurschaustellung dieser Religiosität, Kultivierung von Opfermentalität und Überempfindlichkeit im Hinblick auf die Symbole der eigenen Religion, obskurantistische Vorstellungen, aggressive Konzeptionen und manchmal auch reale Gewalt. Diese Seiten der heutigen muslimischen Realität sind schon an sich sichtbarer als die selbstverständliche, unschuldige Praktizierung ihrer Religion durch die große Mehrheit der heutigen Muslime (soweit sie sie denn überhaupt praktizieren). Sie stechen noch weitaus stärker in einer westlichen Wahrnehmung hervor, welche die muslimische Realität gern auf diese spektakulären Züge reduziert. Und die Reduktion ist gegenseitig:

> Der islamistische Aktivist ist vor allem anderen ein Vereinfacher und Literalist. 〈…〉 Dieser Aktivist empfängt im wesentlichen zwei Bilder von der amerikanischen Gesellschaft: Das eine kommt von der Unterhaltungsindustrie, und seine puritanische Phantasie interpretiert alles das als reine Verderbtheit und Entwürdigung; das andere ist das Bild einer unbarmherzigen realen und verbalen Kriegstreiberei gegen den Islam und die Muslime. Der Westen wird in ihrer überhitzten Phantasie ein kreuzzüglerisches Christentum in seinem religiösen Leben und ein Reich der Sünde in seinem säkularen. Der psychologische Reflex ist

der von Abscheu, Furcht und Wut. Ein Ruf zu den Waffen folgt.[4]

Diese aggressiven Züge werden im Westen wahrgenommen und dienen zur Rechtfertigung von Kriegszügen, aber auch zur Bestätigung eines Weltbildes, das in spiegelbildlicher Umkehrung dem der Islamisten aufs Haar gleicht. Wie der Westen in deren Sicht, so erscheint die muslimische Realität in einem im Westen verbreiteten Bild enorm verzerrt, von einem alles durchdringenden, kraß menschenfeindlichen Islam beherrscht. Die beiden Weltsichten sind strikt symmetrisch, schaukeln sich gegenseitig auf und fungieren wechselseitig als Stichwortgeber. Wenn die Rede vom *clash of civilizations*, vom Zusammenstoß der Kulturen, irgendeinen Sinn hat, dann als Beschreibung dieses Mechanismus: des Aufschaukelns von Feindbildern in der gegenseitigen Verstärkung von Wahrnehmungen des jeweils anderen. Wohlverstanden: Diese Wahrnehmungen sind falsch, sind illusionär, aber sie können, wenn sie Feindseligkeiten und aggressives Verhalten mit sich bringen, ganz reale Dimensionen und Folgen haben.

Das eben angesprochene Bild von den Muslimen ist *falsch*. Aus dem *circulus vitiosus* sollten wir herausfinden. Und wir können es, wenn wir uns vergegenwärtigen, *wie* falsch dieses Bild ist (und das islamistische Bild vom Westen ist ebenso falsch – auch das sollte gesagt werden). Das Verhalten von Muslimen unterliegt keinem irgendwie gearteten islamischen Determinismus. Es steht in engem Zusammenhang mit der *Lage der Welt insgesamt*; es ist enorm *vielfältig*, und es ist *wandelbar*.[5]

Der Islam kennt – in diesem Punkt in *vollkommener Übereinstimmung* mit anderen Religionen – eine große Bandbreite von unterschiedlichen Aussagen, Überzeugungen und Verhaltensweisen. Das läßt sich schon in den Grundlagentexten finden und setzt sich in den daraus abgeleiteten Verhaltensvorschriften und im Gang der Geschichte bis heute fort. Muslime sind ganz normale Menschen, für welche die allgemeinen Bewegungsgesetze menschlichen Zusammenlebens gelten. Wer sie aus diesem universellen Zusammenhang durch die Annahme eines stets in einem ganz bestimmten Sinn wirkenden Islam herausnimmt, führt sich und andere in die Irre.

Die im Titel dieses Buchs gestellte Frage läßt sich da leicht beantworten. Der Islam ist zunächst *Religion*. Er war auch *Zivilisation*, und zwar eine hochstehende und glänzende. Die Weltregion, die von Muslimen bevölkert wird, ist nicht mehr so überlegen und auch nicht mehr so gut abgrenzbar gegen andere wie früher. Sie hat ihre Probleme, sie hat ihre barbarischen Seiten. Ihre wichtigsten Probleme resultieren aus der Auseinandersetzung mit dem Westen; auch in ihren barbarischen Aspekten ist sie integraler Bestandteil der heutigen Welt. Die Arbeit an den Problemen, die Einhegung der Barbarei können nur in klarer Erkenntnis und Würdigung dieser Zusammenhänge gelingen. Wo die Gefahr universell ist, kann das Rettende nur global wachsen.[6]

Bei der Suche nach dem richtigen Verständnis ihrer Religion gab es für die Muslime immer schon Wahlmöglichkeiten. Etwas überspitzt kann man sagen, daß sie sich immer wieder ihren Islam neu geschaffen haben, und zwar in unterschiedlichen Versionen für verschiedene Gruppen. Wie die Muslime sich bei der so gegebenen Wahlmöglichkeit verhalten, ist ihre eigene Entscheidung; sie werden diese Entscheidung nach ihren eigenen Präferenzen und Interessen treffen, und das heißt immer auch, je nachdem, wie sie sich selbst in der Welt sehen und wahrgenommen bzw. behandelt sehen. Das islamische Bewußtsein und dementsprechende Verhalten hängt also von der Lage der Muslime, von ihrem Eingebettetsein in ihre Gesellschaften bzw. in die Welt ab. Der Westen, in Zeiten und im Zeichen der Moderne sicherlich die dominante Weltregion, trägt also durch seine Sicht der Muslime und sein Verhalten ihnen gegenüber stark zu deren Weltbild und Verhaltensweisen bei. Es gibt seit langem Auseinandersetzungen zwischen dem Westen und der islamischen Welt, Europäer verhielten sich aggressiv gegenüber Muslimen – wie sich auch Muslime aggressiv gegenüber Europäern verhielten. Auch nach dem Umbruch zur Moderne blieb das so, nur war jetzt Europa der wesentlich stärkere Partner, konnte also den anderen seinen Willen aufzwingen, die islamische Welt penetrieren und kolonisieren und auch nach der Unabhängigkeit noch dominieren – weitgehend zu deren Schaden. Kaum ein Wunder, daß in der Reaktion darauf, die angesichts der Lage kaum in physischem Kampf bestehen kann, die militanten und aggressiven Züge der islamischen *Ideologie* stark hervortreten.

Was können wir tun, um den *circulus vitiosus* zu durchbrechen? Zumindest sollten wir versuchen, hinter der unerfreulichen Fassade die Realität der Muslime zu erkennen, dort zu differenzieren und den verbreiteten Bildern zu widersprechen, wo sie falsch sind. Es gibt durchaus Hoffnung. Der so oft beschworene *clash of civilizations* stellt auch auf der ideologischen Ebene nicht einfach zwei Weltregionen sauber gegeneinander. Sowohl im Westen wie auch im Nahen und Mittleren Osten findet man miteinander ringende Kräfte und Haltungen. Allgemein gesprochen ist der Westen in der dominanten Position. Er strebt nach Bewahrung seiner Dominanz. Dem kommt die Vorstellung vom »Feind Islam« entgegen. Das Bild von der Festung Europa, die sich auf einen islamischen Angriff vorbereitet – und sogar schon eine muslimische fünfte Kolonne in ihren Reihen hat –, ist einigermaßen verbreitet. Aber es gibt im Westen eben auch viele, die dieses Bild in Frage stellen.

Und auf der anderen Seite, im Nahen Osten und in der weiteren muslimischen Welt, gibt es zweifellos viele, die den Westen als einen monolithischen Block sehen, der in einer gigantischen Verschwörung von einem Zentrum aus dirigiert wird. Aber auch hier gibt es widersprechende Stimmen, welche die Dinge anders beschreiben, den Westen realistisch analysieren, seine Widersprüche sehen und entsprechend handeln. Solche Stimmen äußern dann durchaus auch scharfe muslimische Selbstkritik. Und die entsprechenden Stimmen werden in den letzten Jahren zahlreicher.

Solchen Muslimen, die an demokratie- und menschenrechtswidrigen Vorstellungen festhalten oder sie sogar zuspitzen, sollte man offen widersprechen; für diejenigen, die dabei kriminell werden, gibt es, wie für alle anderen, polizeiliche Verfolgung und Strafrecht. Wirklich überwinden können nur die Muslime selbst diese Vorstellungen, und damit ihnen das erleichtert wird, brauchen sie von seiten des Westens die Zuversicht, einen Platz in der Welt, bzw. von seiten der Mehrheitsbevölkerung, einen Platz in der Gesellschaft zu haben. Wenn man aus der bloßen Zugehörigkeit zum Islam einen Anklagepunkt macht, wie das allzu oft geschieht, zerstört man diese Perspektive.

# ANMERKUNGEN

## 1
## EINLEITUNG

1 Charakterisiert und bibliographisch zusammengestellt in HEyMAT-Projekt, *Debatte um Islamkritik.*
2 Vgl. Nagel, *Dschihad*; Flaig, *Welteroberung.*
3 Die hier referierte Anklage wird in den letzten Jahren sehr breit vorgebracht. Ein klar formuliertes Plädoyer findet sich bei Krauss, *Islam, Islamismus, muslimische Gegengesellschaft.* Zur Kritik an der Islamkritik siehe Bahners, *Die Panikmacher*; Schneiders (Hg.), *Islamfeindlichkeit*; Sokolowsky, *Feindbild Moslem.*
4 Vgl. Colpe, *Gründe.*
5 Renan, *L'Islamisme*, S. 946, 955 f.

## 2
## CORPUS DELICTI: DER KORAN

1 Der Koran wird hier meist nach der Übersetzung von Rudi Paret zitiert – ohne seine entbehrlichen Klammerzusätze.
2 Diese Ausführungen verdanken sich einer Lektüre des Koran und stellen keinerlei analytischen Anspruch. Die wissenschaftliche Literatur über den Koran ist beinahe unübersehbar; ich verweise hier nur auf Neuwirth, *Der Koran als Text der Spätantike.*
3 ʿAbduh, *Al-islām*, S. 62 f.
4 Siehe dazu Neuwirth, *Der Koran – Mittelpunkt*, S. 80-83.
5 Dies ist natürlich eine »von außen«, von einem Nichtmuslim gemachte Aussage – unbeschadet der Tatsache, daß es innerhalb der Religionen ein breites Spektrum von Aussagen und Interpretationen gibt, darunter ganz dezidiert solche, welche eine Wesensverschiedenheit der Religionen schon von den Grundlagen her annehmen und zum Zweck der gegenseitigen Abgrenzung scharf betonen.
6 Also der Nordwestregion der Arabischen Halbinsel, in der Mekka und Medina liegen.

## 3
## EIN GOTTESSTAAT?

1 Vgl. Steppat, *Der Muslim*; Noth, *Früher Islam*, S. 80-97.
2 Steppat, *Der Muslim*, S. 110.
3 Rodinson, *Islam et capitalisme*, S. 63.
4 Vgl. Noth, *Früher Islam*, S. 73-80.
5 Vgl. Schacht, *Sharīʿa*, S. 676.
6 Johansen, *Introduction*, S. 26.
7 Vgl. Schacht, *Introduction*, S. 34f.
8 Vgl. ebenda, S. 34f. Zum *ḥadīth* siehe auch Marco Schöller, *Kommentar*, in: al-Nawawī, *Hadithe*, S. 265-307.
9 Vgl. Johansen, *Introduction*, S. 29f.
10 Vgl. ebenda, S. 30.
11 Baber Johansen spricht in diesem Zusammenhang vom »epistemologischen Skeptizismus« der Juristen (ebenda, S. 37).
12 At-Taḥrīr, *Ḥaula-d-dīn*, S. 8.
13 Vgl. Schacht, *Introduction*, S. 27.
14 Vgl. ebenda, S. 84f.
15 Vgl. ebenda, S. 76.
16 Ebenda, S. 76.
17 Vgl. ebenda, S. 54f.
18 Al-Māwardī, *Al-aḥkām*.
19 Vgl. Nagel, *Das Kalifat*, S. 156.
20 Vgl. Endreß, *Einführung*, S. 88f.
21 Vgl. ebenda, S. 89.
22 Vgl. Steppat, *Der Muslim*, S. 123.
23 Zitiert nach Johansen, *Staat*, S. 29f.
24 Th. Bauer, *Normative Ambiguitätstoleranz*, S. 163.
25 Ebenda, S. 168.
26 Vgl. ebenda.
27 Vgl. ebenda, S. 177-179; Schacht, *Sharīʿa*, S. 676.
28 Schacht, *Introduction*, S. 78f.
29 Vgl. Th. Bauer, *Kultur der Ambiguität*, S. 194-198.
30 Abun-Nasr, *Communities*, S. 25.
31 Vgl. ebenda, S. 29f., 51-53.
32 Vgl. ebenda, S. 54f.
33 Die *sunna* ist das im *ḥadīth* festgehaltene normsetzende Beispiel Muḥammads (und manchmal auch seiner Gefährten).
34 Abun-Nasr, *Communities*, S. 35.

35 Vgl. ebenda, S. 46.
36 Vgl. ebenda, S. 79 ff., 127 ff.
37 Ebenda, S. 56.
38 Vgl. ebenda, S. 82, 127 f.
39 Ebenda, S. 254.

## 4
## DER WEITE MANTEL DES ISLAM

1 Vgl. Ashtor, *History*, S. 71.
2 Ebenda, S. 71.
3 Vgl. Mez, *Renaissance*, S. 387-389.
4 Rodinson, *Islam et capitalisme*; dt.: *Islam und Kapitalismus.*
5 Vgl. Ashtor, *History*, S. 280-301.
6 Vgl. ebenda, S. 301-331.
7 Vgl. Cahen, *Quelques Mots*; Flores, *Nationalismus*, S. 10-12; Flores, *Arabische Welt*, Stichwort »Stagnation«.
8 Braudel, *La dynamique*, S. 77.
9 Ashtor, *History*, S. 331.
10 Boisard, *Geschichte*, S. 169.
11 Vgl. Johansen, *Introduction*, S. 3.
12 Vgl. Rodinson, *L'Islam*, S. 111 f.
13 Vg. ebenda, S. 112 f.
14 Vgl. Al-Maʿarrī, *Paradies und Hölle*, sowie die Einleitung von Gregor Schoeler dazu.
15 Rodinson, *L'Islam*, S. 113.
16 Vgl. *Durchblättert ist des Lebens Buch.*
17 Rodinson, *Islam et capitalisme*, S. 117.
18 Vgl. ebenda, S. 115.
19 Rodinson, *L'Islam*, S. 118.
20 Den Text des bekanntesten dieser Bekenntnisse, des *Glaubensbekenntnisses al-Qādirs*, gibt Mez, *Renaissance*, S. 198-201.
21 Vgl. al-Ghazālī, *Al-munqidh*, S. 110-116; dt.: Al-Ghazālī, *Erretter*, S. 26-30.
22 Griffel, *Kommentar*, in: Ibn Rushd, *Maßgebliche Abhandlung*, S. 68.
23 Al-Ghazālī, *Al-munqidh*, S. 91-93; dt.: Al-Ghazālī, *Erretter*, S. 13 f.
24 Vgl. al-Ghazali, *Book of Knowledge*, S. 80-83; Griffel, *al-Ghazali*, S. 11.
25 Vgl. Abun-Nasr, *Communities*, S. 43-46; al-Ghazālī, *Al-munqidh*, S. 130-143 (dt.: Al-Ghazālī, *Erretter*, S. 40-48).
26 Vgl. Corbin, *Histoire*, S. 253-262, 335-348; Gutas, *Study.*

27 Vgl. Ibn Rushd, *Maßgebliche Abhandlung*, S. 17-21, 32-38.
28 Vgl. zu diesem ganzen Komplex Renan, *Averroès*.
29 Vgl. Glassen, *Der mittlere Weg*.
30 So der – partielle – Untertitel der Untersuchung von Nagel, *Festung*.
31 Rodinson, *L'Islam*, S. 119f.

## 5
## FEHLT DA ETWAS?

1 Dan Diner spricht im Zusammenhang mit einem seiner Meinung nach im Islam bestehenden »religiös begründeten Schreibverbot«, also der Privilegierung der Mündlichkeit gegenüber der Schriftlichkeit, von einem »kulturanthropologisch erklärbaren Umstand« und »dessen sakrale[r] Rationalisierung« (Diner, *Versiegelte Zeit*, S. 119).
2 Lewis, *What Went Wrong?*.
3 So der Titel des 9. Kapitels seines Buchs: Th. Bauer, *Kultur der Ambiguität*, S. 312-375.
4 Vgl. ebenda, S. 199.
5 Ebenda, S. 193.
6 Ebenda, S. 201.
7 Ebenda, S. 222f.
8 Vgl. Schölch, *Säkularistische Traditionen*.
9 Th. Bauer, *Kultur der Ambiguität*, S. 340f.
10 Th. Bauer, *Musterschüler*, S. 4f.
11 Vgl. Kerr, *Arab Cold War*.
12 Vgl. Mejcher, *Politik*.
13 Vgl. Schulze, *Das islamische achtzehnte Jahrhundert*; Schulze, *Was ist die islamische Aufklärung?*.
14 Zum Beispiel Radtke, *Erleuchtung und Aufklärung*; Hagen, Seidensticker, *Hypothese*.
15 Th. Bauer, *Kultur der Ambiguität*, S. 393.
16 Vgl. Reichmuth, *The World*, S. xiv-xx; Schöller, *Zum Begriff*.
17 Säkularisierung wird hier verstanden als die Zurückdrängung institutionell abgesicherter religiöser Hegemonie über die Gesellschaft, Säkularismus als ihr ideologisches Korrelat, also die Befürwortung dieser Zurückdrängung und der Wunsch, sie konsequent fortgeführt zu sehen.
18 Diese Passagen in Anlehnung an Flores, *Säkulare Dimension*, S. 44-47.

19 ʿAmāra, *Al-ʿAlmāniyya*, S. 28f.
20 So beispielsweise Zakariyyā, *Al-ʿAlmāniyya*; frz.: Zakariya, *La laïcité.*
21 Zakariyyā, *Al-ʿAlmāniyya*, S. 64-66, 71f.; frz.: Zakariya, *La laïcité*, S. 31-38, diese Übersetzung entspricht dem Original nicht genau.
22 Das war die Debatte zwischen Muḥammad ʿAbduh und Faraḥ Anṭūn, die weiter unten erwähnt wird.
23 Zu der Debatte vgl. Flores, *Säkularismus und Islam*; kurz zusammengefaßt in Flores, *Secularism.*
24 Ahmad, *Islam*, S. 37.

## 6

## EUROPA ALS STÖRENFRIED UND STACHEL

1 Hartmann, *Krisis*, S. 10.
2 Vgl. Schölch, *Der arabische Osten*, S. 365.
3 Siehe oben S. 55-59 (Abschnitt »Stagnation und Niedergang«), für die arabische Literatur vgl. Th. Bauer, *Badīʿiyya*, S. 77-83.
4 Schölch, *Der arabische Osten*, S. 365.
5 Vgl. Flores, *Arabische Welt*, Stichwörter »Penetration« und »Unterentwicklung«.
6 Diesen ganzen Komplex behandelt Schölch, *Der arabische Osten*, sehr ausführlich und kompetent.
7 Issawi, *Middle East*, S. 45. Issawi meint hier längere Perioden; für das 19. Jahrhundert trifft die Feststellung zweifellos zu.
8 Zitiert nach Rodinson, *Marxisme*, S. 252.
9 Für die arabische Welt vgl. etwa *Arab Human Development Report 2002.*
10 Vgl. Klare, *Schnell, mobil und tödlich.*
11 Vgl. Bush, *Freedom.*
12 Es ist eine Ironie der Geschichte, daß dies gleichzeitig den Aufstieg des Islamismus zu einer wichtigen Kraft im Nahen Osten bedeutete, der sich, nachdem ihn die USA (und Israel) zeitweise gefördert hatten, letzten Endes als für sie weit störender erwies, als es die Nationalisten gewesen waren.
13 Vgl. zu diesem ganzen Komplex Machover, *Israelis and Palestinians.*
14 Vgl. etwa LeVine, *Why They Don't Hate Us*, S. 103-115, 131-157.
15 Khūrī, *Al-fikr.*
16 So wie in diesem Buch durchweg davor gewarnt wird, »den Is-

lam« als ontologische Kategorie zu verstehen, soll auch der Begriff »Westen« hier nicht für eine solche stehen. Für die Zeit bis etwa 1945 meine ich damit die potenteren Länder Europas, für die Zeit danach im wesentlichen dieselbe Ländergruppe, vermehrt um die USA.

17 Für eine plastische Beschreibung dieser Faszination durch den Westen siehe Laroui, *L'idéologie arabe*, S. 29-42.

18 Vgl. Rodinson, *L'Islam*, S. 122.

19 So oder ähnlich wurde das auch immer wieder von modernen Muslimen formuliert – nicht zuletzt von Islamisten.

20 O. Bauer, *Revolutionen*, S. 117.

21 Vgl. Schulze, *Politisierung*.

22 Wenn man die Teilung und Besetzung des Iran durch Großbritannien und die Sowjetunion während des Zweiten Weltkriegs ausnimmt.

23 Es ist faszinierend, die Dialektik von Anziehung und Abstoßung im Verhältnis nahöstlicher Intellektueller zum Westen im einzelnen zu studieren. Für dieses Problem bei der Übernahme der Gedanken von Nietzsche durch einen arabischen Intellektuellen siehe Flores, *Modernity*, S. 121 f.

24 Aṭ-Ṭahṭāwī, *Takhlīṣ*; dt.: al-Ṭahṭāwī, *Ein Muslim*.

25 Zu seinem Leben und Werk vgl. Hourani, *Arabic Thought*, S. 69-83; Stowasser, *Nachwort*, in: Al-Ṭahṭāwī, *Ein Muslim*, S. 305-324.

26 Vgl. aṭ-Ṭahṭāwī, *Manāhidj*, S. 533-536.

27 Aṭ-Ṭahṭāwī, *Manāhidj*, S. 536. Es ist bezeichnend, daß aṭ-Ṭahṭāwī in einem Werk, das im modernen Druck immerhin 340 Seiten umfaßt, der Rolle der Religionsgelehrten nur wenige Seiten widmet.

28 Vgl. Schölch, *Der arabische Osten*, S. 387-400.

29 Hourani, *Arabic Thought*, S. 81.

30 Vgl. Peters, *Erneuerungsbewegungen*, S. 106.

31 Vgl. ebenda, S. 109-113.

32 Die beiden hier angeführten Artikel in englischer Übersetzung bei Keddie, *Islamic Response*, S. 175-187.

## 7
## REFORMISMUS UND APOLOGETIK

1 So formuliert es Albert Hourani für M. ʿAbduh (Hourani, *Arabic Thought*, S. 139).
2 ʿAbduh, *Al-islām*, S. 63 f.; dt. in: Hasselblatt, *Apologetik*, S. 50; die hier wiedergegebene Übersetzung stammt von mir.
3 Vgl. ʿAbduh, *Al-islām*, S. 140; dt. in: Hasselblatt, *Apologetik*, S. 100 f.
4 Dieses Zitat bei ʿAbduh, *Risālat at-tauḥīd*, S. 454; engl.: ʿAbduh, *Theology*, S. 138.
5 So etwa in ʿAbduh, *Risālat at-tauḥīd*, S. 450-457. Auf diesen Umstand hat Rotraud Wielandt hingewiesen (*Offenbarung*, S. 65).
6 Wielandt, *Offenbarung*, S. 66.
7 Vgl. ʿAbduh, *Risālat at-tauḥīd*, S. 355-366, das Zitat S. 365; engl.: Abduh, *Theology*, S. 29-40 (S. 38).
8 Vgl. ʿAbduh, *Al-islām*, S. 146-151; dt. in: Hasselblatt, *Apologetik*, S. 104-109.
9 Anṭūn, *Ibn Rushd wa falsafatuhu*, S. 159-163; zu Faraḥ Anṭūn weiter unten mehr.
10 Vgl. ʿAbduh, *Al-islām*, 184-192; dt. in: Hasselblatt, *Apologetik*, S. 132-138.
11 Vgl. ebenda, S. 192-195; dt.: ebenda, S. 138-140.
12 Vgl. ebenda, S. 195-198; dt.: ebenda, S. 140-142.
13 Vgl. dazu auch Wielandt, *Offenbarung*, S. 56-70.
14 ʿAbduh, *Risālat at-tauḥīd*, S. 443 f.; engl.: Abduh, *Theology*, S. 127.
15 Vgl. ʿAbduh, *Al-islām*, S. 173-176; dt. in: Hasselblatt, *Apologetik*, S. 125-128.
16 Anṭūn, *Ibn Rushd wa falsafatuhu*, S. 163.
17 Vgl. Rodinson, *Islam et capitalisme*, S. 93-113; Jomier, *Le commentaire*, S. 87-98.
18 Vgl. ʿAbduh, *Risālat at-tauḥīd*, S. 370-381, 397-426; engl.: Abduh, *Theology*, S. 45-52, 76-108.
19 Vgl. ebenda, S. 429-434; engl.: ebenda, S. 111-117.
20 Vgl. ebenda, S. 426; engl.: ebenda, S. 107.
21 ʿAbduh, *Fī tafsīr*, S. 411; frz. Übersetzung und Kommentierung bei Jomier, *Le commentaire*, S. 103 f.
22 Faraḥ Anṭūns Schrift gegen ʿAbduh: *Ibn Rushd*; zu der Kontroverse siehe Flores, *Reform*.
23 Vgl. dazu Kerr, *Islamic Reform*, S. 153-204.
24 Vgl. ʿAbdarrāziq, *Al-islām*.

25 Vgl. dazu Achcar, *Les Arabes*, S. 179-191.
26 Anawati, Borrmans, *Tendances*, S. 36.
27 Vgl. ebenda, S. 35-37.
28 Vgl. ebenda, S. 57-59; zu der Bedeutung dieser Kontroverse für die islamische Apologetik vgl. Schirrmacher, *The influence*.
29 Vgl. Anawati, Borrmans, *Tendances*, S. 66f.
30 Smith, *Islam*, S. 138; die ganze Untersuchung der Zeitschrift S. 120-147.
31 Ebenda, S. 140.
32 Vgl. ebenda, S. 134-136.
33 Ebenda, S. 147.
34 Vgl. Anawati, Borrmans, *Tendances*, S. 109-111; Reissner, *Ideologie und Politik*, S. 302-315.
35 Vgl. Khālid, *Ad-dīmuqrāṭiyya*, S. 66-74.
36 Vgl. Balluz, *Nichtkapitalistische Entwicklung*.
37 So etwa al-Munadjdjid, *Aᶜmidat an-nakba*; dt.: Munadschid, *Wohin treibt die arabische Welt?*
38 Rodinson, *De Mohammad*, S. 67.

## 8
## ISLAMISMUS, ISLAMISCHE BEWEGUNGEN, SALAFISMUS

1 Zu den ägyptischen Muslimbrüdern siehe Mitchell, *Society*; Carré, Michaud (Hg.), *Les frères*. Ein einfühlsames Porträt von al-Bannā gibt Krämer, *Hasan al-Banna*.
2 Al-Bannā, zitiert nach Mitchell, *Society*, S. 233.
3 Vgl. Mitchell, *Society*, S. 14.
4 Vgl. ebenda, S. 107f., 111.
5 Vgl. ebenda, S. 328; Krämer, *Hasan al-Banna*, S. 69f. Verläßliche Zahlen liegen nicht vor; Mitchell spricht für Ende der vierziger Jahre des 20. Jahrhunderts von einer Million Mitgliedern und Sympathisanten, Krämer ist vorsichtiger. Nach 1948 ging die Zahl stark zurück.
6 Die Wafd-Partei war die wichtigste nationalistische Partei im Ägypten der Zwischenkriegszeit.
7 Vgl. Qutb, *Dschihad*; siehe auch Quṭb, *Maᶜālim*, S. 55-82. Zur Konzeption von Quṭb auch Carré, *Le combat-pour-Dieu*.
8 Carré, *Le combat-pour-Dieu*, S. 682, führt ein Beispiel an.
9 Al-Huḍaibī, *Duᶜāt*.

10 Zur Entwicklung seit 1971 und den radikalen Gruppen Kepel, *The Prophet.*
11 Vgl. Flores, *Ägypten*, S. 488f.
12 Vgl. Reissner, *Ideologie und Politik.*
13 Vgl. Krämer, *Change.*
14 Vgl. Schölch, *Pfingstwunder*; siehe auch Flores, *Rutschpartie.*
15 Saad Eddin Ibrahim, zitiert nach Schölch, *Pfingstwunder*, S. 50.
16 Ahmad, *Islam*, S. 3.
17 Vgl. Schiffauer, *Nach dem Islamismus*, S. 67ff.
18 Vgl. Durán, Ahmed, *Pakistan*, S. 357-362.
19 Roy, *L'échec*, S. 84.
20 Vgl. ebenda, S. 13-43, 237-247.
21 Vgl. Schulze, *Internationalismus.*
22 Zu diesen Entwicklungen siehe Al-Rasheed, *Contesting.*
23 »Wir werden alle Schiiten, wenn wir dafür einen palästinensischen Khomeini bekommen«, sagte mir 1982 oder 1983 einer meiner Studenten an der Birzeit-Universität (Palästina).
24 Für Saudi-Arabien siehe Al-Rasheed, *Contesting*, passim; zu dem Phänomen insgesamt Roy, *L'Islam*, S. 179-199.
25 Vgl. Roy, *L'Islam*, S. 201-221.
26 Vgl. Meijer, *Introduction*, S. 6; Khedimellah, *Prediger.*
27 Vgl. Lauzière, *The Construction.*
28 Vgl. Meijer, *Introduction*, S. 21.
29 Ebenda, S. 21f.
30 Vgl. Meijer, *Towards a Political Islam*, S. 4-6, 25-28, 34-37; siehe auch Asseburg (Hg.), *Moderate Islamisten*; Lübben, *Muslimbruderschaft.*
31 Vgl. Bayat, *Islamism*, S. 38f.

## 9
## DAS HÄSSLICHE GESICHT DES ISLAM

1 Vgl. al-Khumainī, *Al-ḥukūma.*
2 Die *Protokolle der Weisen von Zion* sind eine zu Beginn des 20. Jahrhunderts in Rußland fabrizierte Fälschung, die eine jüdische Verschwörung mit dem Ziel der Weltherrschaft zeichnet; zu ihrer Rezeption in der arabischen Welt vgl. Wild, *Arabische Rezeption.*
3 Die Ablehnung der genannten Phänomene ist breit und diffus; es ließen sich in der Literatur beliebig viele Belegstellen nennen. Nur als Beispiel weise ich auf die Darstellung der ideologischen Tendenzen der Islamischen Weltliga hin, welche weltweit Propa-

ganda im angedeuteten Sinn macht, die aber nur eine von unzähligen Agenturen solcher Propaganda ist: Schulze, *Internationalismus*, S. 395-444.

4 Vgl. Kassir, *Considérations*, S. 88-97; dt.: Kassir, *Unglück*, S. 81-88.

5 So etwa Asımgil, Şahin, *Leitfaden*, S. 86f., wo über die bevorzugten Zeiten und die Reihenfolge des Schneidens der Finger- und Fußnägel gehandelt wird und es dann heißt: »Es ist aber Makrūh, die geschnittenen Fingernägel in die Toilette oder ins Bad zu werfen« (*makrūh* heißt: verboten, aber nicht strafbar).

6 Vgl. Ibrahim, *Wegweiser*, S. 7-37.

7 Vgl. ebenda, S. 15 f.

8 Vgl. ebenda, passim.

9 Vgl. Ammann, *Tariq Ramadan*, S. 30-32.

10 Ein Beispiel bei Meddeb, *Krankheit*, S. 70f.

11 Für die positive Aufnahme siehe Kepel, *The Prophet*, S. 194-199; Sivan, *Radical Islam*, S. 94-104.

12 Zum Beispiel as-Samhūrī, *Naqd al-khiṭāb.*

13 Th. Bauer, *Musterschüler*, S. 11.

14 »Es [Saudi-Arabien] hat vor allem den Rest der arabischen Welt auf sein Niveau herabgezogen.« (Kassir, *Considérations*, S. 87)

15 Vgl. Flores, *Säkularismus und Islam*, S. 56-68.

16 Vgl. Nagel, *Bringschuld*, S. 7-13.

17 Siehe die Beiträge in Gräf, Skovgaard-Petersen (Hg.), *Global Mufti*; siehe auch Krämer, *Drawing Boundaries.*

18 So Ghadban, *Tariq Ramadan.*

19 So Ammann, *Tariq Ramadan.*

20 Ghadban, *Tariq Ramadan*, untersucht diese Turnübungen sehr eingehend.

21 Ammann, *Tariq Ramadan*, S. 30.

22 Viele Zeugnisse davon in Amirpur, Ammann (Hg.), *Islam am Wendepunkt.*

23 Zakariyyā, *Al-ʿAlmāniyya*, S. 79; frz.: Zakariya, *La laïcité*, S. 45.

24 Abū Zaid, *Al-Khiṭāb*; dt.: Abu Zaid, *Diskurs.*

25 Meddeb, *Krankheit.*

26 As-Sayyid, *Al-ʿUnf.*

27 As-Sayyid, *Masʾalat al-iʿdjāz.*

28 As-Sayyid, *As-Ṣirāʿ.*

29 Vgl. Ehud Ein-Gil, *The roots of jihad.*

30 Corm, *L'Europe*, S. 380.

31 Vgl. Huntington, *Kampf der Kulturen*; Huntington, *Der Kampf.*

32 Huntington, *Kampf der Kulturen*, S. 12.

33 Vgl. ebenda, S. 13 f.
34 So z. B. von Hafez, *Islam*.
35 Huntington, *Kampf der Kulturen*, S. 14.
36 Zu dieser Darstellung des Palästinakonflikts in essentialistischer Sicht und ihrem rationalen Kern vgl. Flores, *Oslo*; Flores, *Islamische Motive*.
37 Besonders der syrische Philosoph Ṣādiq Djalāl al-ʿAẓm hat sich in zahlreichen Publikationen für eine differenzierte Sicht auf den Westen eingesetzt; vgl. etwa al-ʿAzm, *Orientalism*.

## 10
## PROBLEMFELDER

1 Vgl. Nagel, *Dschihad*; Flaig, *Welteroberung*.
2 Al-Sayyid, *Abode of Peace*, S. 124-128.
3 Zitiert nach Cook, *Jihad*, S. 35.
4 Peters, *Erneuerungsbewegungen*, S. 113.
5 Al-Maudūdī u. a., *Al-djihād*, S. 6-9. Den Hinweis auf diese Stelle verdanke ich Dorothea Krawulsky.
6 Vgl. dazu Peters, *Islam and Colonialism*.
7 So z. B. Duran, *Überall Pflicht*, der allerdings wahrheitswidrig behauptet, man könne das Konzept überhaupt nur friedlich verstehen.
8 Eindrücklich, auch als Beleg für die islamische Imagepflege eines sonst wenig religiösen Regimes, ist der Umstand, daß der entsprechende Koranvers das Grabmal des unbekannten Soldaten in Damaskus als umlaufendes Schriftband um einen stilisierten Stahlhelm ziert.
9 Vgl. Gräf, Skovgaard-Petersen (Hg.), *Global Mufti*, S. 7 f., 123-125, 133 f.
10 Vgl. etwa Bouman, *Koran*, S. 1-8, 101-110.
11 Für meinen Bericht über eine blutige Auseinandersetzung islamistischer und nationalistischer Studenten in der Westbank 1983, der eine israelische Armee-Einheit seelenruhig und tatenlos zusah, siehe Flores, *Intifada*, S. 8.
12 Vgl. Baumgarten, *Hamas*; dort auch die »Charta« von Ḥamās, S. 207-226.
13 Zum Charakter der israelischen Besatzungspolitik aus einer großen Fülle von Publikationen nur diese: Hass, *Gaza*.
14 Zum Irak verweise ich nur auf den erhellenden Aufsatz von Alnasseri, *Understanding Iraq*.

15 Krämer, *Gottes Staat*, S. 13 f., führt plastische Beispiele an.
16 Vgl. Flores, *Arabische Welt*, Stichwort »Demokratiebestrebungen«.
17 Ḥasanain, *Ḥattā lā tazalla*, S. 27.
18 So etwa Huwaidī, *Tazyīf*, S. 113-123.
19 Über ausmachbare Tendenzen in diesem Zusammenhang informiert Krämer, *Gottes Staat*, S. 121-129.
20 Vgl. Flores, *Ägypten*, S. 485-487.
21 Vgl. Krämer, *Gottes Staat*, S. 227-255.
22 Vgl. Meijer, *Towards a Political Islam*, S. 25-28, 34-42.
23 So z. B. die Organisation der Islamischen Konferenz und der Islamrat für Europa; zur Erklärung des Islamrats siehe *Al-bayān al-islāmī*.
24 Vgl. Bielefeldt, *Werterelativismus?*.
25 So Yāsīn, *Muqaddima*, S. 97-102, 130-132.
26 So Huwaidī, *Tazyīf*, S. 113-123.
27 Vgl. Fōda, Rizq, ʿAbdalkarīm, *Aṭ-ṭāʾifiyya*, S. 40, 44.
28 Vgl. an-Na'im, *Toward an Islamic Reformation*, S. 161-187; Ferjani, *Islamisme*, S. 227-251.
29 Zitiert nach Krämer, *Gottes Staat*, S. 162.
30 Der moderne *faqīh* Yūsuf al-Qaraḍāwī nutzt in seinem schon 1960 erschienenen, aber auch heute noch unter Muslimen weitverbreiteten Buch »Das Erlaubte und das Verbotene im Islam« die Erwähnung dieser Bestimmung, an der auch er festhält, zu folgendem Seitenhieb gegen die westliche Zivilisation: »Wenn der Islam über den Besuch von Frauen in öffentlichen Bädern, die ja doch Gebäude mit vier Wänden sind, zu denen nur Frauen Zutritt haben, so streng urteilt, stell dir doch sein Urteil über die halbnackten Frauen vor, die an Stränden und Swimming-Pools herumliegen und ihre Nacktheit den hungrigen und lüsternen Blicken jedes Passanten ohne jedes Schamgefühl zur Schau stellen! Sie haben sicherlich jeden Schleier zwischen sich und ihrem Allergnädigsten Herrn heruntergerissen. Und ihre Männer sind Partner in ihrer Sünde, denn sie sind die für den Schutz ihrer Frauen Verantwortlichen. Wenn sie nur wüßten!« (Al-Qaradawi, *The Lawful*, Chapter 3, S. 11)
31 *Von der Ehe*, S. 22.
32 Ibn al-Djauzī, *Weisungen*, S. 11.
33 Vgl. Koloska, *Kommentar*, in: Ibn al-Djauzī, *Weisungen*, S. 231 f.
34 Vgl. Ibn al-Djauzī, *Weisungen*, S. 88-90.
35 Diese Formulierung verdanke ich Adam Mez, der sie allerdings benutzt, um die Kürze der Freitagspredigten in abbasidischer Zeit

zu erklären: »Hinter wem die Hölle herbrüllt, der bückt sich nicht an den Blumen am Wege.« (Mez, *Renaissance*, S. 308)

36 Die Formulierungen al-Ghazālīs, die auf diesem Umstand bestehen, berühren sehr peinlich: »Alles, was hierüber zu sagen ist, ist in dem Satz enthalten, daß die Heirat eine Art Sklaverei bedeutet und daß die Frau die Sklavin des Mannes ist.« (*Von der Ehe*, S. 111)

37 Für neuere rechtliche Entwicklungen in vielen muslimischen Ländern siehe die Abteilung »Die Stellung des Islams und des islamischen Rechts in ausgewählten Staaten« in: Ende, Steinbach (Hg.), *Islam*, S. 229-559.

38 Zur Praktizierung des islamischen Personenstandsrechts in den palästinensischen Autonomiegebieten siehe Welchman, *Islamic Family Law.*

39 Vgl. *Arab Human Development Report 2002.*

40 Zur Situation von Frauen in Saudi-Arabien, allerdings nur aus wohlhabenderen Kreisen, siehe Alsanea, *Die Girls.*

41 Resultate neuerer Untersuchungen: *Arab Human Development Report 2005*, sowie die kritische Diskussion dieses Berichts in *Special Subsection.*

42 Besonders widerwärtig: Maul, *Sex, Djihad und Despotie.*

43 Kandel, *Glaube und Wahn.*

44 Vgl. Amirpur, *Schirin Ebadi.*

45 Hierzu und zu vielen anderen Motiven der Emanzipation muslimischer Frauen siehe Saadawi, *The Hidden Face*; Mernissi, *Beyond the Veil.*

46 Das Folgende in Anlehnung an einige Passagen meiner Einleitung zu Evangelisches Missionswerk in Deutschland u. a. (Hg.) *Die Zukunft*, S. 15-25.

47 Angabe von Koranstellen zu beiden Haltungen in: Vajda, *Ahl al-Kitāb.* Der hier mit Tribut übersetzte Begriff heißt im Original *djizya.* Mit diesem Terminus ist auch die von den *ahl al-kitāb* erhobene Sonderabgabe in der Folge im allgemeinen bezeichnet worden.

48 Vgl. Noth, *Früher Islam*, S. 64-67.

49 Cahen, *D̲himma.*

50 Ebenda, S. 230.

51 Vgl. Bat Ye'or, *Niedergang*; Bat Ye'or, *Europe to Eurabia*; Bat Ye'or, *Dialog.*

52 Für die osmanische Zeit vgl. Sharabi, *Arab Intellectuals*, passim.

53 Vgl. Rodinson, *La notion*, S. 126; auch die folgenden Ausführun-

gen beziehen sich teilweise auf Gedankengänge Rodinsons aus dem hier zitierten Aufsatz.

54 Vgl. ebenda, S. 128f.

55 In einer bestimmten Phase des libanesischen Bürgerkriegs war das schlimmste Schimpfwort des progressiv-muslimischen Lagers für die maronitische Führung *inʿiẓāliyyūn* (»Isolationisten«). Damit wurde ihr, die sicherlich unter vielen Gesichtspunkten kritikwürdig war, ausgerechnet der Zug ihrer Politik vorgeworfen, der nach den Erfahrungen der Christen am ehesten nachvollziehbar war und ihr auch die Zustimmung zumindest der maronitischen Basis sicherte.

56 So z. B. Huwaidī, *Muwāṭinūn.*

57 Zum Beispiel Yāsīn, *Muqaddima*, S. 53-64, 97-102, wo ausdrücklich die Bestimmung der ägyptischen Verfassung von der Gleichheit aller Bürger vor dem Gesetz als unislamisch gegeißelt wird.

58 Fōda, *Al-Irhāb*, S. 94-97, führt Beispiele an.

59 Verschiedene Stimmen in Evangelisches Missionswerk in Deutschland u. a. (Hg.), *Die Zukunft.*

60 Es ist sicher kein Zufall, daß sich der islamistische ägyptische Autor Muḥammad ʿAmāra in seiner Polemik gegen den Säkularismus *(Al-ʿAlmāniyya)* nicht gegen die muslimischen Säkularisten wendet, sondern gegen Louis Awaḍ, der ihm als Kopte besser ins Schema paßt.

61 Fōda, *Ḥiwār*, S. 23f.

62 Dieser Abschnitt verwendet meinen Artikel *Die Juden im Koran.*

## 11

## ZIVILISATION ODER BARBAREI?

1 Vgl. Abdarrāziq, *Al-islām*, S. 42-44.

2 Diner, *Versiegelte Zeit*, passim, der allerdings nicht von der Religion spricht, sondern vom »Sakralen«.

3 Vgl. Kößler, *Despotie.*

4 Ahmad, *Islam*, S. 13.

5 Schon 1980 wies Fritz Steppat angesichts der seinerzeitigen »Re-Islamisierung« auf genau diese drei Umstände hin: *Die politische Rolle des Islam*, in: Steppat, *Islam als Partner*, Würzburg 2001, S. 296f.

6 Hölderlin: »Wo aber Gefahr ist, wächst das Rettende auch.«

# LITERATURVERZEICHNIS

## ARABISCHE LITERATUR

ʿAbdarrāziq, ʿAlī, *Al-islām wa uṣūl al-ḥukm*, Algier: Movem 1988 (zuerst Kairo 1925).

ʿAbduh, Muḥammad, *Al-islām wa-n-naṣrāniyya maʿa-l-ʿilm wa-l-madaniyya*, Beirut: Dār al-Ḥadātha ²1983.

ʿAbduh, Muḥammad, *Fī tafsīr al-Qurʾān* (= Muḥammad ʿAbduh, *Al-aʿmāl al-kāmila*, Bd. 4), Beirut: Al-Muʾassasa al-ʿarabiyya o. J.

ʿAbduh, Muḥammad, *Risālat at-tauḥīd*, in: Muḥammad ʿAbduh, *Al-aʿmāl al-kāmila*, Bd. 3, Beirut: Al-Muʾassasa al-ʿarabiyya ²1980, S. 351-476.

Abū Zaid, Naṣr Ḥāmid, *Al-Khiṭāb al-muʿāṣir.. ʾāliyyatuhu wa munṭalaqātuhu al-fikriyya*, in: Qaḍāya Fikriyya 8 (Oktober 1989), S. 45-78.

ʿAmāra, Muḥammad, *Al-ʿAlmāniyya wa nahḍatunā al-ḥadītha*, Beirut und Kairo: Dār ash-Shurūq 1986.

Anṭūn, Faraḥ, *Ibn Rushd wa falsafatuhu*, Beirut: Dār aṭ-Ṭalīʿa 1981.

*Al-bayān al-islāmī – al-ʿālamī li-ḥuqūq al-insān*, in: Minbar al-Ḥiwār 9 (Frühjahr 1988), S. 92-106.

Fōda, Faradj, *Ḥiwār ḥaula-l-ʿalmāniyya*, Kairo: Al-Maḥrūsa o. J.

Fōda, Faradj, *Al-Irhāb*, Kairo: Selbstverlag 1988.

Fōda, Faradj, Yunān Labīb Rizq, Khalīl ʿAbdalkarīm, *Aṭ-ṭāʾifiyya .. ilā aina!?*, Kairo: Dār al-Miṣrī al-djadīd 1987.

al-Ghazālī, Abū Ḥāmid, *Al-munqidh min aḍ-ḍalāl*, Beirut: Dār al-Andalus 1983.

Ḥasanain, ʿAlī, *Ḥattā lā tazalla ash-sharīʿa naṣṣan shakliyyan fi-d-dustūr*, Kairo: Az-Zahrāʾ 1985.

al-Huḍaibī, Ḥasan Ismāʿil, *Duʿāt ... lā quḍāt*, Kairo: Dār at-Tauzīʿ wa-n-nashr al-islāmiyya 1977.

Huwaidī, Fahmī, *Muwāṭinūn lā dhimmiyyūn*, Beirut und Kairo: Dār ash-Shurūq 1985.

Huwaidī, Fahmī, *Tazyīf al-waʿy*, Beirut und Kairo: Dār ash-Shurūq 1987.

Khālid, Khālid Muḥammad, *Ad-dīmuqrāṭiyya .. abadan*, Kairo: Muʾassasat al-Khāndjī ³1958.

al-Khumainī, Rūḥullāh, *Al-ḥukūma al-islāmiyya*, Beirut: Muʾassasat al-Aʿlamī o. J.

Khūrī, Raʾīf, *Al-fikr al-ʿarabī al-ḥadīth. Athar ath-thaura al-fransiyya fī taudjīhihi as-siyāsī wa-l-idjtimāʿī*, Beirut: Dār al-Makshūf 1973.

al-Maudūdī, Abu-l-Aʿlā, u. a., *Al-djihād fī sabīl allāh*, o. O.: I. I. F. S. O. 1982.

al-Māwardī, Abu-l-Ḥasan, *Al-aḥkām as-sulṭāniyya wa-l-wilāyāt ad-dīniyya*, Beirut: Dār al-Kutub al-ʿilmiyya o. J.

al-Munadjdjid, Ṣalāḥaddīn, *Aʿmidat an-nakba*, Beirut: Dār al-Kitāb al-ʿarabī 1967.

Quṭb, Sayyid, *Maʿālim fi-ṭ-ṭarīq*, Beirut und Kairo: Dār ash-Shurūq [6]1979.

as-Samhūrī, Rāʾid, *Naqd al-khiṭāb as-salafī (Ibn Taimiyya namūdhadjan)*, London: Ṭuwā 2010.

as-Sayyid, Riḍwān, *Aṣ-Ṣirāʿ ʿala-l-islām*, Beirut: Dār al-Kitāb al-ʿarabī 2004.

as-Sayyid, Riḍwān, *Al-ʿUnf wa-l-waʿy wa-t-tārīkh as-sulṭānī ... maʿnā taḥawwulāt at-taḥlīl*, in: ›Al-Ḥayāt‹, 30. 7. 2005.

as-Sayyid, Riḍwān, *Masʾalat al-iʿdjāz wa-l-iʿdjāz al-ʿilmī fi-l-qurʾān*, in: ›Al-Ḥayāt‹, 3. 6. 2006.

At-Taḥrīr, *Ḥaula-d-dīn wa-sh-sharīʿa wa-d-daula*, in: Al-Idjtihād 2 (Winter 1989), S. 5-14.

aṭ-Ṭahṭāwī, Rifāʿa Rāfiʿ, *Manāhidj al-albāb al-miṣriyya fī mabāhidj al-ādāb al-ʿaṣriyya*, in: Rifāʿa Rāfiʿ aṭ-Ṭahṭāwī, *Al-aʿmāl al-kāmila*, Bd. 1, Beirut: Al-Muʾassasa al-ʿarabiyya 1973, S. 533-536.

aṭ-Ṭahṭāwī, Rifāʿa Rāfiʿ, *Takhlīṣ al-ibrīz fī talkhīṣ Bārīz*, in: Rifāʿa Rāfiʿ aṭ-Ṭahṭāwī, *Al-aʿmal al-kāmila*, Bd. 2, Beirut: Al-Muʾassasa al-ʿarabiyya 1973, S. 7-266.

Yāsīn, ʿAbdaldjawād, *Muqaddima fī fiqh al-djāhiliyya al-muʿāṣira*, Kairo: Az-Zahrāʾ 1986.

Zakariyyā, Fuʾād, *Al-ʿAlmāniyya ḍarūra ḥaḍāriyya*, in: Fuʾād Zakariyyā, *Aṣ-Ṣaḥwa al-islāmiyya fī mīzān al-ʿaql*, Kairo: Dār al-Fikr 1989, S. 45-80.

## SONSTIGE LITERATUR

Muhammad ʿAbduh, *The Theology of Unity by Muhammad ʿAbduh*. translated from the Arabic by Isḥāq Musaʿad and Kenneth Cragg, London: George Allen & Unwin 1966.

Nasr Hamid Abu Zaid, *Der zeitgenössische religiöse Diskurs, seine Mechanismen und Denkansätze*, in: Nasr Hamid Abu Zaid, *Islam und Politik. Kritik des religiösen Diskurses*, Frankfurt/Main: dipa 1996, S. 29-98.

Jamil M. Abun-Nasr, *Muslim Communities of Grace. The Sufi Brotherhoods in Islamic Religious Life*, London: Hurst & Company 2007.

Gilbert Achcar, *Les Arabes et la Shoah. La guerre israélo-arabe des récits*, Arles: Actes Sud 2009.

Aijaz Ahmad, *Islam, Islamisms and the West*, in: Socialist Register 44 (2008), S. 1-37.

Sabah Alnasseri, *Understanding Iraq*, in: Socialist Register 44 (2008), S. 77-100.

Rajaa Alsanea, *Die Girls von Riad*, München und Zürich: Pendo 2007.

Katajun Amirpur, *Schirin Ebadi. Mit dem Koran für gleiche Rechte*, in: Katajun Amirpur, Ludwig Ammann (Hg.), *Der Islam am Wendepunkt. Liberale und konservative Reformer einer Weltreligion*, Freiburg u. a.: Herder 2006, S. 190-198.

Ludwig Ammann, *Tariq Ramadan. Die konservative Reform*, in: Katajun Amirpur, Ludwig Ammann (Hg.), *Der Islam am Wendepunkt. Liberale und konservative Reformer einer Weltreligion*, Freiburg u. a.: Herder 2006, S. 23-33.

Georges C. Anawati, Maurice Borrmans, *Tendances et courants de l'Islam arabe contemporain*, Bd. 1: *Egypte et Afrique du Nord*, München und Mainz: Kaiser und Grünewald 1982.

*Arab Human Development Report 2002. Creating Opportunities for Future Generations*, New York: UNDP 2002.

*Arab Human Development Report 2005. Towards the Rise of Women in the Arab World*, New York: UNDP 2006.

Eliahu Ashtor, *A Social and Economic History of the Near East in the Middle Ages*, London: Collins 1976.

Sevim Asımgil, Merve Şahin, *Leitfaden für die muslimische Frau*, Bochum: Astec o. J.

Muriel Asseburg (Hg.), *Moderate Islamisten als Reformakteure?*, Bonn: Bundeszentrale für politische Bildung 2008.

Sadik Jalal al-ʿAzm, *Orientalism and Orientalism in Reverse*, in: Khamsin. Revue des socialistes révolutionnaire du Proche-Orient (London) 8 (1981), S. 5-26.

Patrick Bahners, *Die Panikmacher. Die deutsche Angst vor dem Islam. Eine Streitschrift*, München: Beck 2011.

Nayef Balluz, *Nichtkapitalistische Entwicklung und Islam*, in: Mitteilungen des Instituts für Orientforschung 16 (1970), H. 4, S. 521-540.

Bat Ye'or, *Der Euro-Arabische Dialog und Die Geburt von Eurabia* ⟨http://nicht-mit-uns. com/nahost-infos/texte/1eurabia.html⟩, Zugriff August 2011.

Bat Ye'or, *From Europe to Eurabia* ⟨http://atlasshrugs2000.typepad.com/atlas_shrugs/2010/02/text-bat-yeor-from-europe-to-eurabia.html⟩, Zugriff August 2011.

Bat Ye'or, *Der Niedergang des orientalischen Christentums unter dem Islam: 7.-20. Jahrhundert. Zwischen Dschihad und Dhimmitude*, Gräfelfing: Resch 2002.

Otto Bauer, *Orientalische Revolutionen*, in: Der Kampf. Sozialdemokratische Monatsschrift 5 (1911/12), S. 114-121.

Thomas Bauer, *Die Badīʿiyya des Nāṣīf al-Yāzidjī und das Problem der spätosmanischen arabischen Literatur*, in: Angelika Neuwirth, Andreas Christian Islebe (Hg.), *Reflections on Reflections. Near Eastern writers reading literature*, Wiesbaden: Reichert 2006, S. 49-118.

Thomas Bauer, *Die Kultur der Ambiguität. Eine andere Geschichte des Islams*, Berlin: Verlag der Weltreligionen 2011.

Thomas Bauer, *Musterschüler und Zauberlehrling. Wieviel Westen steckt im modernen Islam?* Festvortrag beim 31. Deutschen Orientalistentag, Marburg 2010.

Thomas Bauer, *Normative Ambiguitätstoleranz im Islam*, in: Nils Jansen, Peter Oestmann (Hg.), *Gewohnheit. Gebot. Gesetz. Normativität in Geschichte und Gegenwart: eine Einführung*, Tübingen: Mohr (Siebeck) 2011, S. 155-180.

Helga Baumgarten, *Hamas. Der politische Islam in Palästina*, München: Diederichs 2006.

Asef Bayat, *Islamism and empire. The incongruous nature of islamist anti-imperialism*, in: Socialist Register 44 (2008), S. 38-54.

Heiner Bielefeldt, *Schwächlicher Werterelativismus?*, in: Kai Hafez (Hg.), *Der Islam und der Westen*, Frankfurt/Main: Fischer 1997, S. 56-66.

Marcel A. Boisard, *Eine Geschichte von globalem Ausmaß*, in: Jamil M. Abun-Nasr u. a., *Weltmacht Islam*, München: Bayerische Landeszentrale für Politische Bildung 1988, S. 163-196.

Johan Bouman, *Der Koran und die Juden. Die Geschichte einer Tragödie*, Darmstadt: Wissenschaftliche Buchgesellschaft 1990.

Fernand Braudel, *La dynamique du capitalisme*, Paris: Arthaud 1985.

George W. Bush, *President Bush Discusses Freedom in Iraq and Middle East* ⟨http://www.whitehouse.gov/news/releases/2003/11/print/20031106-2.html⟩, Zugriff April 2006.

Claude Cahen, Artikel *Dhimma*, in: Bernard Lewis, Charles Pellat, Joseph Schacht (Hg.), *The Encyclopaedia of Islam. New Edition*, Bd. 2, Leiden: Brill 1991, S. 227-231.

Claude Cahen, *Quelques Mots sur le Déclin Commercial du Monde Musulman à la Fin du Moyen Age*, in: Michael A. Cook (Hg.), *Studies in the*

*Economic History of the Middle East From the Rise of Islam to the Present Day*, London u. a.: Oxford University Press 1970, S. 31-36.

Olivier Carré, *Le combat-pour-Dieu et l'État islamique chez Sayyid Qotb, l'inspirateur du radicalisme islamique actuel*, in: Revue française de science politique 33 (1983), H. 4 (August), S. 680-704.

Olivier Carré, Gérard Michaud (Hg.), *Les frères musulmans. Égypte et Syrie (1928-1982)*, Paris: Gallimard und Julliard 1983.

Carsten Colpe, *Historische und theologische Gründe für die abendländische Angst vor dem Islam*, in: Carsten Colpe, *Problem Islam*, Frankfurt/Main: Athenäum 1989, S. 11-38.

David Cook, *Understanding Jihad*, Berkeley u. a.: University of California Press 2005.

Henry Corbin, *Histoire de la philosophie islamique*, Paris: Gallimard 1986.

Georges Corm, *L'Europe et l'Orient*, Paris: La Découverte 1989.

Dan Diner, *Versiegelte Zeit. Über den Stillstand in der islamischen Welt*, München: Propyläen 2005.

Khalid Duran, *Überall Pflicht*, in: ›Frankfurter Allgemeine Zeitung‹, 20. 10. 2001.

Khálid Durán, Munir D. Ahmed, *Pakistan*, in: Werner Ende, Udo Steinbach (Hg.), *Der Islam in der Gegenwart*, München: Beck [5]2005, S. 336-362.

*Durchblättert ist des Lebens Buch. Vierzeiler von Omar Chajjâm*, Berlin: Rütten & Loening 1962.

Ehud Ein-Gil, *The roots of jihad*, in: ›HaAretz‹, 17. 3. 2006.

Werner Ende, Udo Steinbach (Hg.), *Der Islam in der Gegenwart*, München: Beck [5]2005.

Gerhard Endreß, *Einführung in die islamische Geschichte*, München: Beck 1982.

Evangelisches Missionswerk in Deutschland (EMW), Informationsprojekt Naher und Mittlerer Osten (INAMO), Alexander Flores (Hg.), *Die Zukunft der orientalischen Christen. Eine Debatte im Mittleren Osten*, Hamburg und Berlin: EMW und INAMO 2001.

Mohamed-Chérif Ferjani, *Islamisme, laïcité et droits de l'homme*, Paris: L'Harmattan 1991.

Egon Flaig, *Der Islam will die Welteroberung*, in: ›Frankfurter Allgemeine Zeitung‹, 16. 9. 2006.

Alexander Flores, *Ägypten*, in: Werner Ende, Udo Steinbach (Hg.), *Der Islam in der Gegenwart*, München: Beck [5]2005, S. 477-489.

Alexander Flores, *Die arabische Welt. Ein kleines Sachlexikon*, Stuttgart: Reclam 2003.

Alexander Flores, *Intifada. Aufstand der Palästinenser*, Berlin: Rotbuch 1988.

Alexander Flores, *Islamische Motive im Palästinakonflikt*, in: Dietlinde Gipser, Iman Schalabi, Ellen Tichy (Hg.), *Das nahe Fremde und das entfremdete Eigene im Dialog zwischen den Kulturen. Festschrift für Nabil Kassem*, Hamburg und Kairo: edition zebra 1996, S. 457-481.

Alexander Flores, *Die Juden im Koran und in der islamischen Tradition*, in: Frank Wichert, Birgit Rheims, Stephan Bundschuh (Hg.), *Antisemitismus – ein gefährliches Erbe*, Düsseldorf: IDA 2005, Bd. 2, S. 31 f.

Alexander Flores, *Modernity, romanticism, and religion. Contradictions in the writings of Farah Antun*, in: Christoph Schumann (Hg.), *Nationalism and Liberal Thought in the Arab East. Ideology and practice*, London und New York: Routledge 2010, S. 115-131.

Alexander Flores, *Nationalismus und Sozialismus im arabischen Osten*, Münster: Periferia 1980.

Alexander Flores, *Oslo: Modell für den Frieden in Nahost? Israel und die Palästinenser*, in: Kai Hafez (Hg.), *Der Islam und der Westen*, Frankfurt/Main: Fischer 1997, S. 162-176.

Alexander Flores, *Reform, Islam, Secularism. Farah Antûn and Muhammad Abduh*, in: Alain Roussillon (Hg.), *Entre réforme sociale et mouvement national. Identité et modernisation en Égypte (1882-1962)*, Kairo: CEDEJ 1995, S. 565-576.

Alexander Flores, *Rutschpartie in den Gottesstaat? Arabische Intellektuelle und die »islamische Welle«*, in: Wolfram E. Rossig, Joachim Prätsch (Hg.), *Festschrift für Prof. Dr. Detlef Schumacher*, Bremen: Hochschule Bremen 2003, S. 69-84.

Alexander Flores, *Die säkulare Dimension*, in: Entwicklungspolitische Korrespondenz 5-6 (1987), S. 44-47.

Alexander Flores, *Säkularismus und Islam in Ägypten. Die Debatte der 1980er Jahre*, Münster: LIT (erscheint demnächst).

Alexander Flores, *Secularism, Integralism, and Political Islam. The Egyptian Debate*, in: Joel Beinin, Joe Stork (Hg.), *Political Islam. Essays from Middle East Report*, Berkeley und Los Angeles: University of California Press 1997, S. 83-94.

Ralph Ghadban, *Tariq Ramadan und die Islamisierung Europas*, Berlin: Hans Schiler 2006.

Al-Ghazali, *The Book of Knowledge*, Lahore: Sh. Muhammad Ashraf 1962.

Abu-Hamid Muhammad Al-Ghazālī, *Der Erretter aus dem Irrtum*, Hamburg: Felix Meiner 1988.

Erika Glassen, *Der mittlere Weg. Studien zur Religionspolitik und Religiosität der späteren Abbasidenzeit*, Wiesbaden: Franz Steiner 1981.

Bettina Gräf, Jakob Skovgaard-Petersen (Hg.), *Global Mufti. The Phenomenon of Yusuf al-Qaradawi*, London: Hurst & Company 2009.

Frank Griffel, *Al-Ghazali*, in: *Stanford Encyclopedia of Philosophy* ⟨http://plato.stanford.edu/entries/al-ghazali/⟩, Zugriff Februar 2011.

Dimitri Gutas, *The Study of Arabic Philosophy in the Twentieth Century*, in: British Journal of Middle Eastern Studies 29 (2002), H. 1, S. 5-25.

Kai Hafez, *Der Islam und der Westen – Kampf der Zivilisationen?*, in: Kai Hafez (Hg.), *Der Islam und der Westen*, Frankfurt/Main: Fischer 1997, S. 15-30.

Gottfried Hagen, Tilman Seidensticker, *Reinhard Schulzes Hypothese einer islamischen Aufklärung. Kritik einer historiographischen Kritik*, in: Zeitschrift der Deutschen Morgenländischen Gesellschaft 148 (1998), S. 83-110.

Richard Hartmann, *Die Krisis des Islam*, in: *Kopfbahnhof. Almanach 4. Orient-Express. Ansichten zum Islam*, Leipzig: Reclam 1991, S. 10-27.

Amira Hass, *Gaza. Tage und Nächte in einem besetzten Land*, München: dtv 2004.

Gunnar Hasselblatt, *Herkunft und Auswirkungen der Apologetik Muhammed ʿAbduh's (1849-1905), untersucht an seiner Schrift: Islam und Christentum im Verhältnis zu Wissenschaft und Zivilisation*, Diss. Göttingen 1968.

HEyMAT-Projekt an der Humboldt-Universität, *Debatte um Islamkritik in deutschen Medien 2010*, einsehbar unter ⟨http://www.heymat.hu-berlin.de⟩, Zugriff September 2010.

Albert Hourani, *Arabic Thought in the Liberal Age 1798-1939*, London u. a.: Oxford University Press 1970.

Samuel P. Huntington, *Kampf der Kulturen*, in: Zeit-Punkte Nr. 4/95, S. 12-15.

Samuel P. Huntington, *Der Kampf der Kulturen. The Clash of Civilizations. Die Neugestaltung der Weltpolitik im 21. Jahrhundert*, München und Wien: Europaverlag 1996.

Ibn al-Djauzī, *Das Buch der Weisungen für Frauen. Kitāb aḥkām an-nisāʾ*. Aus dem Arabischen übersetzt und hg. v. Hannelies Koloska, Frankfurt/Main und Leipzig: Verlag der Weltreligionen 2009.

Muḥammad Ibn Aḥmad Ibn Rushd, *Maßgebliche Abhandlung. Faṣl al-maqāl*. Aus dem Arabischen übersetzt und hg. v. Frank Griffel, Berlin: Verlag der Weltreligionen 2010.

I. A. Ibrahim, *Ein kurzer illustrierter Wegweiser um den Islam zu verstehen*, London: Darussalam 2005.

Charles Issawi, *The Middle East in the World Economy. A Long Range Historical View*, in: Charles Issawi, *The Middle East Economy. Decline and Recovery*, Princeton: Marcus Wiener 1995, S. 31-55.

Baber Johansen, *Introduction. The Muslim fiqh as a sacred law*, in: Baber Johansen, *Contingency in a Sacred Law. Legal and Ethical Norms in the Muslim Fiqh*, Leiden u. a.: Brill 1999, S. 1-76.

Baber Johansen, *Staat, Recht und Religion im sunnitischen Islam. Können Muslime einen religionsneutralen Staat akzeptieren?*, in: Baber Johansen, *Contingency in a Sacred Law. Legal and Ethical Norms in the Muslim Fiqh*, Leiden u. a.: Brill 1999, S. 263-348.

Jacques Jomier, *Le commentaire coranique du Manar*, Paris: Maisonneuve 1954.

Johannes Kandel, *Glaube und Wahn*, in: ›Die Zeit‹, 15. 4. 2010.

Samir Kassir, *Considérations sur le malheur arabe*, Arles: Actes Sud 2004; dt.: *Das arabische Unglück*, Berlin: Hans Schiler 2006.

Nikki R. Keddie, *An Islamic Response to Imperialism*, Berkeley: University of California Press 1968.

Gilles Kepel, *The Prophet & Pharao. Muslim Extremism in Egypt*, London: Al Saqi 1985.

Malcolm H. Kerr, *The Arab Cold War. Gamal ʿAbd al-Nasir and His Rivals, 1958-1967*, London: Oxford University Press ³1971 (zuerst 1967).

Malcolm H. Kerr, *Islamic Reform. The Political and Legal Theories of Muhammad Abduh and Rashid Rida*, Berkeley und Los Angeles: University of California Press 1966.

Moussa Khedimellah, *Die jungen Prediger der Tabligh-Bewegung in Frankreich*, in: Nilüfer Göle, Ludwig Ammann (Hg.), *Islam in Sicht. Der Auftritt von Muslimen im öffentlichen Raum*, Bielefeld: transcript 2004, S. 265-282.

Michael T. Klare, *Schnell, mobil und tödlich. Das Zeitalter der US-Hegemonie*, in: ›Le Monde Diplomatique‹, November 2002.

*Der Koran*. Übersetzung von Rudi Paret, Stuttgart u. a.: Kohlhammer 1979.

Reinhart Kößler, *Despotie in der Moderne*, Frankfurt/Main und New York: Campus 1993.

Gudrun Krämer, *The Change of Paradigm. Political Pluralism in Contemporary Egypt*, in: Peuples méditerranéens 40-41 (oct. 1987 – mars 1988), S. 283-302.

Gudrun Krämer, *Drawing Boundaries. Yūsuf al-Qaraḍāwī on Apostasy*, in: Gudrun Krämer, Sabine Schmidtke (Hg.), *Speaking for Islam. Religious Authorities in Muslim Societies*, Leiden und Boston: Brill 2006, S. 181-217.

Gudrun Krämer, *Gottes Staat als Republik. Reflexionen zeitgenössischer Muslime zu Islam, Menschenrechten und Demokratie*, Baden-Baden: Nomos 1999.

Gudrun Krämer, *Hasan al-Banna*, Oxford: Oneworld 2010.

Hartmut Krauss, *Islam, Islamismus, muslimische Gegengesellschaft*, Osnabrück: Hintergrund-Verlag ²2008.

Abdallah Laroui, *L'idéologie arabe contemporaine*, Paris: Maspero 1967.

Henri Lauzière, *The Construction of Salafiyya. Reconsidering Salafism from the Perspective of Conceptual History*, in: International Journal of Middle East Studies 42 (2010), S. 369-389.

Mark LeVine, *Why They Don't Hate Us. Lifting the Veil on the Axis of Evil*, Oxford: Oneworld 2005.

Bernard Lewis, *What Went Wrong? The Clash Between Islam and Modernity in the Middle East*, Oxford: Oxford University Press 2002.

Ivesa Lübben, *Die ägyptische Muslimbruderschaft – auf dem Weg zur politischen Partei?*, in: Holger Albrecht, Kevin Köhler (Hg.), *Politischer Islam im Vorderen Orient*, Baden-Baden: Nomos 2008, S. 75-97.

Abū l-ʿAlāʾ Al-Maʿarrī, *Paradies und Hölle. Die Jenseitsreise aus dem »Sendschreiben über die Vergebung«*, München: Beck 2002.

Moshé Machover, *Israelis and Palestinians. Conflict and Resolution*, Barry Amiel and Norman Melburn Trust Annual Lecture, 30 November 2006, School of Oriental and African Studies, London University ⟨http://www.amielandmelburn.org.uk/articles/moshe%20machover%20%202006lecture_b.pdf⟩, Zugriff Dezember 2006.

Thomas Maul, *Sex, Djihad und Despotie. Zur Kritik des Phallozentrismus*, Freiburg: ça ira 2010.

Abdelwahab Meddeb, *Die Krankheit des Islam*, Heidelberg: Wunderhorn 2002.

Roel Meijer, *Introduction*, in: Roel Meijer (Hg.), *Global Salafism. Islam's New Religious Movement*, London und New York: Hurst und Columbia University Press 2009, S. 1-32.

Roel Meijer, *Towards a Political Islam*, Den Haag: Netherlands Institute of International Relations ›Clingendael‹ 2009.

Helmut Mejcher, *Die Politik und das Öl im Nahen Osten*, 2 Bde., Stuttgart: Klett-Cotta 1980-1990.

Fatima Mernissi, *Beyond the Veil. Male-Female Dynamics in Modern Muslim Society*, London: Al Saqi 1985.

Adam Mez, *Die Renaissance des Islâms*, Heidelberg: Carl Winter 1922.

Richard P. Mitchell, *The Society of the Muslim Brothers*, New York und Oxford: Oxford University Press 1969.

Salah Munadschid, *Wohin treibt die arabische Welt?*, München: Piper 1968.

Tilman Nagel, *Die Bringschuld der Muslime. Säkularer Staat und religiöser Wahrheitsanspruch im Konflikt* ⟨http://www.hss.de/7370.shtml⟩, Zugriff April 2006.

Tilman Nagel, *Dschihad von Anfang an*, in: ›Süddeutsche Zeitung‹, 4. 5. 2007.

Tilman Nagel, *Die Festung des Glaubens. Triumph und Scheitern des islamischen Rationalismus im 11. Jahrhundert*, München: Beck 1988.

Tilman Nagel, *Das Kalifat der Abbasiden*, in: Ulrich Haarmann (Hg.), *Geschichte der arabischen Welt*, München: Beck 1987, S. 101-165.

Abdullahi Ahmed an-Na'im, *Toward an Islamic Reformation. Civil Liberties, Human Rights, and International Law*, Kairo: AUC Press 1992.

Yaḥyā Ibn Sharaf al-Nawawī, *Das Buch der vierzig Hadithe. Kitāb al-Arbaʿīn. Mit dem Kommentar von Ibn Daqīq al-ʿĪd.* Aus dem Arabischen übersetzt und hg. v. Marco Schöller, Frankfurt/Main und Leipzig: Verlag der Weltreligionen 2007.

Angelika Neuwirth, *Der Koran – Mittelpunkt des Lebens der islamischen Gemeinde*, in: Jamil M. Abun-Nasr u. a., *Weltmacht Islam*, München: Bayerische Landeszentrale für politische Bildungsarbeit 1988, S. 69-91.

Angelika Neuwirth, *Der Koran als Text der Spätantike. Ein europäischer Zugang*, Berlin: Verlag der Weltreligionen 2010.

Albrecht Noth, *Früher Islam*, in: Ulrich Haarmann (Hg.), *Geschichte der arabischen Welt*, München: Beck 1987, S. 11-100.

Rudolph Peters, *Erneuerungsbewegungen im Islam vom 18. bis zum 20. Jahrhundert und die Rolle des Islams in der neueren Geschichte. Antikolonialismus und Nationalismus*, in: Werner Ende, Udo Steinbach (Hg.), *Der Islam in der Gegenwart*, München: Beck $^{5}$2005, S. 90-127.

Rudolph Peters, *Islam and Colonialism. The Doctrine of Jihad in Modern History*, Den Haag u. a.: Mouton 1979.

Yusuf al-Qaradawi, *The Lawful and Prohibited in Islam* ⟨http://www.witness-pioneer.org/vil/Books/Q_LP/⟩, Zugriff Januar 2010.

Sayyid Qutb, *Der Dschihad im Islam*, in: Andreas Meier, *Der politische Auftrag des Islam. Programme und Kritik zwischen Fundamentalismus und Reformen. Originalstimmen aus der islamischen Welt*, Wuppertal: Peter Hammer 1994, S. 198-202.

Bernd Radtke, *Erleuchtung und Aufklärung. Islamische Mystik und europäischer Rationalismus*, in: Die Welt des Islams 34 (1994), S. 48-66.

Madawi Al-Rasheed, *Contesting the Saudi State. Islamic Voices from a New Generation*, Cambridge: Cambridge University Press 2007.

Stefan Reichmuth, *The World of Murtada al-Zabidi (1732-91). Life, Networks and Writings*, Oxford: Gibb Memorial Trust 2009.

Johannes Reissner, *Ideologie und Politik der Muslimbrüder Syriens*, Freiburg: Klaus Schwarz 1980.

Ernest Renan, *Averroès et l'Averroïsme. Essai historique*, in: Ernest Renan, *Œuvres complètes*, Bd. 3, Paris: Calmann-Lévy o. J., S. 9-365.

Ernest Renan, *L'Islamisme et la Science*, in: Ernest Renan, *Œuvres complètes*, Bd. 1, Paris: Calmann-Lévy o. J., S. 945-965.

Maxime Rodinson, *Islam et capitalisme*, Paris: Seuil 1966; dt.: *Islam und Kapitalismus*, Frankfurt/Main: Suhrkamp ²1986.

Maxime Rodinson, *L'Islam, doctrine de progrès ou de réaction?*, in: Maxime Rodinson, *Marxisme et monde musulman*, Paris: Seuil 1972, S. 95-129.

Maxime Rodinson, *De Mohammad à l'Islam politique d'aujourd'hui*, in: Maxime Rodinson, *L'Islam. Politique et croyance*, Paris: Fayard 1993, S. 25-78.

Maxime Rodinson, *La notion de minorité et l'Islam*, in: Maxime Rodinson, *L'Islam. Politique et croyance*, Paris: Fayard 1993, S. 115-152.

Olivier Roy, *L'échec de l'Islam politique*, Paris: Seuil 1992.

Olivier Roy, *L'Islam mondialisé*, Paris: Seuil ²2004 (zuerst 2002).

Nawal El Saadawi, *The Hidden Face of Eve. Women in the Arab World*, London: Zed Press 1980.

Ridwan al-Sayyid, *Abode of Peace, Abode of War. Tradition and Interpretation*, in: Thomas Scheffler (Hg.), *Religion between Violence and Reconciliation*, Beirut: Orient-Institut der DMG 2002, S. 124-128.

Joseph Schacht, *An Introduction to Islamic Law*, Oxford: Oxford University Press 1964.

Joseph Schacht, Artikel *Sharīʿa*, in: Arent J. Wensinck, Johannes H. Kramers, *Handwörterbuch des Islam*, Leiden: Brill 1976, S. 673-678.

Werner Schiffauer, *Nach dem Islamismus. Eine Ethnographie der Islamischen Gemeinschaft Milli Görüş*, Frankfurt/Main: Suhrkamp 2010.

Christine Schirrmacher, *The influence of German Biblical criticism on Muslim apologetics in the 19th Century* ⟨http://www.contra-mundum.org/schirrmacher/rationalism.html⟩, Zugriff August 2011.

Thorsten G. Schneiders (Hg.), *Islamfeindlichkeit. Wenn die Grenzen der Kritik verschwimmen*, Wiesbaden: VS Verlag 2009.

Alexander Schölch, *Der arabische Osten im neunzehnten Jahrhundert 1800-1914*, in: Ulrich Haarmann (Hg.), *Geschichte der arabischen Welt*, München: Beck 1987, S. 365-431.

Alexander Schölch, *Ein neues Pfingstwunder im Vorderen Orient?*, in: Peripherie 12 (Frühjahr 1983), S. 45-51.

Alexander Schölch, *Säkularistische Traditionen im Vorderen Orient*, in: *Jahrbuch 1985/86 des Wissenschaftskollegs zu Berlin*, Berlin: Siedler 1987, S. 191-201.

Marco Schöller, *Zum Begriff des »islamischen Humanismus«*, in: Zeitschrift der Deutschen Morgenländischen Gesellschaft 151 (2001), S. 275-320.

Reinhard Schulze, *Das islamische achtzehnte Jahrhundert. Versuch einer historiographischen Kritik*, in: Die Welt des Islams 30 (1990), S. 140-159.

Reinhard Schulze, *Islamischer Internationalismus im 20. Jahrhundert. Untersuchungen zur Geschichte der Islamischen Weltliga*, Leiden u. a.: Brill 1990.

Reinhard Schulze, *Die Politisierung des Islam im 19. Jahrhundert*, in: Die Welt des Islams 22 (1982 [erschienen 1984]), S. 103-116.

Reinhard Schulze, *Was ist die islamische Aufklärung?*, in: Die Welt des Islams 36 (1996), H. 3, S. 276-325.

Hisham Sharabi, *Arab Intellectuals and the West. The Formative Years, 1875-1914*, London und Baltimore: Johns Hopkins Press 1970.

Emmanuel Sivan, *Radical Islam. Medieval Theology and Modern Politics*, New Haven und London: Yale University Press 1985.

Wilfred Cantwell Smith, *Der Islam in der Gegenwart*, Frankfurt/Main: Fischer 1963 (engl. Original: *Islam in Modern History*, Princeton: Princeton University Press 1957).

Kay Sokolowsky, *Feindbild Moslem*, Berlin: Rotbuch 2009.

*Special Subsection: Engaging the Arab Human Development Report on Women*, in: International Journal of Middle Eastern Studies 41 (2009), H. 1 (Februar), S. 59-122.

Fritz Steppat, *Der Muslim und die Obrigkeit*, in: Fritz Steppat, *Islam als Partner*, Würzburg: Ergon 2001, S. 109-127.

Rifāʿa al-Ṭahṭāwī, *Ein Muslim entdeckt Europa. Bericht über seinen Aufenthalt in Paris 1826-1831*, hg. v. Karl Stowasser, München: Beck 1988.

Georges Vajda, Artikel *Ahl al-Kitāb*, in: Bernard Lewis, Charles Pellat, Joseph Schacht (Hg.), *The Encyclopaedia of Islam. New Edition*, Bd. 1, Leiden: Brill 1986, S. 264-266.

*Von der Ehe. Das 12. Buch von al-Ghazālī's Hauptwerk*, übersetzt und erläutert von Hans Bauer, Halle/Saale: Max Niemeyer 1917.

Lynn Welchman, *Islamic Family Law. Text and Practice in Palestine*, Jerusalem: Women's Centre for Legal Aid and Counselling 1999.

Rotraud Wielandt, *Offenbarung und Geschichte im Denken moderner Muslime*, Wiesbaden: Franz Steiner 1971.

Stefan Wild, *Die arabische Rezeption der ›Protokolle der Weisen von Zion‹*, in: Rainer Brunner, Monika Gronke, Jens Peter Laut, Ulrich Rebstock (Hg.), *Islamstudien ohne Ende. Festschrift für Werner Ende zum 65. Geburtstag*, Würzburg: Ergon 2002, S. 517-528.

Fouad Zakariya, *La laïcité, nécessité historique*, in: Fouad Zakariya, *Laïcité ou islamisme. Les arabes à l'heure du choix*, Paris und Kairo: La Découverte und Dar al-Fikr 1991, S. 13-46.

# REGISTER

## NAMEN

## ORTE


Aden 105
Afghanistan 94, 106, 142, 143, 151
Afrika 18, 53 f., 90
Ägypten 56, 84-86, 90-96, 105, 107-109, 112 ff., 133-135, 137-143, 150, 166, 168, 170, 184, 186, 189, 192, 202, 206-208, 210, $231_{1.6}$, $237_{57.60}$
Alexandria 54
Algerien 91, 93 f., 105, 109, 140, 150 f.
Anatolien 178
Arabische Halbinsel 23 f., 56, 59, 106, 146, 176, $224_{6}$
arabische Länder 14, 98, 106, 133, 198, 206, 207
Asien 53
Äthiopien 150

Bagdad 54 f., 61, 65, 196
Bale 150
Basra 54 f.

Córdoba 54

Damaskus 54, $234_{8}$

Europa 11, 14, 16, 18, 20, 36, 52, 54, 56, 58, 60, 65 f., 68 f., 71, 73-76, 78-84, 88-113, 117, 122, 124, 148, 152, 161, 170, 173, 178, 190, 204, 213, 217, 221 f., $229_{16}$, $235_{23}$

Frankreich 94, 107
Fruchtbarer Halbmond 140, 202

Großbritannien 91 f., 94, 133, 136, 189, $229_{22}$

Hedschas 29, 64

Iberische Halbinsel 178
Indien 109, 111, 140 f., 178
Irak 94, 106, 140, 148, 150 f., 186, 207, $234_{14}$
Iran 14, 59, 80, 93 f., 98, 105 f., 143 f., 147 f., 187, $229_{22}$
Israel 23, 94-97, 156, 174, 184-186, 209-211, 213 f., $228_{12}$

Jordanien 140, 186

Kairo 54
Kaschmir 186
Konstantinopel 178
Kufa 37, 55

Levante 178

Marokko 68
Medina 23, 31, 37, 211, $224_{6}$
Mekka 23 f., 31, 33 f., 120, 160, $224_{6}$
Mesopotamien 56
Mittelmeer 57 f.

Nadschd 145
Naher (und Mittlerer) Osten 14, 57 f., 71, 75, 88, 90-92, 94 f., 99-102, 133, 151, 173 f., 186, 204 f., 219, 222, $228_{12}$

Orient 18, 54, 68 f., 71, 73, 89, 99-101, 104 f., 112, 116 f., 122, 142, 170
Oslo 184

## SACHEN

# INHALTSVERZEICHNIS

Die Publikationen des Verlags der Weltreligionen werden gefördert durch die

**UDO KELLER STIFTUNG**
**FORUM HUMANUM**

In einer Zeit des zunehmenden Zugriffs von Technik und Ökonomie auf das Humanum möchte die Stiftung an die Bedeutung des geistigen und religiösen Erbes der Weltkulturen erinnern. Sie geht davon aus, daß die weitere Entwicklung des Menschen entscheidend davon abhängen wird, ob und wie es gelingt, die reichhaltigen Potentiale dieser Traditionen für die Zukunft fruchtbar zu machen. In diesem Sinne versteht die Stiftung ihr Engagement im Verlag der Weltreligionen.